WISSENSCHAFTLICHE BEITRÄGE
AUS DEM TECTUM VERLAG

Reihe Rechtswissenschaften

Wissenschaftliche Beiträge aus dem Tectum Verlag

Reihe Rechtswissenschaften

Band 40

Nadina Bischofberger

# Zur Auslegung des Tatbestandsmerkmals »Herrühren« im Rahmen des Straftatbestandes § 261 StGB

Tectum Verlag

Nadina Bischofberger

Zur Auslegung des Tatbestandsmerkmals »Herrühren« im Rahmen des Straftatbestandes § 261 StGB
Wissenschaftliche Beiträge aus dem Tectum Verlag:
Reihe: Rechtswissenschaften; Bd. 40
Zugl.: Mainz, Univ. Diss. 2009
ISBN: 978-3-8288-2200-9
ISSN: 1861-7875


Besuchen Sie uns im Internet
www.tectum-verlag.de

**Bibliografische Informationen der Deutschen Bibliothek**
Die Deutsche Bibliothek verzeichnet diese Publikation in der Deutschen Nationalbibliografie; detaillierte bibliografische Angaben sind im Internet über http://dnb.ddb.de abrufbar.

**Meinen Eltern und meinem Christian**

## Inhaltsverzeichnis

## Literaturverzeichnis

Ackermann, Jürgen-Beat: Geldwäscherei – Money Laundering, Eine vergleichende Darstellung des Rechts und deren Erscheinungsformen in den USA und der Schweiz, Zürich 1992

Altenhain, Karsten: Das Anschlussdelikt: Grund, Grenzen und Schutz des staatlichen Strafanspruchs und Verfallrechts nach einer individualistischen Strafrechtsauffassung, Tübingen 2002

Alternativkommentar: Kommentar zur Strafprozessordnung in der Reihe Alternativkommentare, Band 2, Teilband 1, §§ 94-212b StPO, Gesamtherausgeber: Wassermann, Rudolf, bearb. v. Achenbach, Hans/Amelung, Knut/Deckers, Rüdiger/Grundlach, Rainer/Krause, Dietmar/Kube, Edwin/Kühne, Hans-Heiner/Loos, Fritz/Maiwald, Manfred/Moschüring, Helmut/Schöch, Heinz/Stern, Steffen, Neuwied, Kriftel, Berlin 1992, *zit.: AK/Bearbeiter*

Ambos, Kai: Annahme „bemakelten" Verteidigerhonorars als Geldwäsche?, Einschränkungsversuche im Lichte des Völker- und ausländischen Rechts, JZ 2002, S. 70–82

Arzt, Gunther: Geldwäscherei – Eine neue Masche zwischen Hehlerei, Strafvereitelung und Begünstigung, NStZ 1990, S. 1–6.

Arzt, Gunther: Geldwäsche und rechtsstaatlicher Verfall, JZ 1993, S. 913–917, *zit.: Arzt JZ 1993*

Arzt, Gunther/Weber, Ulrich: Strafrecht, Besonderer Teil, Lehrbuch, Bielefeld 2000, *zit.: Arzt/Weber*

Balzer, Claudia: Die berufstypische Strafbarkeit des Verteidigers unter besonderer Beachtung des Problems der Begehung der Geldwäsche (§ 261 StGB) durch Honorarannahme, Aachen 2004

Barton, Stephan: Das Tatobjekt der Geldwäsche. Wann rührt ein Gegenstand aus einer der im Katalog des § 261 I Nr. 1-3 StGB bezeichneten Straftaten her?, NStZ 1993, S. 159–165, *zit.: Barton, NStZ 1993*

Barton, Stephan: Sozial übliche Geschäftstätigkeit und Geldwäsche (§ 261 StGB), StV 1993, S. 156–163, *zit.: Barton, StV 1993*

Bauer, Torsten: Der Geldwäschetatbestand gem. § 261 StGB einschließlich der Probleme seiner Anwendung, in: Fragmentarisches Strafrecht: Beiträge zum Strafrecht, Strafprozeßrecht und zur Rechtsvergleichung für Manfred Maiwald aus Anlaß seiner Emeritierung, Festschrift für Manfred Maiwald, Bern, Berlin, Bruxelles, Frankfurt am Main, New York, Oxford, Wien 2003, S. 127–143

Baumann, Jürgen/Weber, Ulrich/Mitsch, Wolfgang: Strafrecht, Allgemeiner Teil, Lehrbuch, 11. neu bearbeitete Auflage, Bielefeld 2000, *zit.: Baumann/Weber/Mitsch*

Bernsmann, Klaus: Das Grundrecht auf Strafverteidigung und die Geldwäsche – Vorüberlegungen zu einem besonderen Rechtfertigungsgrund, StV 2000, S. 40–45

Bottermann, Christoph: Untersuchung zu den grundlegenden Problematiken des Geldwäschetatbestandes, auch in seinen Bezügen zum Geldwäschegesetz, Bochum 1995

Bottke, Wilfried: Teleologie und Effektivität der Normen der Geldwäsche Teil 1 und Teil 2, wistra 1995, S. 87–91, S. 121–130

Burger, Armin/Peglau, Jens: Geldwäsche durch Entgegennahme „kontaminierten“ Geldes als Verteidigerhonorar, – Besprechung von HansOLG Hamburg, Beschl. v. 6.1.2000 - 2 Ws 185/99, wistra, 2000, 105 -, wistra 2000, S. 161–164

Burr, Christian: Geldwäsche: Eine Untersuchung zu § 261 StGB, Siegburg 1995

Bussenius, Anne: Geldwäsche und Strafverteidigerhonorar, 1. Auflage, Baden-Baden 2004

Carl, Dieter/Klos, Joachim: Regelungen zur Bekämpfung der Geldwäsche und ihre Anwendung in der Praxis, Geldwäschegesetz, Gesetz gegen die organisierte Kriminalität, internationale Regelungen, Bielefeld 1994

Danwitz, Klaus-Stephan von: Anmerkungen zu einem Irrweg in der Bekämpfung der Drogenkriminalität, StV 1995, S. 431–437

Dionyssopoulou, Athanassia: Der Tatbestand der Geldwäsche, Frankfurt am Main, Berlin, Bern, New York, Paris, Wien 1999

Egger Tanner, Christine: Die strafrechtliche Erfassung der Geldwäscherei, Zürich 1999

Ebert, Udo/Kühl, Kristian: Kausalität und objektive Zurechnung, Jura 1979, S. 561–576

Eser, Albin: „Sozialadäquanz“: eine überflüssige oder unverzichtbare Rechtsfigur? – Überlegungen anhand sozialüblicher Vorteilsgewährungen, in: Festschrift für Claus Roxin zum 70. Geburtstag am 15. Mai 2001, Berlin, New York 2001, S. 199–212

Fahl, Christian: Grundprobleme der Geldwäsche (§ 261 StGB), Jura 2004, S. 160–167

Findeisen, Michael: Der Präventionsgedanke im Geldwäschegesetz, wistra 1997, S. 121–128, *zit.: Findeisen, wistra 1997*

Findeisen, Michael: Deliktsspezifische Strukturprävention gegen Geldwäsche im Finanzsektor, WM 1998, S. 2410–2421, *zit.: Findeisen, WM 1998*

Findeisen, Michael: Geldwäschebekämpfung im Zeitalter des Electronic Banking, Kriminalistik 1998, S. 107–116, *zit.: Findeisen, Kriminalistik 1998*

Fischer, Thomas: Strafgesetzbuch und Nebengesetze, 55. Auflage, München 2008, *zit.: Fischer*

Flatten, Thomas: Zur Strafbarkeit von Bankangestellten bei der Geldwäsche, Frankfurt am Main, Berlin, Bern, Bruxelles, New York, Oxford, Wien 1996

Forthauser, Roman: Geldwäscherei de lege lata et ferenda, München 1992

Frisch, Wolfgang: Faszinierendes, Berechtigtes und Problematisches der Lehre der objektiven Zurechnung, in: Festschrift für Claus Roxin zum 70. Geburtstag am 15.05.2001, hrsg. v. Schünemann, Bernd/Achenbach, Hans/Bottke, Wilfried/Hattke, Bernhard/Rudolphi, Hans-Joachim, Berlin, New York 2001, S. 213–237

Fuchs-Heinritz, Werner/Laumann, Rüdiger/Rammstedt, Otthein/Weinold, Hanns: Lexikon der Soziologie, 3. völlig neu bearbeitete und erweiterte Auflage, Wiesbaden 1994

Gentzik, Daniel: Die Europäisierung des deutschen und englischen Strafrechts, Berlin 2002

Geurts, Matthias: Die Strafbarkeit der Geldwäsche – Die Metastasen politischen Willens, ZRP 1997, S. 250–254

Gotzens, Markus/Schneider, Michael C.: Geldwäsche durch Annahme von Strafverteidigerhonoraren? – Rechtslage nach der Entscheidung BGH 2 StR 513/00 vom 4. Juli 2001, wistra 2001, 379 - , wistra 2002, S. 121–129, *zit.: Gotzens/Schneider*

Graber, Christoph K.: Geldwäscherei. Ein Kommentar zu Art. 305 bis und 305 ter StGB, Bern 1990

Graul, Eva: Die kriminelle Auswertung eines wertvollen Gemäldes – Lösungshinweis mit Punktewertungen, JuS 1999, S. 562–569

Großwieser, Bernhard: Der Geldwäschetatbestand § 261 StGB, Passau 1998

Haft, Fritjof: Strafrecht, Besonderer Teil I, 8. Auflage, München 2004

Hamm, Rainer: Geldwäsche durch die Annahme von Strafverteidigerhonorar?, NJW 2000, S. 636–638

Hassemer, Winfried: Vermögen im Strafrecht, Zu den neuen Tendenzen der Kriminalpolitik, WM 1995, Sonderbeilage III zu Nr. 14, S. 3–31

Hefendehl, Roland: Kann und soll der Allgemeine Teil bzw. das Verfassungsrecht mißglückte Regelungen des Besonderen Teils retten? – Die „Geldwäsche" durch den Strafverteidiger, in: Festschrift für Claus Roxin zum 70. Geburtstag am 15. Mai 2001, Berlin, New York, 2001, S. 145–169

Hetzer, Wolfgang: Geld und Terror, ZRP 2002, S. 407–413, *zit.: Hetzer, ZRP 2002*

Hetzer, Wolfgang: Der Geruch des Geldes – Ziel, Inhalt und Wirkung der Gesetze gegen Geldwäsche, NJW 1993, S. 3298–3301

Hetzer, Wolfgang: Geldwäsche und Strafverteidigung, wistra 2000, S. 281–288

Hilgendorf, Eric: Wozu brauchen wir die „objektive Zurechnung"? Skeptische Überlegungen am Beispiel der strafrechtlichen Prospekthaftung, in: Festschrift für Ulrich Weber zum 70. Geburtstag am 18. September, hrsg. von: Bernd Heinrich, Eric Hilgendorf, Wolfgang Mitsch, Detlev Sternberg-Lieben, Bielefeld 2004, S. 33–48

Hombrecher, Lars: Geldwäsche (§ 261 StGB) durch Strafverteidiger? Eine Untersuchung zur Anwendung des § 261 StGB auf das Honorar des Strafverteidigers, Aachen 2001, *zit.: Hombrecher, Geldwäsche 2001*

Hombrecher, Lars: Der Tatbestand der Geldwäsche (§ 261 StGB) – Inhalt, Aufbau, Problemstellungen, JA 2005, S. 67–71, *zit.: Hombrecher, JA 2005*

Höreth, Ulrike: Die Bekämpfung der Geldwäsche unter Berücksichtigung einschlägiger ausländischer Vorschriften und Erläuterungen, Tübingen 1996

Hoyer, Petra/Klos, Joachim: Regelungen zur Bekämpfung der Geldwäsche und ihre Anwendung in der Praxis, Geldwäschegesetz, Gesetz zur Verbesserung der Bekämpfung der organisierten Kriminalität , internationale Regelungen, 2. neu bearbeitete und erweiterte Auflage, Bielefeld 1998

Hübschmann, Walter/Hepp, Ernst/Spitaler, Armin: Kommentar zur Abgabenordnung und Finanzgerichtsordnung, 1. Auflage, Köln 2005

Hufnagel, Sven: Der Strafverteidiger unter dem Generalverdacht der Geldwäsche gem. § 261 StGB – eine rechtsvergleichende Darstellung (Deutschland, Österreich, Schweiz und USA), Berlin 2004

Hund, Horst: Der Geldwäschetatbestand – mißglückt oder mißverstanden?, ZRP 1996, S. 163–166

Jakobs, Günther: Strafrecht, Allgemeiner Teil, Die Grundlagen und die Zurechnungslehre, Lehrbuch, 2. neu bearbeitete und erweiterte Auflage, unveränderter Nachdruck der Originalausgabe (1991), Berlin, New York 1993

Jauernig, Othmar: Bürgerliches Gesetzbuch, bearbeitet von: Berger, Christian/Jauernig, Othmar/Mansel, Heinz Peter/Stadler, Astrid/Schlechtriem, Peter/Stürner, Rolf/Arndt, Teichmann/Vollkommer, Max, 11. Auflage, München 2004, *zit.: Jauernig/Bearbeiter*

Jescheck, Hans-Heinrich/Weigend, Thomas: Lehrbuch des Strafrechts, Allgemeiner Teil, 5. vollständig neu bearbeitete und erweiterte Auflage, Berlin 1996

Katholnigg, Oskar: Kann die Honorarannahme des Strafverteidigers als Geldwäsche strafbar sein?, NJW 2001, S. 2041–2045

Katholnigg, Oskar: Anmerkung zu Urteil des BGH v. 04.07.2001 – 2 StR 513/00, Zur Strafbarkeit eines Strafverteidigers wegen Geldwäsche, JR 2002, S. 30–33

Kaufmann, Armin: „Objektive Zurechnung" beim Vorsatzdelikt?, in: Festschrift für Hans-Heinrich Jescheck, Kolloquium zum 90. Geburtstag von Prof. Dr. Dr. h.c. mult. Hans-Heinrich Jescheck am 10. Januar 2005, Strafrecht und Kriminologie unter einem Dach, Berlin, Freiburg, 2006, S. 251–278, *zit.: Kaufmann, FS für Jescheck*

Kaufmann, Michael: Die Bedeutung der Einbeziehung von Bankmitarbeitern in die strafrechtliche Bekämpfung der Geldwäsche, Frankfurt am Main, Berlin, Bern, Bruxelles, New York, Oxford, Wien 2001

Kienapfel, Diethelm: Die Geldwäscherei, Überlegungen de lege ferenda aus Anlaß des MEntw eines Geldwäschereigesetzes, ÖJZ 1993, S. 80–85

Kindhäuser, Urs (Hrsg.): Strafgesetzbuch, Lehr- und Praxiskommentar, 3. völlig neu bearbeitete Auflage, Baden-Baden 2006; *zit.: Bearbeiter/LPK*

Kindhäuser, Urs/Neumann, Ulfrid/Paeffgen, Hans-Ullrich: Strafgesetzbuch, Band 2, §§ 146-358 StGB, Nomos-Kommentar, 2. Auflage, Baden-Baden 2005, *zit.: NK/Bearbeiter*

Klippl, Irene: Geldwäscherei, Wien 1994

Knorz, Johannes: Der Unrechtsgehalt des § 261 StGB, Frankfurt am Main, Berlin, Bern, New York, Paris, Wien 1996

Körner, Harald Hans: Betäubungsmittelgesetz, Arzneimittelgesetz, bearb. v. Körner, Harald Hans unter Mitarbeit von Scherp, Dirk, 5. neu bearbeitete Auflage, München 2001

Körner, Harald Hans/Dach, Eberhard: Geldwäsche, Ein Leitfaden zum geltenden Recht, München 1994

Kraushaar, Horst: Die „kontrollierte Weiterleitung" inkriminierter Gelder, Zur Frage der Strafbarkeit nach § 261 StGB beim Handeln für Strafverfolgungsbehörden, wistra 1996, S. 168–171

Krey, Volker: Deutsches Strafrecht, Allgemeiner Teil, Band 1: Grundlagen, Tatbestandsmäßigkeit, Rechtswidrigkeit, Schuld, 2. neu bearbeitete Auflage, Stuttgart 2004

Krey, Volker/ Hellmann, Uwe: Strafrecht, Besonderer Teil, Band 2, Vermögensdelikte, 14. neu bearbeitete Auflage, Stuttgart 2005, *zit.: Krey/Hellmann*

Krey, Volker/Dierlamm, Alfred*:* Gewinnabschöpfung und Geldwäsche, JR 1992, S. 353–360, *zit.: Krey/Dierlamm*

Krümpelmann, Justus*:* Die Bagatelldelikte, Untersuchungen zum Verbrechen als Steigerungsbegriff, Berlin 1966

Kühl, Kristian*:* Strafrecht, Allgemeiner Teil, 5. neu bearbeitete Auflage, München 2005

Lackner, Karl/Kühl, Kristian*:* Strafgesetzbuch, Kommentar mit Erläuterungen, herausg. v. Karl Lackner, Eduard Dreher, Hermann Massen, 26. neu bearbeitete München 2007, *zit.: Lackner/Kühl*

Lampe, Ernst-Joachim: Der neue Tatbestand der Geldwäsche (§ 261 StGB), JZ 1994, S. 123–132

Lang, Volker/Schwarz, Anne/Kipp, Rudolf*:* Regelungen zur Bekämpfung der Geldwäsche, 3. überarbeitete und aktualisierte Auflage, Stuttgart 1999

Larenz, Karl/Canaris, Claus-Wilhelm*:* Methodenlehre der Rechtswissenschaft, 3. neu bearbeitete Auflage, Berlin, Heidelberg, New York, Barcelona, Budapest, Hongkong, London, Mailand, Paris, Santa Clara, Singapur, Tokyo 1995

Leip, Carsten*:* Der Straftatbestand der Geldwäsche - zur Auslegung des § 261 StGB, 2. aktualisierte Auflage, Berlin 1999

Leip, Carsten/Hardtke, Frank*:* Der Zusammenhang von Vortat und Gegenstand der Geldwäsche unter besonderer Berücksichtigung der Vermengung von Giralgeld, wistra 1997, S. 281–285, *zit.: Leip/Hardtke*

Leipziger Kommentar*:* Großkommentar zum StGB, Band I, Einleitung §§ 1-31, hrsg. v.: Jähnke, Burkard/Laufhütte, Heinrich Wilhelm/Odersky, Walter; bearb. v.: Jescheck, Hans-Heinrich/Schünemann, Bernd/Schroeder, Friedrich-Christian/Jähnke, Bernhard/Hillenkamp, Thomas/Lilie, Hans/Albrecht, Dietlinde/Roxin, Claus, 11. neu bearbeitete Auflage, Berlin 2003, *zit.: LK/Bearbeiter*

Leipziger Kommentar*:* Großkommentar zum StGB, Band II, §§ 32-60, hrsg. v.: Jähnke, Burkhard/Laufhütte, Heinrich Wilhelm/Odersky, Walter, 11. neu bearbeitete Auflage, bearb. v.: Hirsch, Hans-Joachim/Spendel, Günther/Häger, Joachim/Geppert, Klaus/Gribbohm, Günter/Rissing-van Saan, Ruth, Berlin 2003, *zit.: LK/Bearbeiter*

Löwe-Krahl, Oliver*:* Die Strafbarkeit von Bankangestellten wegen Geldwäsche nach § 261 StGB, wistra 1994, S. 123–127

Löwe-Rosenberg*:* Großkommentar, Die Strafprozessordnung und das Gerichtsverfassungsgesetz, Band 2 (§§ 72-136a), hrsg. v. Rieß, Peter, bearb. v.: Krause, Daniel M./Schäfer, Gehard/Hilger, Hans/Hanack, Ernst-Walter, Berlin 2004

Lüderssen, Klaus*:* Anmerkung zu HansOLG Hamburg, Beschluss v. 06.01.2000 – 2 Ws 185/99, StV 2000, S. 205–207

Maiwald, Manfred*:* Auslegungsprobleme im Tatbestand der Geldwäsche, in: Festschrift für Hans Joachim Hirsch zum 70. Geburtstag am 11.04.1999, hrsg. v. Weigend, Thomas und Küpper, Georg, Berlin, New York 1999, S. 631–649

Mangoldt, Hermann von/Klein, Friedrich/Starck, Christian*:* Kommentar zum Grundgesetz, Band 1, Präambel, Art. 1–19 GG, 5. Auflage, München 2005, *zit.: Bearbeiter in v. Mangoldt/Klein/Strack*

Maurach, Reinhart/Schröder, Friedrich-Christian/Maiwald, Manfred: Strafrecht, Besonderer Teil, Teilband 2, 9. Auflage, Heidelberg 2005

Maurach, Reinhart/Zipf, Heinz: Strafrecht, Allgemeiner Teil, Teilband 1, Grundlehren des Strafrechts und Aufbau der Straftat, 8. neu bearbeitete und erweiterte Auflage, Heidelberg 1992

Medicus, Dieter: Bürgerliches Recht, 20. neu bearbeitete Auflage, Köln, Berlin, München 2004

Mehlhorn, Sven: Der Strafverteidiger als Geldwäscher, Probleme bei der Annahme bemakelter Verteidigerhonorare, Baden-Baden 2004

Meyer-Goßner, Lutz: Strafprozessordnung, Gerichtsverfassungsgesetz, Nebengesetze und ergänzende Bestimmungen, 49. neu bearbeitete Auflage, München 2006

Miehe, Olaf: Die Schutzfunktion der Strafdrohungen gegen Begünstigung und Hehlerei, in: Festschrift für Richard M. Honig zum 80. Geburtstag, Göttinger rechtswissenschaftliche Studien, Band 7, Göttingen 1970, S. 91–132

Mitsch, Wolfgang: Vermögensdelikte (Randbereiche), Teil 2, Teilband 2, Berlin, Heidelberg, New York, Barcelona, Hongkong, London, Mailand, Paris, Singapur, Tokyo 2001

Möhrenschläger, Manfred: Das OrgKG – eine Übersicht nach amtlichen Materialien, wistra 1992, S.281–289

MüKo-BGB: Münchener Kommentar zum BGB, Band 4, Schuldrecht, Besonderer Teil II, §§ 611-704, EFZG, TzBfG, KSchG, 5. Auflage München 2009, zit.: *MüKo/Bearbeiter*

MüKo-StGB: Münchener Kommentar zum StGB, Band 3, §§ 185 - 262 StGB; Bandredaktion: Miebach, Klaus/Sander, Günther M., München 2003, *zit.: MüKo/Bearbeiter*

Müller, Gerd: Die Neuregelung der gewerbsmäßigen oder bandenmäßigen Steuerhinterziehung, Auslegungsfragen nach der Gesetzesänderung und Probleme in der Praxis, DStR 2002, S. 1646–1648

Müller-Gugenberger, Christian/Bieneck, Claus: Wirtschaftsstrafrecht, Handbuch durch Wirtschaftsstraf- und ordnungswidrigkeitenrecht, 4. neu bearbeitete und erweiterte Auflage, Köln 2006, zit.: *Bearbeiter in Müller-Gugenberger/Bieneck*

Müther, Detlef: Verteidigerhonorar und Geldwäsche, Jura 2001, S. 318–325

Naucke, Wolfgang: Der Begriff der „geringen Schuld“ (§ 153 StPO) im Straftatsystem, in: Festschrift für Reinhart Maurach zum 70. Geburtstag, hrsg. v. Friedrich-Christian Schroeder und Heinz Zipf, Karlsruhe 1972, S. 197–211

Niermann, Stephan: „e-Geldwäsche“: rechtliche und faktische Grenzen der Gewinnabschöpfung bei Straftaten im modernen Zahlungsverkehr, Bern, Berlin, Bruxelles, Frankfurt am Main, New York, Oxford, Wien 2004

Ostendorf, Heribert: Das Geringfügigkeitsprinzip als strafrechtliche Auslegungsregel (zugleich Anmerkung zu OLG Hamm NJW 1980, 2537), GA 1980, S. 333ff.

Oswald, Katharina: Die Maßnahmen zur Bekämpfung der Geldwäsche (§ 261 StGB i.V.m. dem GWG) – eine kriminologisch-empirische Untersuchung, wistra 1997, S. 328–331, *zit.: Oswald, wistra 1997*

Oswald, Katharina: Die Implementation gesetzlicher Maßnahmen zur Bekämpfung der Geldwäsche in der Bundesrepublik Deutschland, Eine empirische Untersuchung des § 261 StGB i.V.m. dem Geldwäschegesetz, Freiburg 1997, *zit.: Oswald, Implementation 1997*

Otto, Harro: Kausaldiagnose und Erfolgszurechnung im Strafrecht, in: Festschrift für Reinhart Maurach zum 70. Geburtstag, hrsg. v. Friedrich-Christian Schroeder und Heinz Zipf, Karlsruhe 1972, S. 91–105, *zit.: Otto, FS für Maurach*

Otto, Harro: Das Strafbarkeitsrisiko berufstypischen, geschäftsmäßigen Verhaltens, JZ 2001, S. 436–444, *zit.: Otto, JZ 2001*

Otto, Harro: Geldwäsche, § 261 StGB, Jura 1993, S. 329–332, *zit.: Otto, Jura 1993*

Palandt, Otto/Bassenge, Peter: Bürgerliches Gesetzbuch mit Einführungsgesetz (Auszug), BGB-Informationspflichten-Verordnung, Unterlassungsklagengesetz, Produkthaftungsgesetz, Erbbaurechtsverordnung, Wohnungseigentumsgesetz, Hausratsverordnung, Vormünder- und Betreuungsvergütungsgesetz, Lebenspartnerschaftsgesetz, Gewaltschutzgesetz (Auszug), 67. Auflage, München 2008, *zit.: Palandt/Bearbeiter*

Prittwitz, Cornelius: Die Geldwäsche und ihre strafrechtliche Bekämpfung – oder: Zum Einzug des Lobbyismus in die Kriminalpolitik, StV 1993, S. 498–502

Ranft, Otfried: Verteidigerhonorar und Geldwäsche – die Entscheidung des BVerfG vom 30.3.2004, Jura 2004, S. 759–765, *zit.: Ranft, Jura 2004*

Ranft, Otfried: Strafprozessrecht, Systematische Lehrdarstellung für Studium und Praxis, 3. neu bearbeitete Auflage, Stuttgart, München, Hannover, Berlin, Weimar, Dresden 2005

Rederer, Erik: Geldwäsche mit Cypermoney, Kriminalistik 2000, S. 261–269

Reinhold, Gerd/Lamnek,Siegfried/Recker, Helga: Soziologie-Lexikon, 3. überarbeitete und erw. Auflage, München, Wien 1997

Rengier, Rudolf: Strafrecht, Besonderer Teil I, Vermögensdelikte, 8. Auflage, München 2006, *zit.: Rengier, Strafrecht BT I*

Rengier, Rudolf: Strafrecht, Besonderer Teil II, Delikte gegen die Person und die Allgemeinheit, 7. Auflage, München 2006

Roxin, Claus: Pflichtwidrigkeit und Erfolg bei fahrlässigen Delikten, ZStW 74 (1962), S. 411–444, *zit.: Roxin, ZStW 74*

Roxin, Claus: Geld als Objekt von Eigentums- und Vermögensdelikten, in: Festschrift für Hellmuth Mayer zum 70. Geburtstag, Beiträge zur gesamten Strafrechtswissenschaft, hrsg. v. Friedrich Geerds und Wolfgang Naucke, Berlin 1966, S. 476–484

Roxin, Claus: Gedanken zur Problematik der Zurechnung im Strafrecht, in: Festschrift für Richard Honig zum 80. Geburtstag, Göttingen 1970 (Göttinger rechtswissenschaftliche Studien, Band 77), S. 133–150, *zit.: Roxin, FS für Honig*

Roxin, Claus: Bemerkungen zur sozialen Adäquanz im Strafrecht, in: Festschrift für Ulrich Klug zum 70. Geburtstag, Band 2, hrsg. v. Gunter Kohlmann, Köln 1983, S. 303–313, *zit.: Roxin, FS für Klug*

Roxin, Claus: Strafrecht AT Band 1: Grundlagen – Der Aufbau der Verbrechenslehre, 4. Auflage, München 2006, *zit.: Roxin, AT I*

Roxin, Claus: Strafprozessordnung mit Auszügen aus dem Gerichtsverfassungsgesetz, EGGVG, Jugendgerichtsgesetz, Straßenverkehrsgesetz und Grundgesetz, 41. neu bearbeitete Auflage, München 2006

Rudolphi, Hans-Joachim: Grundprobleme der Hehlerei, 1. Teil, JA 1981, S. 1–7

Rudolphi, Hans-Joachim/Horn, Eckhard/Günther, Hans-Ludwig: Systematischer Kommentar zum StGB 2, Besonderer Teil, §§ 201 - 266b StGB, 6. Auflage, 2001, *zit.: SK/Hoyer*

Salditt, Franz: Der Tatbestand der Geldwäsche, StV-Forum 1992, S. 121ff.

Samson, Erich: Strafrecht I, 7. Auflage, Frankfurt am Main 1988

Sauer, Dirk: Zur Leichtfertigkeit i. S. v. § 261 V StGB bei der Annahme von Mandantengeldern durch Strafverteidiger, wistra 2004, S. 89–94

Schittenhelm, Ulrike: Alte und neue Probleme der Anschlußdelikte im Lichte der Geldwäsche, Festschrift für Theodor Lenckner zum 70. Geburtstag, hrsg. von Eser, Albin/Schittenhelm, Ulrike/Schumann, Heribert, München 1998, S. 519–538

Schmidhäuser, Eberhard: Strafrecht, Allgemeiner Teil, Lehrbuch, 3. Auflage, Tübingen 1985

Schmidt, Jens: Geldwäsche und Verteidigerhonorar, JR 2001, S. 448–452

Drenseck, Walter: Einkommenssteuergesetz, 26. Auflage, München 2007

Schmidt, Wilhelm: Die Rechtslage nach der Geldwäscheentscheidung des BGH, StV-Forum 2003, S. 2–6, *zit.: Schmidt, StV-Forum 2003*

Schönke, Adolf/Schröder, Horst: Strafgesetzbuch, 17. neu bearbeite Auflage, München 1974, *zit.: Bearbeiter in Schönke/Schröder, StGB 1974*

Schönke, Adolf/Schröder, Horst: Strafgesetzbuch, 27. neu bearbeitete Auflage, München 2006, *zit.: Bearbeiter in: Schönke/Schröder, StGB 2006*

Soergel, Hans Theodor: BGB, Band 1, Allgemeiner Teil 1–103, 13. Auflage, Stuttgart 1999

Schroeder, Friedrich-Christian: Strafprozessrecht, 4. Auflage, München 2007

Schroeter, Achim: Gesetze gegen die Geldwäsche, Sparkasse 1992, S. 327–335

Schünemann, Bernd: Anmerkung zum Urteil des BGH v. 03.05.1984 (4 StR 266/84), StV 1985, S. 229ff.

Schünemann, Bernd: Über die objektive Zurechnung, GA 1999, S. 207–229, *zit.: Schünemann, GA 1999*

Spiske, Wolfgang: Pecunia olet? Der neue Geldwäschetatbestand § 261 StGB im Verhältnis zu den §§ 257, 258, 259 StGB, insbesondere zur straflosen Ersatzhehlerei, Frankfurt am Main, Berlin, Bern, New York, Paris, Wien 1998

Staudinger, Julius von: BGB, Buch 2, 23. Recht der Schuldverhältnisse, §§ 657–704 (Geschäftsbesorgung), Berlin 2006

Struensee, Eberhard: Objektive Zurechnung und Fahrlässigkeit, GA 1987, S. 97–105

Suendorf, Ulrike: Geldwäsche, Eine kriminologische Untersuchung, BKA – Polizei und Forschung, Band 10, Kriminalistisches Institut, Neuwied, Kriftel 2001

Systematischer Kommentar zum StGB: Band 2, Besonderer Teil, §§ 201-266b StGB, bearb. v.: Rudolphi, Hans-Joachim/Horn, Eckhard/ Hoyer, Andreas/Günther, Hans Ludwig/Samson, Erich/Wolters, Gereon/Wolter, Jürgen/Stein, Ulrich/Rogall, Klaus, Loseblattsammlung, 7. Auflage, München/Unterschleißheim, Stand: Oktober 2005, *zit.: SK/Bearbeiter*

Systematischer Kommentar zur Strafprozessordnung und zum Gerichtsverfassungs-Gesetz: Band I und Band III, bearb. v.: Rudolphi, Hans-Joachim/Degener, Wilhelm/Frisch, Wolfgang/Frister, Wolfgang/Paeffgen, Hans-Ullrich/Rogall, Klaus/Schlüchter, Ellen/Velten, Petra/Weßlau, Edda/Wohlers, Wolfgang/Wolter, Jürgen, Loseblattsammlung, 1. und 2., teilweise 3. neu bearbeitete Auflage, Stand: 48. Lieferung, München/Unterschleißheim, Stand: Juli 2006

Tiedemann, Klaus: Wirtschaftsstrafrecht, Besonderer Teil mit wichtigen Gesetzen und Verordnungstexten, Köln 2006

Vest, Hans: Probleme des Herkunftsprinzips bei der Geldwäscherei, in: Festschrift für Nikolaus Schmid zum 65. Geburtstag, Zürich 2001, S. 417–437

Vogel, Joachim: Geldwäsche – ein europaweit harmonisierter Straftatbestand?, ZStW 109 (1997), S. 335–356

Wahrig, Gerhard/Wahrig-Burfeind, Renate: Deutsches Wörterbuch, Der deutsche Wortschatz in über 250.000 Stichwörtern, Anwendungsbeispielen und Redewendungen mit umfassenden Bedeutungserklärungen und ausführlichen Angaben zur Rechtsprechung, Grammatik, Aussprache, Stil und Herkunft, 7. vollständig neu bearbeitete und aktualisierte Auflage, Gütersloh 2006

Wessels, Johannes/Beulke, Werner: Strafrecht, Allgemeiner Teil, Die Straftat und ihr Aufbau, 36. Auflage, Heidelberg 2006, *zit.: Wessels/Beulke*

Wessels, Johannes/Hillenkamp, Thomas: Strafrecht, Besonderer Teil 2, Straftaten gegen Vermögenswerte, 29. neu bearbeitete Auflage, Heidelberg 2006

Winkler, Klaus: Die Strafbarkeit des Strafverteidigers jenseits der Strafvereitelung. Zugleich ein Beitrag zur Auslegung von § 261 StGB, Hamburg 2005

Zeifang, Gregor: Die eigene Strafbarkeit des Strafverteidigers zwischen prozessualem und materiellem Recht, Marburg 2004

## Abkürzungsverzeichnis

| | |
|---|---|
| a.A. | anderer Ansicht |
| a.a.O. | am angegebenen Ort |
| a.E. | am Ende |
| a.F. | alte Fassung |
| Abs. | Absatz |
| Abschn. | Abschnitt |
| AG | Amtsgericht |
| AK | Alternativkommentar |
| AktG | Aktiengesetz |
| Anl. | Anlage |
| AnwBl. | Anwaltsblatt |
| AO | Abgabenordnung |
| Art. | Artikel |
| AT | Allgemeiner Teil |
| Aufl. | Auflage |
| BayOblGSt | Entscheidungen des Bayerischen Obersten Landesgerichts |
| Bearb. | Bearbeiter |
| BFH | Bundesfinanzhof |
| BGB | Bürgerliches Gesetzbuch |
| BGBl. | Bundesgesetzblatt (Teil, Seite) |
| BGH | Bundesgerichtshof |
| BGHSt | Entscheidungen des BGH in Strafsachen |
| BGHZ | Entscheidungen des BGH in Zivilsachen |
| BKA | Bundeskriminalamt |
| BR-Drucksache | Bundesrat-Drucksache |
| BSHG | Bundessozialhilfegesetz |
| Bsp. | Beispiel |
| BT | Besonderer Teil |
| BT-Drucksache | Bundestag-Drucksache |
| BtMG | Betäubungsmittelgesetz |
| BVerfG | Bundesverfassungsgericht |
| BVerfGE | Entscheidungen des Bundesverfassungsgerichts |
| bzgl. | bezüglich |
| bzw. | beziehungsweise |
| d.h. | das heißt |
| ders. | derselbe |
| DStR | Deutsches Strafrecht |
| DuD | Datenschutz und Datensicherheit |
| ebd. | ebenda |
| EG | Europäische Gemeinschaft |
| EGStGB | Einführungsgesetz zum Strafgesetzbuch vom 2.3.1974 – BGBl. I 469 |
| Einf | Einführung |
| erw. | erweitert |
| EStG | Einkommenssteuergesetz |
| etc. | et cetera |
| EU | Europäische Union |
| EWG | Europäische Wirtschaftsgemeinschaft |
| EZB | Europäische Zentralbank |
| f. | folgend |
| FATF | Financial Action Task Force on Money Laundering |
| ff. | fortfolgend |
| FIU | Financial Intelligence Unit |
| Fn. | Fußnote |
| FS | Festschrift |
| GA | Goldthammers Archiv für Strafrecht |
| gem. | gemäß |

| | |
|---|---|
| GewAufspG | Gewinnaufspürungsgesetz |
| GG | Grundgesetz |
| ggfs. | gegebenenfalls |
| GmbHG | GmbH-Gesetz |
| gr. | Gramm |
| GWG | Geldwäschegesetz |
| h.L. | herrschende Lehre |
| h.M. | herrschende Meinung |
| HGB | Handelsgesetzbuch |
| hrsg. | herausgegeben |
| Hs. | Halbsatz |
| i.E. | im Ergebnis |
| i.S.d. | im Sinne der/des |
| i.S.v. | im Sinne von |
| i.V.m. | in Verbindung mit |
| JA | Juristische Ausbildung |
| JR | Juristische Rundschau |
| Jura | Juristische Ausbildung |
| JuS | Juristische Schulung |
| JZ | Juristenzeitung |
| KWG | Kreditwesengesetz |
| LG | Landgericht |
| LK | Leipziger Kommentar |
| LPK. | Lehr- und Praxiskommentar |
| m. E. | meines Erachtens |
| MEntw | Entwurf für ein Bundesgesetz über gerichtsnahe Mediation |
| Mio. | eine Million |
| MüKo | Münchener Kommentar für das Strafgesetzbuch |
| m.w.N. | mit weiteren Nachweisen |
| NJ | Neue Justiz |
| NJW | Neue Juristische Wochenschrift |
| NK | Nomos-Kommentar |
| Nr. | Nummer |
| NStZ | Neue Zeitschrift für Strafrecht |
| ÖJZ | Österreichische Juristenzeitung |
| OLG | Oberlandesgericht |
| OrgK | Organisierte Kriminalität |
| OrgKG | Gesetz zur Bekämpfung des illegalen Rauschgifthandels und andere Erscheinungsformen der Organisierten Kriminalität |
| ÖStGB | Österreichisches Strafgesetzbuch |
| r.Sp. | rechte Spalte |
| Rn. | Randnummer |
| RegE | Regierungsentwurf |
| RGSt | Entscheidungen des RG in Strafsachen |
| RL | Richtlinie |
| Rspr. | Rechtsprechung |
| S. | Seite |
| SGB | Sozialgesetzbuch |
| SK | Systematischer Kommentar zum StGB |
| sog. | so genannte/n/r/s |
| StEntlG | Steuerentlastungsgesetz |
| StGB | Strafgesetzbuch |
| StPO | Strafprozessordnung |
| str. | strittig |
| StV-Forum | Strafverteidiger-Forum |
| StV | Strafverteidiger |
| StVO | Straßenverkehrsordnung |
| u. | und |
| u.a. | unter anderem |

| | |
|---|---|
| UN | Vereinte Nationen |
| Urt. | Urteil |
| v. | vom |
| v.a. | vor allem |
| Var. | Variante |
| vgl. | vergleiche |
| Vorbem. | Vorbemerkung |
| VwVfG | Verwaltungsverfahrensgesetz |
| wistra | Zeitschrift für Wirtschaft, Steuer, Strafrecht |
| WM | Wertpapier-Mitteilungen |
| z.B. | zum Beispiel |
| z.T. | zum Teil |
| zit. | zitiert |
| ZKredW | Zeitschrift für das gesamte Kreditwesen |
| ZPO | Zivilprozessordnung |
| ZRP | Zeitschrift für Rechtspolitik |
| ZStW | Zeitschrift für die gesamte Strafrechtswissenschaft |

## 1. Kapitel: Zur Auslegung des Tatbestandsmerkmals „Herrühren" im Rahmen des Straftatbestandes § 261 StGB

### A. Einführung in die Problematik

Thema dieser Untersuchung ist der Begriff des „Herrührens" im Tatbestand der Geldwäsche gem. § 261 StGB.

§ 261 Abs. 1 StGB stellt ein solches Handeln unter Freiheitsstrafe von drei Monaten bis zu fünf Jahren, durch welches ein Gegenstand, der aus einer rechtswidrigen Tat „herrührt", verborgen, dessen Herkunft verschleiert oder die Ermittlung der Herkunft, das Auffinden, der Verfall, die Einziehung oder die Sicherstellung dessen vereitelt oder gefährdet wird. Trotz der bereits vor über 15 Jahren stattgefundenen Verankerung des Geldwäschetatbestandes in das StGB, hat der Begriff des „Herrührens" bis zum heutigen Tage die Rechtsprechung kaum beschäftigt. Die Gründe für die nur spärlich vorhandene Rechtsprechung zur Geldwäsche sind weder in einer unzureichenden Ermittlungstätigkeit der Polizei noch in einer geringen Anzahl von Verdachtsanzeigen zu suchen[1]. Die Ursache für die zurückhaltende Stellungnahme der Judikatur hinsichtlich einer näheren Konkretisierung dieses ansonsten im StGB unbekannten Begriffs liegt vielmehr in zwei Aspekten: Zum einen werden bei den Ermittlungen wegen Geldwäsche aufgrund einer Verdachtsanzeige oftmals andere, schwerwiegendere Taten aufgedeckt. Eine Anklage wegen Geldwäsche tritt dann zurück. Zudem besteht oft Personenidentität zwischen dem Vortäter und der der Geldwäsche verdächtigen Person. Eine Strafbarkeit wegen Geldwäsche scheidet in diesem Fall gem. § 261 Abs. 9 Satz 2 StGB aus. Nicht zu vernachlässigen sind jedoch auch die erheblichen Beweisschwierigkeiten der Geldwäschestrafbarkeit. Diese bestehen sowohl hinsichtlich der subjektiven Voraussetzungen, insbesondere der nachzuweisenden Kenntnis von der kriminellen Herkunft des betreffenden Gegenstandes, als auch bezüglich objektiver Voraussetzungen, insbesondere der Geldwäschetauglichkeit des Objektes.

Seit der Einführung des Straftatbestandes der Geldwäsche in das StGB durch Art. 1 Nr. 19 OrgKG[2] vom 15.07.1992 ist die Bestimmung des Rechtsbegriffes „Herrühren" ein bis heute in weiten Kreisen ungelöstes Problem der Strafrechtswissen-

---

[1] Nach dem Jahresbericht 2005, FIU Deutschland des Bundeskriminalamtes, Seite 4, wurden allein im Jahre 2005 insgesamt 8.241 Verdachtsanzeigen nach dem Geldwäschegesetz (GWG) erstattet. Gegenüber dem Jahre 1995 bedeutet dies eine Verdreifachung des Aufkommens der Verdachtsanzeigen nach dem GWG. Gegen die Annahme einer geringen Anzahl von Verdachtsanzeigen sprechen auch sonstige Statistiken der Landeskriminalämter. Nach dem Bericht „Verfahrensunabhängige Finanzermittlungen in Baden-Württemberg, Lagebild 2005", S. 5, gingen bei der Zentralstelle für Finanzermittlungen im Landeskriminalamt Baden-Württemberg im Jahre 2005 insgesamt 985 Geldwäscheverdachtsanzeigen gem. § 11 GWG ein. Seit dem Jahre 2003 erhöhten sich daher die Verdachtsanzeigen in Baden-Württemberg um etwa 40 %. Einen ähnlichen Rückschluss lässt auch das „Lagebild Finanzermittlungen 2005 Nordrhein-Westfalen", S. 13, zu: Im Jahre 2005 gingen demnach 1.810 Verdachtsanzeigen beim Landeskriminalamt Nordrhein-Westfalen ein; gegenüber dem Vorjahr stellt dies einen weiteren Anstieg um 5,6 % dar.

[2] Gesetz zur Bekämpfung des illegalen Rauschgifthandels und andere Erscheinungsformen der Organisierten Kriminalität.

schaft. Taugliches Tatobjekt der Geldwäsche ist nach § 261 Abs. 1 StGB jeder aus einer Katalogtat des Satzes 2 Nr. 1–4 StGB „herrührende" Gegenstand. Dem Gesetzgeber ging es bei der Verwendung des Begriffs des „Herrührens" darum, „auch eine Kette von Verwertungshandlungen, bei welcher der ursprüngliche Gegenstand unter Beibehaltung seines Wertes durch einen anderen ersetzt wird"[3], von dem Tatbestand des § 261 StGB mitzuerfassen. Darüber hinausgehend lässt sich jedoch aus den Gesetzesmaterialien nur wenig entnehmen: Aus einem Umkehrschluss zu § 261 Abs. 6 StGB ergibt sich, dass der Begriff grundsätzlich auch eine Kette vorausgegangener Verwertungshandlungen erfassen soll. Würde der aus der Vortat stammende ursprüngliche Gegenstand durch ein „Weiterwandern" in Hände Dritter grundsätzlich seine Bemakelung verlieren, dann wäre die Regelung des § 261 Abs. 6 StGB obsolet. Zudem betonte der Gesetzgeber noch, dass eine restriktive Auslegung geboten sei, wenn „der Wert des Gegenstandes im wesentlichen auf die selbständige Leistung eines Dritten zurückzuführen sei"[4].

Aufgrund der weiten Fassung des Wortlautes könnte daher der Begriff bei unbedarfter Lektüre so verstanden werden, dass selbst der ursprünglich unbemakelte Gegenstand durch Verbindung, Vermengung oder Vermischung mit dem inkriminierten Gegenstand Tatobjekt des § 261 StGB werden könnte. So „rührt" doch letztlich nach dem weiten Gesetzestext beispielsweise selbst ein erworbener PKW, der nur zu einem minimalem Anteil mit geraubten Geldern finanziert wurde, in irgendeiner Art und Weise noch „aus der Vortat her" und kann somit taugliches Geldwäscheobjekt sein. Dass dieses weite Verständnis des Begriffes eine Lahmlegung des funktionierenden Wirtschaftsverkehrs aufgrund großflächiger Inkriminierung von Objekten zur Folge hätte, liegt auf der Hand. So könnte in genanntem PKW-Beispiel die Inkriminierungskette so weit gehen, dass bei einem späteren Verkauf der Reifen des PKW nach der Montage auf einen anderen Wagen auch der zweite PKW noch aus der Vortat „herrührte".

Um die Probleme dieses Rechtsbegriffs beleuchten zu können, ist daher zunächst auf abstrakter Ebene zu überlegen, welche Auslegungsansätze in Betracht kommen, um das Spannungsfeld zwischen Funktionsfähigkeit des Wirtschaftsverkehrs einerseits und dessen weitläufiger „Verschmutzung" andererseits aufzulösen. Im Rahmen der Darstellung sollen hierbei möglichst umfassend sämtliche Problembereiche, die sich im Bereich des Tatbestandsmerkmals „Herrühren" stellen, diskutiert werden. Die in der Literatur bestehenden Lösungsansätze werden dabei detailliert beleuchtet. Vor- und Nachteile der einzelnen Ausgangspunkte sollen dargestellt werden. Ein Schwerpunkt liegt insbesondere auch in der näheren Begutachtung der „Lehre der objektiven Zurechnung" sowie der „wirtschaftlichen Betrachtungsweise" als Lösungsansätze. Zunächst wird aber untersucht, ob und inwieweit klassische Auslegungsansätze dem Anliegen einer erforderlichen Eingrenzung des Tatbestandsmerkmals „Herrühren" gerecht werden können.

---

[3] BR-Drucksache 507/92, S. 23 (27).

[4] BT-Drucksache 12/989, S. 26 (27); gleich lautend auch BR-Drucksache 507/92, S. 23 (27f.).

## B. Die klassischen Auslegungsansätze

Als klassische Auslegungsansätze sind die so genannte grammatische Auslegung, die historische, die systematische sowie die so genannte objektiv-teleologische Auslegung in Betracht zu ziehen[5].

### I. Die grammatische Auslegung

Jede Auslegung beginnt beim Wortlaut des Gesetzes anhand des natürlichen und besonderen juristischen Sprachgebrauchs[6]. Der konkrete Wortlaut ist zudem insbesondere auch im Hinblick auf den Bestimmtheitsgrundsatz gem. Art. 103 Abs. 2 GG von Bedeutung. Verfassungsrechtlich kann eine Tat nämlich nur dann bestraft werden, wenn die Strafbarkeit gesetzlich bestimmt war, bevor die Tat begangen wurde. Die grammatische Auslegung muss also zwingend in Zusammenhang mit dem verfassungsrechtlichen Bestimmtheitsgebot gesehen werden. Da Art. 103 Abs. 2 GG dem Normadressaten eine Garantie für die Vorhersehbarkeit der Strafandrohung geben will, ist für die Bestimmtheit einer Strafvorschrift in erster Linie der dem Adressaten zugängliche Wortlaut des gesetzlichen Tatbestandes maßgeblich[7]. Ist folglich der Begriff des „Herrührens“ in sprachlicher Hinsicht nicht ausreichend konkretisiert, dann stehen diesem Bedenken hinsichtlich seiner Verfassungskonformität entgegen. Hieraus erklärt sich auch, dass nach der Verankerung des Geldwäschetatbestandes in das StGB Stimmen laut wurden, die insbesondere hinsichtlich des Merkmals „Herrühren“ Bedenken hinsichtlich dessen Verfassungskonformität erhoben[8]. Ob dem Vorwurf der Verfassungswidrigkeit zugestimmt werden kann, hängt davon ab, welche Anforderungen an Art. 103 Abs. 2 GG zu stellen sind.

Nach Art. 103 Abs. 2 GG kann eine Tat nur dann bestraft werden, wenn die Strafbarkeit gesetzlich bestimmt war, bevor die Tat begangen wurde. Das Maß der gebotenen Bestimmtheit ist aber regelmäßig nicht so hoch anzusetzen, dass die jeweilige Vorschrift so genau formuliert sein müsste, dass dem Einzelnen „die Grenzen des straffreien Raums klar vor Augen“ stehen müsste, um sein Verhalten hieran orientieren zu können[9]. Rechtsprechung und Literatur sind sich diesbezüglich einig, dass die Anforderungen an die Bestimmtheit eines Straftatbestandes nicht zu streng angesetzt werden dürften, da sonst Gesetze zu starr und kasuistisch würden[10]. Das Bestimmtheitsgebot schließt insbesondere nicht den Gebrauch unbestimmter Rechtsbegriffe

---

[5] Vgl. *Wessels/Beulke*, Strafrecht, Allgemeiner Teil, § 2 II 2 Rn. 57.

[6] *BGHSt* 14, S. 116, (118).

[7] *BVerfGE* 47, S. 109 (121); *BVerfGE* 64, S. 389 (393); *BVerfG* , Beschluss vom 23.10.1985, JZ 1986, S. 153.

[8] *Barton,* NStZ 1993, S. 159; *ders.*, StV 1993, S. 156 (158); *Leip,* S. 67; *Krey/Dierlamm* hingegen halten das Merkmal für vage, bewerten die relative Unbestimmtheit aber noch als tolerabel, vgl. JR 1992, S. 353 (359); vgl. mit weiteren Nachweisen: *Lackner/Kühl*, § 261 Rn. 2.

[9] Diese Anforderungen hat das BVerfG bisher nur einmal so hoch angesetzt: *BVerfGE* 32, S. 346 (362) zur Verfassungsmäßigkeit des Art. 16 Abs. 1 des Bayerischen Gemeindeabgabengesetzes.

[10] *BVerfGE* 4, S. 352 (358); *BVerfGE* 11, S. 234 (237); *Fischer*, § 1 Rn. 5a.

sowie auslegungsfähiger und auslegungsbedürftiger Generalklauseln durch den Gesetzgeber aus[11]. Die Strafbarkeitsvoraussetzungen sind aber generell umso präziser zu bestimmen, je schwerer die angedrohte Strafe ist[12]. Der Grad der erforderlichen gesetzlichen Bestimmtheit hängt also von der Besonderheit des jeweiligen Tatbestandes und von den Umständen ab, die zu der Regelung führten[13]. Üblicherweise ist es ausreichend, wenn der Einzelne in Grenzfällen zumindest das Risiko einer Bestrafung erkennen kann[14] bzw. er lediglich den durch die Strafrechtsnorm geschützten Wert sowie das Verbot bestimmter Verhaltensweisen erfassen und die staatliche Reaktion voraussehen kann[15]. Der Gesetzgeber kann sich folglich unbestimmter Rechtsbegriffe wie des Tatbestandsmerkmals „Herrühren" ohne verfassungsrechtliche Bedenken bedienen, sofern sich Tragweite und Anwendungsbereich der Straftatbestände aus dem Wortlaut ergeben oder sich jedenfalls anhand üblicher Auslegungsmethoden bestimmen lassen[16]. Äußerste Grenze einer verfassungskonformen Auslegung ist aber immer der Wortlaut[17].

Fraglich ist daher, ob sich der Begriff des „Herrührens" anhand seines Wortlautes bereits näher konkretisieren lässt. Nach dem allgemeinen Sprachgebrauch wird „herrühren" als Synonym für „herstammen von", „sich herleiten von" und „seine Ursache haben in", gebraucht[18]. Auf den ersten Blick wird jedoch deutlich, dass sich der allgemeine Sprachgebrauch nicht als Eingrenzungsmöglichkeit des weiten Begriffs des Gesetzgebers eignet, da auch solche Gegenstände noch aus der Vortat „herstammen", die durch mehrere Umwandlungsprozesse aus dem Tatobjekt hervorgegangen sind. Welche Eigenschaften dem umgewandelten Gegenstand anheim sein müssen oder wie ein solcher Umtauschprozess stattzufinden hat, lässt sich durch diese Synonyme des allgemeinen Sprachgebrauchs gerade nicht entnehmen. Entgegen der Ansicht des Gesetzgebers[19] kann das Merkmal des „Herrührens" also gerade nicht durch den üblichen Sprachgebrauch eingegrenzt werden.

Der besondere juristische Sprachgebrauch hilft ebenfalls kaum weiter. Bei der Wahl des Begriffes „Herrühren" hat der Gesetzgeber bewusst darauf verzichtet, ein aus anderen Straftatbeständen bekanntes Tatbestandsmerkmal in den Geldwäschetatbestand zu übernehmen[20]. Einigkeit bzgl. der Bestimmung der juristischen Sprachbedeutung besteht nur darin, dass „herrühren" ebenso wie der bereits in der 1. Geldwäscherichtlinie[21] verwendete Begriff „stammen", der auch noch in der aktuellen Richt-

---

[11] Ständige Rechtsprechung, vgl.: *BVerfGE* 26, S. 186 (204); *BVerfGE* 66, S. 337 (355).

[12] Ständige Rechtsprechung, vgl.: *BVerfGE* 14, S. 245 (251); *BVerfGE* 41, S. 314 (320).

[13] *BVerfGE* 41, S. 314 (320).

[14] *BVerfGE* 92, S. 1 (12).

[15] *BVerfGE* 92, S. 1 (12).

[16] Ständige Rechtsprechung: *BVerfGE* 87, S. 209 (225); *BVerfGE* 92, S. 1 (12).

[17] *BVerfGE* 92, S. 1 (13).

[18] *Wahrig/Wahrig-Burfeind*, Deutsches Wörterbuch.

[19] BT-Drucksache 12/989, S. 26 (27).

[20] *MüKo/Neuheuser*, § 261 Rn. 43.

[21] Vgl. Einleitung, Richtlinie 91/308/EWG des Rates der Europäischen Gemeinschaften v. 10.06.1991

linie Gebrauch findet[22], eine Kausalbeziehung zwischen Vortat und Vermögensgegenstand voraussetzt[23]. Hierdurch ist jedoch nicht viel gewonnen[24]. Belegt wird lediglich, dass es einer ursächlichen Verknüpfung zwischen Vortat und Gegenstand bedarf. Wann eine solche Verbindung aber nicht (mehr) anzunehmen ist, bleibt jedoch unbeantwortet.

Einer uferlosen Inkriminierung von Wirtschaftsgütern kann somit weder durch die Deutung des allgemeinen Sprachgebrauchs noch des juristischen Wortsinns entgegengewirkt werden; selbst bei mehrfacher (persönlicher oder sachlicher) Transformation des Tatgegenstandes, wäre letztendlich – bei weitem Verständnis des Begriffs – doch immer die Vortat ursächlich für die Existenz des begutachteten Gegenstandes. Wann eine engere Anwendung des Begriffs geboten ist, bleibt durch die gesetzgeberische Begriffswahl offen. Aufgrund des weiten Wortlautes des Begriffs ist dessen Tragweite nicht klar bestimmbar. Dessen Weite bestärkt somit zunächst die Bedenken hinsichtlich der Verfassungsmäßigkeit des Begriffs. Um die Frage der Verfassungskonformität näher beantworten zu können, ist also ein Rückgriff auf die sonstigen zur Verfügung stehenden Auslegungsmethoden geboten.

## II. Die historische Auslegung

Der historische Auslegungsansatz konkretisiert anhand der Entstehungsgeschichte der Norm auslegungsbedürftige Tatbestände[25].

Als allgemeines Ziel der Geldwäschestrafbarkeit lässt sich aus den Gesetzesmaterialien die Bekämpfung der Organisierten Kriminalität sowie des Waffenhandels entnehmen. Geldwaschen stellte nach der Vorstellung des Gesetzgebers den Schnittpunkt zwischen illegalen Erlösen aus Straftaten und legalem Finanzkreislauf dar. Die Strafbarkeit der Geldwäsche biete der Strafverfolgung einen tauglichen Ansatz, in die Strukturen Organisierter Kriminalität einzudringen und von diesem Schnittpunkt aus Transaktionen zurückzuverfolgen. Hierdurch könne eine Rekonstruktion der „paper trail“ gelingen und das Aufdecken von Straftaten ermöglicht werden. Durch die Entziehung der finanziellen Grundlagen könne unmittelbar der Nerv der Organisierten Kriminalität getroffen werden. Letztlich erhoffte man sich mit der Schaffung des § 261 StGB offensichtlich, mit diesen Sanktionen der Organisierten Kriminalität den Boden für ihr kriminelles Handeln entziehen zu können. Um dieses Ziel auf nationaler Ebene erreichen zu können, musste nach Ansicht des Gesetzgebers § 261 StGB neu eingeführt werden. Die herkömmlichen Anschlussstraftaten der §§ 257–259 StGB waren zur effektiven Bekämpfung des Geldwäsche nicht hinreichend geeignet.

---

[22] Vgl. Kapitel 1) Artikel 1) Abs. 2) a) der Richtlinie 2005/60/EG des Europäischen Parlamentes und des Rates vom 26.10.2005 zur Verhinderung der Nutzung des Finanzsystems zum Zwecke der Geldwäsche und der Terrorismusfinanzierung.

[23] Vgl. nur *MüKo/Neuheuser*, § 261 Rn. 43.

[24] So auch ausdrücklich: *Egger Tanner*, S. 103; *Vest*, FS für Schmid, S. 417 (422).

[25] *BGHSt* 29, S. 85 (87); *BGHSt* 29, S. 300 (303).

Die historische Entwicklung des Geldwäschetatbestandes muss aber zwingend auch in internationalem Licht gesehen werden. Die USA schufen bereits in den 1980er Jahren einen Geldwäschetatbestand zur Bekämpfung der Drogenkriminalität. Grenzüberschreitende Bedeutung hatte zuerst das Übereinkommen der Vereinten Nationen von 1988 gegen den unerlaubten Verkehr mit Suchtstoffen und psychotropen Stoffen (Wiener Konvention). Nach Art. 3 dieses Übereinkommens traf jeden Unterzeichner des Abkommens die Verpflichtung, einen Straftatbestand zur Bekämpfung der Geldwäsche zu schaffen. Für den nationalen Gesetzgeber hatte das Ziel einer wirksamen Bekämpfung der Organisierten Kriminalität eine hervorgehobene Rolle. Dies zeigt sich daran, dass über die Verpflichtung aus dem UN-Abkommen hinaus, nicht nur die „Geldwäsche" aus unerlaubten Drogengeschäften, sondern auch aus Verbrechen und von einem Mitglied einer kriminellen Vereinigung begangenen Vergehen unter Strafe gestellt wurden[26].

Am 08.11.1990 wurde ein Europarats-Übereinkommen über die Geldwäsche sowie zur Ermittlung, Beschlagnahme und Einziehung von Erträgen aus Straftaten verabschiedet, welchem Deutschland durch Gesetz zugestimmt hat. Ziel dieses Übereinkommens war die internationale Zusammenarbeit bei der Ermittlung, Durchsuchung, Beschlagnahme und Einziehung der Erträge bei allen Arten der Kriminalität. Durch die Verankerung flexibler, effektiver Konzepte der Zusammenarbeit bei der Gewinnabschöpfung sollte der Bekämpfung der internationalen Organisierten Kriminalität im bestmöglichen Maße nachgekommen werden.

Auf europarechtlicher Ebene verpflichtete sich Deutschland mit Art. 2 der 1. Geldwäscherichtlinie vom 10.06.1991, die Geldwäsche zu kriminalisieren. Konkrete Vorgaben für die Ausgestaltung des Straftatbestandes machte diese Richtlinie nicht, sondern verwies im Wesentlichen auf die oben genannte Wiener Drogenkonvention der UN. Zusätzlich wurde aber auch hier von den Mitgliedsstaaten bereits festgelegt, dass die Geldwäsche allgemein – unter besonderer Berücksichtigung des illegalen Drogenhandels – kriminalisiert werden müsse und nicht nur auf die Drogenkriminalität beschränkt werden könne. Auf diese erweiterte Zielsetzung wird auch in der aktuellen 3. Geldwäscherichtlinie nochmals ausdrücklich hingewiesen[27]. Durch eine ständige Erweiterung des Vortatenkataloges – insbesondere nach Erlass der 2. Geldwäscherichtlinie[28] – hat sich der nationale Gesetzgeber aber zudem immer mehr von dem primären Motiv und Auslöser des § 261 StGB – der Bekämpfung der Organisierten Kriminalität im Bereich des Drogenhandels – gelöst[29]. Dieses auf internationaler Ebene bestehende, vormalige Hauptziel der Geldwäsche muss folglich unter Berücksichtigung des Aspekts eines historischen Wandels des Gesetzeszweckes bewertet werden.

---

[26] Vgl. BT-Drucksache 12/989, S. 26.

[27] Vgl. Einleitung Absatz 7 der Richtlinie 2005/60/EG des Europäischen Parlaments und des Rates vom 26.10.2005 zur Verhinderung der Nutzung des Finanzsystems zum Zwecke der Geldwäsche und der Terrorismusfinanzierung.

[28] Am 18.12.2001 in Kraft getretene Novelle der EG-Geldwäscherichtlinie von 1991 (Richtlinie 91/308/EWG) des Rates zur Verhinderung und Nutzung des Finanzsystems zum Zwecke der Geldwäsche (2. Geldwäscherichtlinie).

[29] Vgl. hierzu nur *BGH* NStZ 1998, S. 622.

Bereits zur Bekämpfung der Organisierten Kriminalität muss aus dem historischen Kontext eine extensive Auslegung des Merkmals „Herrühren" angestrebt werden. Dies gilt umso mehr, als dass eine Beschränkung auf Straftaten der Organisierten Kriminalität nach oben Gesagtem nicht mehr aufrechterhalten werden kann. Ebenso wie im Rahmen des grammatischen Auslegungsansatzes lässt sich aber auch anhand dieser historischen Überlegungen nicht beantworten, an welchem Punkt die Grenzen des extensiven Verständnisses des Begriffs zu ziehen sind.

### III. Die systematische Auslegung

Als weiterer Lösungsansatz bietet sich die systematische Auslegung an. Im Vordergrund der Begutachtung steht hier der Vergleich der Geldwäsche mit anderen Anschlusstaten des StGB. Zudem könnte sich jedoch auch aus der internen Systematik des Geldwäschetatbestandes selbst ein weiterer Ausgangspunkt zur Konkretisierung des Tatbestandsmerkmals „Herrühren" entnehmen lassen.

#### 1. Der Vergleich mit anderen Anschlusstaten des StGB

§ 261 StGB ist systematisch im 21. Abschnitt des StGB „Begünstigung und Hehlerei" eingeordnet. Ebenso wie die §§ 257-259 StGB knüpft die Geldwäsche an eine rechtswidrige Vortat an. Allen Straftatbeständen ist zudem gleich, dass sie als Anschlusstaten quasi verselbständigte Regelungen für die Beteiligung an fremden Straftaten darstellen. Die allgemeinen Regeln der Strafbarkeit von Täterschaft und Teilnahme werden durch diese Regelungen im Sinne einer „Pseudo-Teilnahme nach der Tat"[30] ersetzt.

Allein aus dieser Feststellung können aber keine Konsequenzen für das Merkmal des „Herrührens" gezogen werden. Insbesondere weisen die einschlägigen Delikte dieses Abschnittes auch einige grundlegende Unterschiede auf, wie die nachfolgenden Ausführungen belegen. Inwieweit aus einem Vergleich der Geldwäsche mit den Straftatbeständen der „Begünstigung", „Strafvereitelung" und der „Hehlerei" Rückschlüsse auf die Reichweite des „Herrührens" gezogen werden können, muss daher Gegenstand weiterer Untersuchung sein.

a) Vergleich des subjektiven Tatbestandes der Anschlusstaten

Es bestehen zunächst Unterschiede zwischen den subjektiven Voraussetzungen der Anschlusstaten. Anders als bei den traditionellen Anschlusstaten ist bei der Geldwäsche nicht ausdrücklich ein qualifiziertes subjektives Element erforderlich[31]. Viel-

---

[30] *Arzt/Weber*, § 25 Rn. 5.

[31] § 258 StGB setzt Absicht oder Wissentlichkeit hinsichtlich der Verfolgungsvereitelung voraus; § 257 StGB erfordert Absicht hinsichtlich der Vorteilsabsicherung und nach § 259 StGB ist Bereicherungsabsicht notwendig. Bei § 261 StGB hingegen ist ein solches qualifiziertes subjektives Element nicht ausdrücklich vorgesehen. Teilweise wird aber für die Tatbestandsverwirklichung des „Verbergens" und des „Verschleierns der Herkunft" eine finale Interpretation gefordert, die eine manipulative Tendenz der Handlung voraussetzt, vgl. hierzu die späteren Ausführungen zu § 261 Abs. 6 StGB.

mehr löst grundsätzlich bereits ein leichtfertiges Handeln eine Geldwäschestrafbarkeit gem. § 261 Abs. 5 StGB aus.

Die Literatur zieht aus diesem systematischen Zusammenhang zu den anderen Anschlusstaten zum Teil den Rückschluss, dass einschränkende Auslegungsansätze im Rahmen des Anwendungsbereichs der §§ 257, 258, 259 StGB für den weit gefassten Geldwäschetatbestand gerade keine Anwendung finden sollen[32]. So äußert *Burr* ausdrücklich, dass die gegenüber der Begünstigung, Hehlerei und Strafvereitelung erhebliche Ausdehnung der subjektiven Tatbestandsseite dazu führe, dass Lösungsansätze zur einschränkenden Auslegung dieser Tatbestände auf die Geldwäsche nicht anwendbar seien[33]. Fraglich ist jedoch, ob dieser Ansatz in dieser Allgemeinheit überzeugen kann. Schließlich ist eine gegensätzliche Argumentation auch dahingehend denkbar, dass Einschränkungen, die bereits für einen engeren subjektiven Tatbestand anerkannt sind, erst recht für den weiter gefassten Tatbestand gelten müssten. Bei näherer Betrachtung der Argumentation *Burrs* zeigt sich jedoch, dass das Ablehnen der Übertragung einschränkender Auslegungsmöglichkeiten allein darauf zurückzuführen ist, dass sozial übliche Handlungen im Rahmen der Geldwäsche nicht zu einem Strafbarkeitsausschluss führen können sollen[34]: Er betont zunächst, dass eine bedeutende Restriktion bei der Strafvereitelung für so genannte sozial übliche Handlungen diskutiert werde. Bei der Subsumtion sozialadäquater Handlungen unter § 258 StGB solle eine Restriktion auf der subjektiven Tatbestandsseite vorgenommen werden, indem als Voraussetzung der Strafvereitelung eine „Solidarisierung“ mit dem Vortäter, eine „Vereitelungstendenz“ oder eine „Manifestation des Vereitelungswillens“ gefordert werden müsse[35]. Da der Geldwäschetatbestand aber nur bedingten Vorsatz voraussetze, könne die Annahme des Geldwäschevorsatzes jedoch gerade nicht von einer missbilligenswerten Motivation des Täters abhängig gemacht werden[36]. Die Weite des subjektiven Tatbestandes der Geldwäsche lasse eine solche Interpretation nicht zu. *Burr* lehnt folglich allein aufgrund der Problematik sozial üblicher Alltagsgeschäfte jegliche Übertragung einschränkender Auslegungsansätze anderer Anschlussstraftaten auf die Geldwäsche ab. Diese Vorgehensweise ist aber zum einen bedenklich, weil die Sozialadäquanz nicht unumstritten subjektives Merkmal ist. Des Weiteren kann man bei der Verfolgung dieses subjektiven Ansatzes nicht so weit gehen, allein aus dem Aspekt der Sozialadäquanz eine Übertragung *jeglicher* einschränkender Auslegungsmöglichkeit abzulehnen.

Der weite subjektive Tatbestand der Geldwäsche gegenüber den anderen Anschlusstaten führt folglich nicht zwingend zu einem Ausschluss von Übertragungsmöglichkeiten restriktiver Auslegungsmethoden auf den Geldwäschetatbestand. Andererseits lassen sich hieraus jedoch auch keine Rückschlüsse auf eine in Betracht kommende Restriktion des Tatbestandmerkmals „Herrühren“ ziehen. Zu untersuchen ist daher, ob ein Vergleich mit den anderen objektiven Tatbeständen der Anschlusstaten hilfreich ist.

---

[32] *Burr*, S. 33f.
[33] *Burr*, S. 33.
[34] *Burr*, S. 33f.
[35] *Burr*, S. 35.
[36] *ebd.*

b) Vergleich der objektiven Tatbestände der Anschlusstaten

Der objektive Tatbestand der Geldwäsche weist bereits begrifflich Unterschiede gegenüber den anderen Anschlusstaten auf. Während im Rahmen des Tatbestandes der Begünstigung der Zusammenhang zwischen Vortat und konkretem Tatobjekt als „Vorteil der Tat" näher umschrieben wird, konkretisiert der Gesetzgeber bei der Hehlerei den Kausalzusammenhang durch die bloße Voraussetzung, dass es sich um eine aus der Vortat „erlangte" Sache handeln müsse. Der Gesetzgeber hat mit dem Begriff des „Herrührens" eine völlig neue Begrifflichkeit in den Abschnitt der Anschlusstaten eingeführt. Ein möglicher Auslegungsansatz könnte folglich darin gesehen werden, dass gerade die bis zur Einführung des Geldwäschestraftatbestandes entwickelte Rechtsprechung zur Konkretisierung von Hehlerei und Begünstigung als Umkehrschluss für die Bestimmung des Begriffs „Herrühren" keine Anwendung finden soll.

Es ist daher zunächst zu überlegen und zu untersuchen, inwieweit sich die einzelnen Kausalzusammenhänge der Anschlusstaten ähneln bzw. inwieweit sie Unterschiede aufweisen. Der erforderliche Kausalzusammenhang ist sowohl für die Begünstigung als auch für die Hehlerei von der Rechtsprechung weit reichend geklärt.

aa) Der erforderliche Kausalzusammenhang bei der Begünstigung

Bei der Begünstigung ist ein enger Kausalzusammenhang zwischen zu sicherndem Vorteil und der Vortat erforderlich. Als Tatobjekte kommen nur Vorteile in Betracht, die *unmittelbar* durch die Vortat erlangt worden sind[37]. Kein Vorteil i. S. v. § 257 StGB ist somit anzunehmen, wenn etwas durch Veräußerung einer erbeuteten Sache erlangt worden ist[38]. Andererseits ist nach der Rechtsprechung die Unmittelbarkeit jedoch nicht zu eng auszulegen. Sach- bzw. Substanzidentität soll gerade nicht erforderlich sein[39]. Dieses Ergebnis lasse sich insbesondere aus dem Wortlaut entnehmen, da § 257 StGB nur von „Vorteilen" und nicht wie § 259 StGB von „Sachen" spreche, die durch die Vortat erlangt sein müssten[40]. Dementsprechend gehe die Unmittelbarkeit auch nicht dadurch verloren, dass sich jemand betrügerisch erlangtes Geld auf sein Konto überweisen lasse und dieses Geld anschließend abhebe. Auch durch Umbuchungen von einem Konto des Vortäters auf ein anderes wird die Unmittelbarkeit nicht beendet, da es sich nach der Rechtsprechung um rein finanztechnische Vorgänge handele, die an der Unmittelbarkeit des deliktisch Erlangten nichts Wesentliches änderten[41].

Wenn selbst bei einer geforderten Unmittelbarkeit der Kausalzusammenhang durch Einzahlung/Abbuchung bzw. Umbuchung nach der Rechtsprechung nicht entfallen soll, so spricht doch zumindest einiges dafür, erst recht im entsprechenden Bereich

[37] Vgl. nur: *RGSt* 55, S. 19; *BGHSt* 24, S. 168.
[38] *RGSt* 58, 118 (155).
[39] *Stree* in *Schönke/Schröder*, StGB 2006, § 257 Rn. 23.
[40] *Fischer*, § 257 Rn. 6.
[41] *BGHSt 36*, S. 277.

der Geldwäsche ein „Herrühren“ ebenfalls nicht entfallen zu lassen. Schließlich fordert die Geldwäsche eine solche „Unmittelbarkeit“ gerade nicht. Folglich kann zwar an dieser Stelle noch nicht abschließend eine Übertragung dieser Rechtsprechung auf die entsprechende Problematik bei der Geldwäsche vorgenommen werden. Bis zur endgültigen Lösung dieser Fallkonstellation sollte dieser Aspekt jedoch nicht völlig in Vergessenheit geraten[42].

Der Gedanke, dass aufgrund der unterschiedlichen sprachlichen Ausgestaltung des Kausalitätserfordernisses bei Begünstigung und Geldwäsche die Judikatur zu § 257 StGB gerade nicht übertragen werden könne, kann daher nicht überzeugen. Es muss vielmehr differenziert werden. Wenn § 257 StGB Unmittelbarkeit erfordert, dann spricht einiges dafür, dass bei Konstellationen, für welche von der Rechtsprechung ein Unmittelbarkeitszusammenhang im Rahmen des § 257 StGB angenommen wird, im Wege eines Erst-Recht-Schlusses eine Übertragung auf den § 261 StGB stattfinden kann. Nicht möglich ist jedoch die umgekehrte Vorgehensweise. Die Judikatur, die einen Unmittelbarkeitszusammenhang für § 257 StGB ablehnt, kann nicht automatisch auch für eine Begrenzung des Tatbestandsmerkmals „Herrühren“ herangezogen werden. Schließlich wird der Unmittelbarkeitszusammenhang im Rahmen der Geldwäsche weiter definiert als im Rahmen der Begünstigung.

bb) Der erforderliche Kausalzusammenhang bei der Hehlerei

Fraglich ist, ob der Kausalzusammenhang des Hehlereitatbestandes einen Rückschluss auf das Tatbestandsmerkmal „Herrühren“ zulässt. Auch für das Vorliegen eines tauglichen Hehlereigegenstandes ist es erforderlich, dass die Sache *unmittelbar* durch die Vortat erlangt wurde. Die Ersatzhehlerei fällt nicht unter den Tatbestand des § 259 StGB[43]; dies gilt nach h.M. auch für eingewechseltes Geld[44]. Schließlich wäre der Perpetuierungsgedanke der Hehlerei mit der Annahme einer Strafbarkeit der Ersatzhehlerei nur schwer vereinbar. Folglich liegt im Unterschied zur Begünstigung kein hinreichender Kausalzusammenhang vor, wenn jemandem von dem auf dem Bankkonto gutgeschriebenen gestohlenen Geld des Diebes Geld auf sein eigenes Konto überwiesen wird[45]. Neben dem erforderlichen Unmittelbarkeitszusammenhang scheitert eine Strafbarkeit aus Hehlerei aber hier bereits am tauglichen Tatobjekt, da der Dritte nicht genau die Geldscheine von der Bank ausgezahlt bekommt, die der Dieb eingezahlt hat, sondern gegen das Kreditinstitut des Diebes einen Auszahlungsanspruch erwirbt. § 259 StGB erfasst aber als taugliche Tatobjekte nur Sachen, hingegen aber keine Forderungen. Da der erforderliche Kausalzusammenhang bei der Hehlerei somit wesentlich restriktiver zu bestimmen ist als bei Begünstigung

---

[42] Vgl. hierzu die Problematik der Vermischung von legalem und illegalem Giralgeld sowie anschließendem Abheben oder Überweisung eines Teilbetrages unter: 3. Kapitel) B.) II.) 2.) c) cc) (1) und (2).

[43] *RGSt* 26, S. 318.

[44] *BGHSt* 9, S. 137 (139); vgl. m.w.N. auch: *Stree* in *Schönke/Schröder*, StGB 2006, § 259 Rn.14; ein anderes Ergebnis ist nur dann denkbar, wenn hinsichtlich des Bargeldes an eine vom Zivilrecht beeinflusste Wertsummentheorie abgestellt wird, so beispielsweise: *Rudolphi*, JA 1981, S. 1 (4); *Roxin*, FS für Hellmuth Mayer, S. 467 (475).

[45] *BayOblGSt* 1988, S. 16 (21).

und Geldwäsche, verbietet sich auch hier eine Übertragung der die Kausalität des § 259 StGB einschränkenden Rechtsprechung auf die Geldwäsche.

cc) Ergebnis

Aufgrund der unterschiedlichen Beurteilung des erforderlichen Kausalzusammenhanges bei Begünstigung und Hehlerei lässt sich somit auch nicht aus einem systematischen Vergleich mit den anderen Anschlussdelikten eine Einschränkung des Tatbestandsmerkmals „Herrühren" gewinnen. Denkbar ist nur, ein „Herrühren" dann positiv zu bejahen, wenn der Kausalzusammenhang in gleicher Konstellation bereits für die Begünstigung und die Hehlerei angenommen werden müsste. Eine Restriktion des weiten Begriffs des „Herrührens" wird hierdurch jedoch nicht erreicht.
Die Ablehnung einer systematischen Vergleichbarkeit der Anschlusstaten wird mittelbar zusätzlich durch die neuere *BGH-Rechtsprechung*[46] bestärkt. In einem aktuellen Urteil vom 24.01.2006 hat sich das Gericht erstmals eingehend mit dem systematischen Verhältnis zwischen Geldwäsche und Hehlerei auseinander gesetzt. Der Entscheidung lag im Wesentlichen folgender Sachverhalt zugrunde:

Die Angeklagten betreiben als Gesellschafter einen Markt für gebrauchte Flugzeugteile. Die Angeklagten erwarben Flugzeugteile von Mitarbeitern einer Firma, die diese Teile fertigten und Reparaturleistungen an solchen vornahm. Die streitgegenständlichen Teile hatten die Mitarbeiter jedoch zuvor bei ihrem Arbeitgeber entwendet. Es handelte sich um zur Verschrottung ausgesonderte Teile, welche die Mitarbeiter entgegen werksinterner Anweisungen zuwider mitgenommen hatten. Einige Monate zuvor - unter anderer Konzernleitung - war es seitens der Unternehmensleitung den Angestellten noch erlaubt, ausgesonderte Flugzeugteile aus Überproduktionen anzukaufen und anschließend an Dritte weiterzuveräußern. Dies war den Angeklagten auch bekannt. Von dem Diebstahl der Teile durch die Angestellten wussten sie hingegen nichts. Fraglich war in diesem Fall, ob hinsichtlich der die Flugzeugteile ankaufenden Gesellschafter eine Strafbarkeit wegen Hehlerei oder Geldwäsche in Betracht kam.

Der *BGH* hat in diesem Fall überzeugend den objektiven Tatbestand der Hehlerei bejaht. Der Vorsatz diesbezüglich wurde mangels Kenntnis der Angeklagten von dem eigenmächtigen Entwenden der Flugzeugteile durch die Mitarbeiter aber abgelehnt. Nunmehr stellte sich für den *BGH* die Frage, ob eine Strafbarkeit wegen leichtfertiger Geldwäsche in Betracht komme. Zur Diskussion stand die Frage, ob die Verwirklichung des objektiven Tatbestandes der Hehlerei eine tatbestandliche Sperrwirkung gegenüber der tatbestandlichen Verwirklichung der Geldwäsche hervorrufe. Eine tatbestandliche Sperrwirkung der Hehlerei gegenüber der Geldwäsche lehnte der *BGH* aber letztlich ab. Eine Strafbarkeit wegen leichtfertiger Geldwäsche wurde angenommen. Begründet wurde dieses Ergebnis seitens des *BGH* zum einen mit den unterschiedlichen Schutzrichtungen des § 259 StGB einerseits und des § 261 StGB andererseits. Zudem auch mit dem zur Schaffung des Geldwäschedeliktes geführten Gesetzgeberwillen, Strafbarkeitslücken der Anschlusstaten zu schlie-

---

[46] *BGH* NJW 2006, S. 1297.

ßen. Weiterhin wurde seitens des Gerichts aber auch ein Argument aufgeführt, das einer systematischen Vergleichbarkeit der Anschlussstrafdelikte entgegensteht. Nach Auffassung des Gerichts sei in Einklang mit der 3. Geldwäscherichtlinie[47] die Definition der Geldwäschehandlung weit zu fassen. Auch der bloße Erwerb von aus bestimmten Straftaten stammenden Vermögensgegenständen solle demnach als Geldwäsche strafbar sein (vgl. Art. 1 Abs. 2 c), Art. 3 Nr. 4, 5). Würde man aber eine tatbestandliche Sperrwirkung der Hehlerei gegenüber der Geldwäsche aufgrund der systematischen Vergleichbarkeit beider Anschlussdelikte annehmen, dann würde dies in Widerspruch zu der europarechtlichen Vorgabe stehen. Immer dann, wenn objektiv bereits der Hehlereitatbestand erfüllt sei, müsste eine Geldwäschehandlung nämlich abgelehnt werden. Diese Rechtsprechung bestärkt somit die Ansicht, dass die Anschlusstaten in objektiver Hinsicht systematisch nicht vergleichbar sind. Eine Einschränkung des Tatbestandsmerkmals „Herrühren" kann somit aus einem Vergleich mit den Kausalzusammenhängen von Hehlerei und Begünstigung nicht gewonnen werden.

### 2. Die Regelung des § 261 Abs. 6 StGB

Weiterhin ist denkbar, dass sich bereits aus der internen Systematik des Geldwäschetatbestandes an sich eine Restriktion des Tatbestandsmerkmals „Herrühren" entnehmen lässt. Im Vordergrund der Betrachtung steht die Regelung des § 261 Abs. 6 StGB. Die Vorschrift muss daher zunächst näher beleuchtet werden.

Nach § 261 Abs. 6 StGB ist eine Tat nicht nach Abs. 2 strafbar, wenn zuvor ein Dritter den Gegenstand erlangt hat, ohne hierdurch eine Straftat[48] zu begehen.

Aus einem Umkehrschluss aus § 261 Abs. 6 StGB lässt sich folglich entnehmen, dass der Ursprungsgegenstand grundsätzlich auch in Händen Dritter inkriminiert bleibt. Ob sich aber der erforderliche Kausalzusammenhang zwischen Vortat und Gegenstand der Geldwäsche nicht durch die Regelung des § 261 Abs. 6 StGB systematisch näher konkretisieren lässt[49], soll im Folgenden näher untersucht werden.

---

[47] Richtlinie 2005/60/EG des Europäischen Parlaments und des Rates vom 26.10.2005 zur Verhinderung der Nutzung des Finanzsystems zum Zwecke der Geldwäsche und der Terrorismusfinanzierung.

[48] Umstritten ist hierbei, ob der Dritte sich wegen Geldwäsche strafbar gemacht haben muss, so: *Stree* in *Schönke/Schröder*, StGB 2006, § 261 Rn. 14; *MüKo/Neuheuser*, § 261 Rn. 68; *Maiwald*, FS für Hirsch, S. 631 (646); *Lackner/Kühl*, § 261 Rn. 6; *Hombrecher*, JA 2005, S. 67 (69); *Gentzik*, S. 122; *Wessels/Hillenkamp*, Strafrecht BT/2, § 20 VIII 3 Rn. 90; *NK/Altenhain*, § 261 Rn. 88; *Spiske*, S. 159; *Balzer*, S. 250 Fn. 627 oder ob lediglich erforderlich ist, dass sich der Dritte überhaupt irgendwie durch das Erlangen strafbar gemacht hat, vgl. *Fischer*, § 261 Rn. 27; differenzierend *SK/Hoyer*, § 261 Rn. 25, der ein kollusives Zusammenwirken zwischen Vortäter und Drittem fordert.

[49] Verneinend *Fischer*, § 261 Rn. 28; *Kindhäuser*, LPK, § 261 Rn. 12.

a) Spannungsverhältnis zwischen § 261 Abs. 1 und Abs. 2 StGB aufgrund der Regelung des Abs. 6

Ausgangspunkt der Überlegung ist der fehlende Verweis in § 261 Abs. 6 StGB auf Abs. 1 der Vorschrift. Dies führt zu einem Spannungsverhältnis zwischen Abs. 1 und Abs. 2 des Straftatbestandes. Während sich jemand einen inkriminierten Gegenstand i. S. d. Abs. 2 straflos verschaffen oder ihn verwahren kann, wenn ein Dritter zuvor den Gegenstand gutgläubig erworben hat, verbleibt es bei dessen möglicher Strafbarkeit nach Abs. 1 – falls er die Herkunft kannte oder leichtfertig nicht erkannte (Abs. 5) – trotz des gutgläubigen Zwischenerwerbes durch den Dritten[50]. Aufgrund der weiten Reichweite von Verschleierungs- und Vereitelungs- bzw. Gefährdungsalternative des Abs. 1 wird dieser Ansatz oftmals zu Abgrenzungsschwierigkeiten führen. Auf den ersten Blick wird ein Weiterwandern des Gegenstandes an einen Dritten im Sinne des Sichverschaffens durch diesen zugleich eine Tathandlung des Abs. 1 im Sinne der Verschleierung bzw. der Gefährdung des Auffindens des Gegenstandes darstellen[51], da diese Tatbestandsalternative in der Regel mitverwirklicht sein wird. Es besteht somit die Gefahr, dass die angeordnete Straflosigkeit nach Abs. 2 hinsichtlich des gutgläubig erworbenen Gegenstandes aufgrund einer Strafbarkeit nach Abs. 1 umgangen werden würde.

Bsp.: Der Vortäter V hat die geraubte goldene Uhr seiner ahnungslosen Mutter geschenkt. Die Beschenkte bleibt selbstverständlich straffrei. Schenkt die Mutter die goldene Uhr dann aber an ihre über alles informierte Schwiegertochter weiter, dann könnte für diese nur aufgrund der Regelung des § 261 Abs. 6 StGB die Strafbarkeit nach Abs. 2 entfallen. Da nun aber der Erwerb der goldenen Uhr durch die Schwiegertochter das Auffinden dieser durch die Ermittlungsbehörden gefährdet, da diese den Verbleib der Uhr gerade ermitteln müssen, wird im Zweifel auch der Abs. 1 verwirklicht sein. Schließlich wird man für die bösgläubige Schwiegertochter kaum den (bedingten) Vorsatz entfallen lassen können, zumindest auch „die Ermittlung der Herkunft zu gefährden“.

b) Auswirkungen des § 261 Abs. 6 StGB auf das Tatbestandsmerkmal „Herrühren“?

Die Literatur vertritt zum Teil die Auffassung, dass gutgläubig erworbene Gegenstände generell vom Anwendungsbereich des § 261 StGB auszunehmen seien. Begründet wird dies damit, dass anderenfalls der Gesetzeszweck weitgehend leer liefe. Ein „Herrühren“ aus der Vortat wäre demnach bei gutgläubigem Zwischenerwerb abzulehnen[52].

---

[50] *Salditt,* StV-Forum 1992, S. 121 (131); *Lampe*, JZ 1994, S. 123 (128).

[51] *Maiwald*, FS für Hirsch, S. 631 (642).

[52] *Rengier*, Strafrecht BT 1, § 23 III 2 Rn. 14; *Lackner/Kühl*, § 261 Rn. 5; *Wessels/Hillenkamp*, Strafrecht BT/2, § 20 VIII 3 Rn. 901; *Gentzik*, S. 123f.; i.E. so auch *Höreth*, S.120, die jedoch diese Problematik weniger in Zusammenhang mit § 261 Abs. 6 StGB diskutiert, sondern dieses Ergebnis aus der allgemeinen Überlegung folgert, dass kein Widerspruch zu den Regelungen des gutgläubigen Erwerbes des BGB entstehen dürfe.

Umstritten ist innerhalb dieser Ansicht, ob für einen solchen tatbestandlichen Ausschluss der gutgläubige Zwischenerwerb zivilrechtlich wirksam sein muss[53]. Hält man einen solchen zivilrechtlich wirksamen Zwischenerwerb für erforderlich, dann würde die Straflosigkeit der Schwiegertochter bereits daran scheitern, dass § 935 BGB einem gutgläubigen wirksamen Zwischenerwerb entgegenstünde. Das Erfordernis eines wirksamen zivilrechtlichen Zwischenerwerbes ist jedoch nicht zu stellen[54]. Zum einen erfordert dies der Gesetzestext des § 261 Abs. 6 StGB nicht. Weiterhin würde dies zu einer dem § 261 Abs. 6 StGB widersprechenden unterschiedlichen Wertung für aus der Vortat erlangtem Geld und sonstigen beweglichen Sachen führen. Folglich wäre nach dieser Auffassung auch bei zivilrechtlich nicht wirksamem Zwischenerwerb der Mutter ein „Herrühren" der Uhr aus der Vortat abzulehnen, so dass eine Strafbarkeit der Schwiegertochter in jedem Fall nicht gegeben wäre.

Aber auch wenn dieser restriktive Ansatz zu einer wünschenswerten Einschränkung des weiten Tatbestandsmerkmals „Herrühren" führt, ist dieser Ansatz in mehrfacher Hinsicht bedenklich. Zum einen würde der Gesetzeszweck, den Vortäter weitgehend zu isolieren, unterlaufen, wenn man dem gutgläubigen Zwischenerwerb Bedeutung für das Tatbestandsmerkmal „Herrühren" beimessen würde. Zudem spricht auch der auf die Erhaltung der Papierspur zielende Gesetzeszweck des § 261 StGB gegen einen solchen Ansatz. Auch der Grundsatz der Einheitlichkeit der Rechtsordnung gebietet keine andere Auslegung. Einem möglichen Wertungswiderspruch zwischen dem strafrechtlichen Gebot der Geldwäsche und der Zivilrechtsordnung wird bereits durch die Freistellung eines gutgläubigen Erwerbers von der Strafbarkeit nach § 261 Abs. 2 StGB in hinreichendem Umfang Rechnung getragen. Der Gesetzeszweck und insbesondere auch der eindeutige Wortlaut des § 261 Abs. 6 StGB sprechen ebenfalls für dieses Ergebnis[55]. Nach dem Willen des Gesetzgebers soll Abs. 1 aufgrund des ausdrücklichen Wortlautes des § 261 Abs. 6 StGB von der Regelung des Abs. 6 ausdrücklich unberührt bleiben[56]. Zudem hat sich auch die Rechtsprechung bereits gegen diesen Ansatz ausgesprochen. Das *OLG Karlsruhe*[57] betont ausdrücklich, dass § 261 Abs. 6 StGB keine Relevanz für das Tatbestandsmerkmal „Herrühren" besitzen könne. Das Hauptargument der Gegensicht, dass nur hierdurch ein weitgehender Leerlauf des § 261 Abs. 6 StGB durch eine zumeist eintretende

---

[53] Das Erfordernis eines wirksamen zivilrechtlichen Zwischenerwerbes ablehnend: *Lackner/Kühl*, § 261 Rn. 6; die zivilrechtliche Wirksamkeit hingegen fordert: *Wessels/Hillenkamp*, Strafrecht BT/2, § 20 VIII 3 Rn. 895; *Rengier*, Strafrecht BT I, § 23 III 2 Rn. 15; hervorzuheben ist zudem, dass die Frage der zivilrechtlichen Wirksamkeit des Zwischenerwerbes sich nicht nur innerhalb der Ansicht stellt, die im Falle des § 261 Abs. 6 StGB das Tatbestandsmerkmal „Herrühren" ablehnt, sondern auch generell zur Frage der Anwendbarkeit des § 261 Abs. 6 StGB diskutiert wird: das Erfordernis der zivilrechtlichen Wirksamkeit des Zwischenerwerbes ablehnend z.B.: *Stree* in *Schönke/Schröder*, StGB 2006, § 261 Rn. 14; *BGHSt* 47, S. 68 (79f.).

[54] Zudem würde dies auch zu einer sehr unterschiedlichen Wertung bei unterschiedlichen Geldwäscheobjekten führen. Im Unterschied zu einer beweglichen Sache könnte eine Forderung den an ihr haftenden Makel durch Eigentumsübergang selten verlieren. Vgl. hierzu auch: *Klippl*, S. 148.

[55] So auch ausdrücklich: *Mehlhorn*, S. 86.

[56] BT-Drucksache 12/989, S. 26 (28); *Oswald*, Implementation 1997, S. 66; *Mehlhorn*, S. 66; *Lang/Schwarz/Kipp*, 2.2.2.3.; *OLG Karlsruhe* NJW 2005, S. 768 (769); *BGH* JR 2002, S. 27 (29f.) sowie die Anmerkung *Katholniggs* hierzu: JR 2002, S. 30f.

[57] OLG Karlsruhe NJW 2005, S. 767 (769).

Mitverwirklichung des § 261 Abs. 1 StGB vermieden werden könne, kann nicht überzeugen. Ein solcher Leerlauf kann auch auf anderem Wege umgangen werden. Dies wird anhand der nachfolgenden Ausführungen zu den in der Literatur vertretenen Lösungsansätzen deutlich.

c) Fehlender eigenständiger Unwertgehalt der Tathandlungen des § 261 Abs. 1 StGB bei Ausschluss des § 261 Abs. 2 StGB aufgrund des Abs. 6?

*Maiwald*[58] und ihm folgend *Bauer*[59] zeigen einen möglichen Ansatz zur Vermeidung eines Leerlaufens des § 261 Abs. 6 StGB auf[60]. Ausgangspunkt der Überlegung ist das grundsätzlich bestehende Konkurrenzverhältnis zwischen § 261 Abs. 1 und Abs. 2 StGB. Nach dem Willen des Gesetzgebers solle Abs. 2 Auffangfunktion in den Fällen haben, in denen ein Vereitelungs- oder Gefährdungsvorsatz des § 261 Abs. 1 StGB nicht nachweisbar sei oder ein Verbergen oder Verschleiern nicht vorliege[61]. Denkbar sei es daher, aus diesem Konkurrenzverhältnis den Rückschluss zu ziehen, dass bei Nichtstrafbarkeit nach Abs. 2 die Tathandlungen des Abs. 1 keinen eigenständigen Unwertgehalt besäßen und somit Straflosigkeit bei gutgläubigem Zwischenerwerb trotz eigentlich vorliegender Verwirklichung des Abs. 1 anzunehmen sei. Nach der Ansicht *Maiwalds* könne es neben diesen systematischen Erwägungen zudem nicht dem Gesetzgeberwillen entsprechen, das Weiterwandern von Hand zu Hand im Sinne des Sichverschaffens straflos zu lassen, im Gegenzug dann aber eine Strafbarkeit unter dem Aspekt der Gefährdung des Auffindens der Sache oder des Verbergens anzunehmen. Auch dieser Lösungsansatz ist an sich jedoch bedenklich. Neben dem widersprechenden Wortlaut, ist dieses Vorgehen *Maiwalds* nicht konform mit der Gesetzessystematik, da ein Auffangtatbestand als allgemeinere Norm nicht den Anwendungsbereich des spezielleren Tatbestandes einschränken kann[62]. Räumt man § 261 Abs. 2 StGB somit die Position eines „Auffangtatbestandes" ein, so ist es nicht überzeugend, aus dieser Rechtsnatur eine einschränkende Funktion für den spezielleren § 261 Abs. 1 StGB zu schließen. *Maiwald* kann daher m. E. ein Leerlaufen des § 261 Abs. 6 StGB nicht mit schlagkräftigen Argumenten unterbinden.

---

[58] *Maiwald*, FS für Hirsch, S. 631 (644f.).

[59] *Bauer*, FS für Maiwald, S. 127 (138).

[60] Unklar bleibt, ob auch *Bernsmann*, StV 2000, S. 40 (43), diesen Ansatz verfolgt; jedenfalls steht er der h.M. insofern kritisch gegenüber, als diese § 261 Abs. 6 StGB nur auf den § 261 Abs. 2 StGB anwenden möchte.

[61] BT-Drucksache 12/989, S. 26 (27).

[62] Vgl. hierzu *Larenz*, Methodenlehre der Rechtswissenschaft, S. 88, zur Frage der „Gesetzeskonkurrenz": Geht man davon aus, dass § 261 Abs. 2 StGB Auffangfunktion gegenüber § 261 Abs. 1 StGB hat, dann handelt es sich bei Abs.1 zwangsläufig um den spezielleren Tatbestand. Grundsätzlich verhält es sich in den Fällen der Spezialität aber so, dass der speziellere Tatbestand den allgemeineren verdrängt. Die Vorgehensweise *Maiwalds* ist aber m. E. eine umgekehrte; das Vorliegen des allgemeineren § 261 Abs. 2 StGB (der nur aufgrund des Abs. 6 letztlich ausscheidet) soll § 261 Abs. 1 StGB entfallen lassen.

d) Auflösen des Spannungsverhältnisses anhand subjektiver Aspekte?

Auf objektiver Tatbestandsebene ist kein überzeugender Lösungsansatz für dieses Konkurrenzproblem ersichtlich. Es ist daher zu überlegen, ob eine Abgrenzung der Strafbarkeit nach Abs. 1 und Abs. 2 anhand des subjektiven Tatbestandes gelingen kann. Die Gefahr einer tatbestandlichen Mitverwirklichung des Abs. 1 in oben genanntem Sinne hängt nämlich auch davon ab, welche subjektiven Anforderungen an die Tatbestandsalternativen des Abs. 1 „Verbergen, Verschleiern, der Vereitelung oder Gefährdung" gestellt werden. Möglicherweise kann anhand der Berücksichtigung solcher subjektiver Aspekte ein Leerlauf des § 261 Abs. 6 StGB vermieden werden.

aa) Ist der „dolus eventualis" ausreichend für Verwirklichung der Tathandlungen des § 261 Abs. 1 StGB?

Zum Teil wird für die Tathandlungen des § 261 Abs. 1 StGB das Vorliegen von „dolus eventualis" für ausreichend gehalten[63]. Folge ist, dass es zu der genannten tatbestandlichen Mitverwirklichung des Abs. 1 in aller Regel kommt. Das Spannungsverhältnis zwischen beiden Absätzen wird hierdurch nicht aufgelöst.

bb) Das Erfordernis einer „manipulativen Tendenz" der Tathandlungen des § 261 Abs. 1 StGB

Einem Leerlauf des Abs. 6 wird aber erfolgreich durch die auf *Leip* zurückgehende Ansicht entgegengewirkt. Eine – oben dargelegte – Ausdehnung des Abs. 6 auf Abs. 1 entgegen des eindeutigen Wortlautes wird in diesem Fall dann nicht erforderlich: *Leip* fordert für die Verwirklichung der Tatbestandsalternativen des Abs. 1 ein zielgerichtetes Handeln, angelehnt an die subjektiven Voraussetzungen der anderen Anschlussstraftaten. Für die Tatbestandsverwirklichung des „Verbergens" und des „Verschleierns der Herkunft" fordert er eine finale Interpretation. Er lässt somit einfachen „dolus eventualis" für die Tatbestandsverwirklichung nicht genügen[64], sondern fordert eine *manipulative Tendenz der Handlung*[65]. Beide Tatbestandsalternativen sollen demnach aufgrund der finalen Ausrichtung Handlungen beschreiben, die erst aus dem Ziel, den behördlichen Zugriff zu erschweren, ihren Inhalt erhalten[66]. Wenn das „Sich-Verschaffen" nicht geradezu ein „Verschleiern der Herkunft" zum Ziele hat, dann tritt demnach eine Mitverwirklichung von Abs. 1 nicht ein. Dieser Ansatz entspricht seinem Grundsatz nach auch der Auffassung des *BGH*. Dieser betont, dass die innere Tatseite der Tathandlung des § 261 Abs. 1 StGB ein „Mehr"

---

[63] So beispielsweise: *Stree* in *Schönke/Schröder*, StGB 2006, § 261 Rn. 18; *Fischer*, § 261 Rn. 16; *Burr*, S. 83.

[64] *Leip*, S. 127.

[65] *Leip*, S. 128; eine finale Begriffsbestimmung nehmen auch *Lackner/Kühl*, § 261 Rn. 7 sowie *Salditt*,
S. 121 (125), vor.

[66] So beschreibt *Leip* die Tatmodalität des „Verbergens" in § 261 Abs. 1 StGB auf S. 127/128 folgendermaßen: „Verbergen ist jedes tatsächliche oder rechtliche Verhalten, **das darauf gerichtet ist**, einen Gegenstand gegenüber den staatlichen Strafverfolgungsorganen als nicht existent erscheinen zu lassen."

gegenüber dem bloßen Verschaffen i.S.d. § 261 Abs. 2 StGB erfordere. Dieser Ansatz wird seitens des Gerichts zwar nicht weiter vertieft, grundsätzlich stimmt *Leips* Auffassung mit der Entscheidung des BGH zu den subjektiven Anforderungen an Abs. 1 und Abs. 2 des § 261 StGB aber überein[67].

Soweit diesem Lösungsansatz vorgeworfen wird, dass die genannte Problematik für den „Vereitelungs- und Gefährdungstatbestand" weiterhin bestehen bleibt[68], kann dieser Kritik nicht gefolgt werden. An den „Vereitelungs- und Gefährdungstatbestand" sind nämlich sogar noch höhere Anforderungen als an die beiden ersten Modalitäten zu stellen. Diese Tatbestandsalternativen werden daher regelmäßig bei Verwirklichung des Abs. 2 nicht mitverwirklicht sein[69]. Für den „Vereitelungs- und Gefährdungstatbestand" des § 261 Abs. 1 StGB soll nach der Ansicht *Leips* nämlich eine abstrakte Gefährdung nicht ausreichend sein, sondern eine konkrete Gefährdung erforderlich sein[70]. Weiterhin könnte dieser finalen Interpretation des „Verbergens- und Verschleierungstatbestandes" entgegengesetzt werden, dass diese eine offensichtliche Parallele zu den sachlichen Begünstigungshandlungen des § 257 StGB aufweise. Vor dem Hintergrund, dass der Schaffung des Geldwäschetatbestandes die Zielsetzung zugrunde lag, bestehende Strafbarkeitslücken der Anschlussstraftaten zu schließen, könnte daher an der Berechtigung des Ansatzes gezweifelt werden. Zu bedenken ist diesbezüglich aber der Aspekt, der zur Schaffung der Geldwäschestrafbarkeit führte. In erster Linie veranlassten nicht die subjektiven Anforderungen der Anschlussstraftaten den Gesetzgeber zur Schaffung des Geldwäschetatbestandes, sondern die von der Rechtsprechung und Literatur entwickelten Grundsätze zum Unmittelbarkeitserfordernis bei Anschlusstaten, die sich zur effektiven Bekämpfung von Geldwäschehandlungen als ungeeignet erwiesen. Somit verliert der „Verbergens- und Verschleierungstatbestand" auch beim Fordern einer *manipulativen Tendenz der Handlung* insbesondere gegenüber § 257 StGB nicht die Funktion, bestehende Strafbarkeitslücken zu schließen. Die finale Begriffsbestimmung der Tatbestandsalternativen widerspricht auch nicht den Gesetzesmaterialien, da diese ausdrücklich „dolus eventualis" des Täters hinsichtlich der Illegalität der Herkunft der Vermögensgegenstände für ausreichend erachten, nicht aber bezüglich der einzelnen Tatbestandsalternativen[71]. Eine finale Interpretation wird zudem dem Rechtsgut am besten gerecht. Im Unterschied zu § 261 Abs. 2 StGB geht es bei den ersten beiden Tatbestandsvarianten des Abs. 1 doch gerade um eine bewusste Unterstützung der Katalogtäter im Hinblick auf deren Gewinnrealisierung[72].

Die Ansicht *Leips* vermag das Spannungsfeld zwischen Abs. 1 und Abs. 2 sowie Abs. 6 somit überzeugend zu lösen, ohne die Vorschrift des Abs. 6 beinahe zwingend entgegen des ausdrücklichen Wortlautes des Gesetzes auf Abs. 1 ausweiten zu müssen. Letztlich überzeugt somit das Erfordernis einer *manipulativen Tendenz* für die Verwirklichung der ersten beiden Tatmodalitäten des § 261 Abs. 1 StGB. Für den

---

[67] *BGH* NStZ 2001, S. 535 (538) = JR 2002, S. 27 (29f.).

[68] *Maiwald*, S. 631 (644).

[69] *Leip*, S. 130.

[70] *Leip*, S. 130; ebenso auch: *Fischer*, § 261 Rn. 22; *Lackner/Kühl*, § 261 Rn. 7.

[71] BR-Drucksache 507/92, S. 23 (30).

[72] Vgl. hierzu auch *Leip*, S. 129; *Barton*, StV 1993, S. 156 (160).

„Verschleierungs- und Verbergenstatbestand" ist folglich ein finales, auf einen Verdeckungserfolg gerichtetes Handeln notwendig, wodurch die Differenzierung des Gesetzgebers bei § 261 Abs. 6 StGB zwischen Abs. 1 und Abs. 2 nachvollziehbar ist.

Unter Bezugnahme auf die oben gemachten Ausführungen[73] erfordert § 261 StGB demnach ein qualifizierendes subjektives Element. Letztlich gilt diese Besonderheit aber zum einen nur für Abs. 1 des § 261 StGB und zum zweiten ist diese finale Zielsetzung nicht mit den subjektiven Anforderungen der §§ 257ff. StGB vergleichbar. An der oben festgestellten systematischen fehlenden Übertragbarkeit der Grundsätze der anderen Anschlusstaten auf den Tatbestand der Geldwäsche muss daher festgehalten werden.

e) Ergebnis

Im Ergebnis kann m. E. somit auch aus Abs. 6 keine Einschränkung des Merkmals „Herrühren" gewonnen werden. Dieser Absatz findet keine Anwendung auf Abs. 1. Ein anderes Ergebnis ist nur nach einer abzulehnenden Mindermeinung[74] denkbar, die bei einem gutgläubigen Zwischenerwerb des aus der Vortat erlangten Gegenstandes ein „Herrühren" aus der Vortat ablehnen möchte. Das Hauptargument dieser Auffassung, dass nur hierdurch ein Leerlaufen des § 261 Abs. 6 StGB vermieden werden könne, ist jedoch nicht überzeugend. Folglich kann die Regelung des § 261 Abs. 6 StGB in Einklang mit ihrem eindeutigen Wortlaut keinen Einfluss auf das Tatbestandsmerkmal „Herrühren" besitzen. Die systematische Auslegung ist für die nähere Begriffsbestimmung somit nicht geeignet.

[73] Vgl. hierzu der systematische Vergleich mit anderen Anschlussstraftaten unter: 1. Kapitel) B.) III.) 1.) a)

[74] Vgl. die Ausführungen unter: 1. Kapitel) B.) III.) 2.) b).

## IV. Die teleologische Auslegung

Letzter klassischer Auslegungsansatz ist die teleologische Interpretation. Diese stellt über den objektiven Sinngehalt der Vorschrift den Anwendungsbereich der Regelung fest[75]. Die Schutzfunktion der Norm spielt hierfür eine entscheidende Rolle.

### 1. Bestimmung des Schutzzweckes der Geldwäsche

Fraglich ist somit, welchem Schutzzweck die Geldwäsche dient und ob sich daraus ein weiterer Ansatz für die Auslegung des Tatbestandsmerkmals „Herrühren" entnehmen lässt.

§ 261 StGB vereinigt drei Tatbestände in sich: den sog. „Verschleierungstatbestand"[76] (§ 261 Abs. 1 Var. 1 u. 2), den Tatbestand der Gefährdung oder Vereitelung gesetzlich vorgesehener Tatvorteilskondiktion („Vereitelungs- und Gefährdungstatbestand"[77], § 261 Abs. 1 Var. 3) sowie den so genannten „Isolierungstatbestand"[78] (§ 261 Abs. 2 Nr. 1 und 2)[79].

a) Der Gesetzgeberwille: Die inländische Strafrechtspflege sowie die Rechtsgüter der Vortaten als Schutzgüter des § 261 StGB

Von § 261 Abs.1 StGB soll nach dem Willen des Gesetzgebers in erster Linie die inländische Strafrechtspflege geschützt werden. Der Schutz beschränkt sich demnach aber nicht auf die Abschöpfung des Gewinns, sondern erfasst die Nahtstelle zwischen illegalem und legalem Wirtschaftskreislauf. Die Einschleusung von inkriminierten Vermögensgegenständen aus Katalogtaten in den legalen Finanz- und Wirtschaftskreislauf soll erschwert werden. Neben der Abschöpfung des Gewinns soll dieser Zweck auch dadurch erreicht werden, dass eine nachvollziehbare „Papierspur" erhalten bleibt und den Strafverfolgungsorganen durch eine Rekonstruktion der finanziellen Abläufe der Zugriff auf den Vortäter ermöglicht wird[80]. Durch die Abschöpfung krimineller Gewinne soll der Vortäter in finanzieller Hinsicht gegenüber der Umwelt isoliert werden.

---

[75] *BGHSt* 17, S. 21 (23); *BVerfGE* 11, S. 126 (130).

[76] *MüKo/Neuheuser*, § 261 Rn. 6: dieser umfasst manipulative Verhaltensweisen, folglich typische und zentrale Geldwäschehandlungen.

[77] *MüKo/Neuheuser*, § 261 Rn. 6: umfasst Verhaltensweisen, welche die Strafverfolgung beeinträchtigen, indem sie ein Aufrechterhalten der „Papierspur" entweder vereiteln oder gefährden.

[78] Diese Bezeichnung wird dem Tatbestand zumeist deswegen zuteil, weil er den Vortäter isolieren und die inkriminierten Gegenstände praktisch verkehrsunfähig machen soll.

[79] In der Gesetzesbegründung befindet sich die Bezeichnung „Erwerbs-, Besitz- und Verwendungstatbestand" (BR-Drucksache 507/92, S. 23).

[80] BT-Drucksache 12/989, S. 26; BT-Drucksache 12/3533, S. 11.

§ 261 Abs. 2 StGB hingegen soll über eine Doppelnatur verfügen. Zusätzlich zur Rechtspflege soll auch das durch die Vortat konkret verletzte Rechtsgut geschützt werden[81].

b) Geschütztes Rechtsgut nach der Rechtsprechung

Während die Rechtsprechung früher nur grundsätzlich ausgeführt hat, dass § 261 StGB ein eigenes Rechtsgut schütze und sich der Unrechtsgehalt nicht in einer besonderen Form der Beteiligung an der Vortat erschöpfe[82], konkretisiert der *Bundesgerichtshof* auch in neueren Entscheidungen die Rechtsgutbestimmung nicht ausreichend und geht lediglich von einem eigenständigen Unrechtsgehalt des § 261 StGB aus[83]. Der eigenständige Unrechtsgehalt sei darin zu sehen, dass es sich bei § 261 StGB nicht nur um eine besondere Form der Beteiligung an der Vortat handele. Die Geldwäsche solle vielmehr den staatlichen Zugriff auf Vermögensgegenstände aus besonders gefährlichen Straftaten gewährleisten und besondere Gefahren für die Volkswirtschaft und den Staat abwenden[84].

Sowohl durch § 261 Abs. 1 als auch Abs. 2 sollen somit Verhaltensweisen unter Strafe gestellt werden, die sich auf ein allgemeines Ermittlungsinteresse der Strafverfolgungsbehörden beeinträchtigend auswirken oder auswirken können, indem die „Papierspur" zwischen Vortäter und bemakeltem Vermögen gefährdet wird. Der staatliche Zugriff auf illegale Vermögenswerte solle gesichert werden und das Einschleusen in den Finanz- und Wirtschaftskreislauf verhindert werden[85]. Darüber hinaus werde § 261 Abs. 2 StGB insbesondere durch den Zweck geprägt, umfassend den Straftäter der Vortat zu isolieren[86].

Eine Tendenz zu den gesetzgeberischen Vorgaben der Schutzgutbestimmung des § 261 Abs. 2 StGB zeigt das viel zitierte Urteil des *OLG Hamburg*[87] zur Strafverteidigerproblematik. Der Verteidiger soll nach dem Leitsatz des Gerichts bei der Annahme von Honorar nur dann von einer Strafbarkeit auszunehmen sein, wenn keine entgegenstehenden Opferinteressen bestehen. Dies spricht zumindest dafür, dass das *OLG Hamburg* auch den Schutz des durch die Vortat verletzten Opfers nicht unberücksichtigt lassen will. Das *OLG Karlsruhe*[88] hingegen hat sich in einer neueren Entscheidung wieder streng an den gesetzgeberischen Vorgaben zu § 261 Abs. 1 StGB orientiert und den Schutz der inländischen Rechtspflege als vorrangig geschütztes Rechtsgut angesehen.

---

[81] BT-Drucksache 12/989, S. 27.
[82] *BGHSt* 43, S. 149 (152); *BGHSt* 43, S. 158 (167).
[83] *BGH* NJW 1997, S. 3322f.; NJW 2006, S. 1297 (1300).
[84] *BGH* NJW 2006, S. 1297.
[85] *BGH* NJW 2006, S. 1297 (1299).
[86] *BGH* NStZ 2001, S. 535.
[87] *OLG Hamburg* NJW 2000, S. 673.
[88] *OLG Karlsruhe* NJW 2005, S. 767 (768).

c) Die Schutzzweckbestimmung in der Literatur

In der Literatur wird die Frage des Schutzgutes unterschiedlich beantwortet. Insbesondere gehen nicht alle Vertreter von einem, für sämtliche Tatmodalitäten der Geldwäsche einschlägigen, Rechtsgut der inländischen Strafrechtspflege aus[89]. Im Detail herrscht Uneinigkeit über die Zielrichtung des Tatbestandes. Selbst innerhalb der Auffassung, die an den Vorgaben des Gesetzgebers festhält, werden im Detail unterschiedliche Akzente gesetzt. Insbesondere sind hinsichtlich des Schutzgutes der Rechtspflege unterschiedliche Schwerpunktsetzungen denkbar. Dies zeigen die nachfolgenden Ausführungen.

aa) Anlehnung an die Verfalls- und Einziehungsvorschriften

Ein möglicher Schutzzweck der Geldwäsche könnte zunächst – wie vom Gesetzgeber auch grundsätzlich vorgesehen – in der Rechtspflege zu sehen sein. Das geschützte Rechtsgut der Geldwäsche könnte insofern – unabhängig von der jeweils einschlägigen Alternative – in der Sicherung vortatbedingter staatlicher Zugriffsmöglichkeiten auf bestimmte Gegenstände anzusiedeln sein. Durch die Tathandlung der Geldwäsche wird der Zugriff staatlicher Behörden auf Gegenstände der Vortat zweifelsfrei erschwert. Ein Rückgriff auf die Verfalls- und Einziehungsregeln wäre dann geradezu zwingend. Dementsprechend könnte eine Bestimmung des Tatbestandsmerkmals „Herrühren" anhand der Verfalls- und Einziehungsvorschriften gem. §§ 73 ff. StGB angestrebt werden[90]. Denkbar ist daher, in Einklang mit *Arzt*[91], § 261 StGB als ein „Blankettgesetz" aufzufassen. Dessen Inhalt ist mittelbar durch die Vorschriften der Einziehung und des Verfalls auszufüllen[92].

---

[89] Ebenso wie der Gesetzgeber aber zum Beispiel: *Stree* in *Schönke/Schröder*, § 261 Rn. 1; *Hetzer*, wistra 2000, S. 281 (283); *ders.*, NJW 1993, S. 3298, (3299); *Lackner/Kühl*, § 261 Rn. 1; *Krey/Dierlamm*, JR 1992, S. 353 (359); *Krey/Hellmann*, Strafrecht BT 2, Rn. 605a; *Löwe-Krahl*, wistra 1994, S. 123 (125); *Rengier*, Strafrecht BT I, § 23 Rdnr. 4; *Wessels/Hillenkamp*, Strafrecht BT 2, Rn. 894; so wohl auch *Bussenius*, S. 64; *Hombrecher*, Geldwäsche 2001, S. 123, der zudem in § 261 Abs. 2 StGB den präventiven Schutz der Rechtsgüter der Vortat für erstrangig hält; *Häcker* in *Müller-Gugenberger/Bieneck*, Wirtschaftsstrafrecht, § 51 Rdnr. 25 sieht vorrangig die Rechtspflege als geschütztes Rechtsgut an, jedoch auch die in den Vortaten geschützten Rechtsgüter; den Vorgaben des Gesetzgebers schließt sich auch *Zeifang*, S. 377 an; ebenso auch: *Kraushaar*, wistra 1996, S. 168 (169).

[90] So ebenfalls: *Vogel*, ZStW 109 (1997), S. 335 (354), der neben den Vorschriften zu Verfall oder Einziehung auch sonstige Regelungen des Bürgerlichen Rechts für entscheidend für die Konkretisierung des Tatbestandsmerkmals „Herrühren" hält. Nur wenn der Vermögensgegenstand noch einziehungs- oder verfallsbefangen und nicht gutgläubig oder sonst rechtsbeständig erworben worden sei, sei er noch taugliches Geldwäscheobjekt; *Graber*, S. 118, für das Schweizerische Recht mit gleich gelagerten Problemen, der zwar grundsätzlich von einer Deckungsgleichheit zwischen Einziehung und Geldwäsche ausgeht, aber meint, dass die Einziehungsvorschriften dennoch nicht in der Lage seien, alle Fälle der Geldwäsche zu erfassen und daher auf S. 127 feststellt, dass eine vernünftige Begrenzung der Strafbarkeit dadurch nicht gewonnen werden könne; *Ackermann*, S. 241, ebenfalls für das Schweizerische Recht, der sich aber konkreter äußert und Problembereiche vor allem bei vermischten Wirtschaftsobjekten und ihrer Wertsteigerung sieht; auch *Salditt*, StV-Forum 1992, S.121 (123), orientiert sich bei der Auslegung an Verfall und Einziehung.

[91] *Arzt*, JZ 1993, S. 913.

[92] *ebd.*

Für eine solche Eingrenzung des Tatbestandsmerkmals „Herrühren" anhand der Vorschriften des Verfalls[93] und der Einziehung[94] spricht zunächst der „Ersatzobjektverfall" gem. § 73 Abs. 1 StGB. Ebenso wie der weite Begriff des „Herrührens" soll von den Vorschriften des Verfalls „etwas" erfasst sein, das „für die Tat oder aus ihr erlangt" ist. Beide Vorschriften erfassen somit „mittelbare Vorteile".

Für eine Anlehnung des Tatbestandsmerkmals „Herrühren" an Verfalls- und Einziehungsvorschriften spricht zudem auch die „Vereitelungs- bzw. Gefährdungsalternative" des § 261 StGB, wonach das „Vereiteln" bzw. das „Gefährden" des „Verfalls" bzw. der „Einziehung" strafbar ist.

Andererseits zeigen sich auch Wertungswidersprüche, die gegen eine Restriktion des Merkmals „Herrühren" anhand der Einziehung und des Verfalles sprechen[95].

(1) Problematisch ist zunächst die Regelung des Wertersatzverfalles gem. § 73 a StGB[96]. Soweit der Verfall eines bestimmten Gegenstandes wegen der Beschaffenheit des Erlangten oder aus einem anderen Grund nicht möglich ist oder von dem Verfall eines Ersatzgegenstandes nach § 73 Abs. 2 Satz 2 StGB abgesehen wird, ordnet das Gericht demnach den Verfall eines Geldbetrages an, welcher dem Wert des Erlangten entspricht. Wenn also beispielsweise der aus der rechtswidrigen Tat erlangte Gegenstand kraft Umwandlungsprozesses nicht mehr für die Behörden ausfindig zu machen ist, kann für den entsprechenden Wert der Verfall angeordnet werden. Eine der Hauptfragen der Geldwäsche, wo die Grenze der Geldwäschefähigkeit bei Transformationen zu ziehen ist, ist für die Verfalls- und Einziehungsregeln folglich bedeutungslos. Für die Erklärung des Verfalls ist es gerade bedeutungslos, wo sich der aus der Straftat unmittelbar stammende Gegenstand gerade befindet oder ob er bereits einer sachlichen Transformation unterlegen ist. Für Fragen der sachlichen und personalen Transformation bieten Verfalls- und Einziehungsvorschriften also keine geeigneten Lösungsansätze. Dies räumt auch *Arzt* ein, indem er eingesteht, dass auch solche Gegenstände geldwäschetauglich sind, „für deren Schicksal sich das Verfallsrecht praktisch längst nicht mehr interessiert, weil es dank des Wertersatzverfalles dieser ins Unendliche führende Mittelbarkeit nicht nachzugehen braucht."[97] Letztlich wird diese offensichtliche Unvereinbarkeit von *Arzt* aber hingenommen.

(2) Ein weiterer Widerspruch zeigt sich anhand § 73 Abs. 1 Satz 2 StGB. Privatrechtliche Restitutionsansprüche genießen demnach Vorrang gem. § 73 Abs. 1 Satz 2 StGB gegenüber der Anordnung des Wertersatzverfalls. Wie auch *Arzt* selbst zugesteht, ist auch diese Vorschrift für eine nähere Konkretisierung der Geldwäsche-

---

[93] *Lackner/Kühl*, § 73 Rn. 1: Der Verfall stellt eine Maßnahme i.S.d. § 11 I Nr. 8 StGB dar und bezweckt die Abschöpfung unrechtmäßig erlangten Vermögenszuwachses. Der genauere Rechtscharakter des Verfalls ist seit dem Übergang des Gesetzgebers zum Bruttoprinzip umstritten, vgl. *Eser* in *Schönke/Schröder*, Vor § 73 Rn. 19.

[94] *Eser* in *Schönke/Schröder*, StGB 2006, Vor 73 Rn. 14: Die Einziehung ist als Nebenstrafe als „gegenständlich spezifizierte Vermögensstrafe" zu qualifizieren; *Lackner/Kühl*, § 74 Rn. 1 qualifiziert die Einziehung als kein einheitliches Rechtsinstitut.

[95] So auch: *Dionyssopoulou*, S. 91.

[96] So auch: *Bottermann*, S. 25.

[97] *Arzt*, JZ 1993, S. 913 (915).

tauglichkeit unbrauchbar. Bei stattfindender Geldwäsche stehen dem Geschädigten – wenn diese auch zumeist nicht durchsetzbar sein werden – rechtliche Ersatzansprüche zu. Würde man die Inkriminierungskette der Geldwäsche in diesen Fällen stets verneinen, liefe das Geldwäschedelikt weitgehend leer. *Arzt* erkennt diese Unstimmigkeiten. Er kritisiert als Konsequenz aber lediglich die mangelnde Abstimmung des § 261 StGB mit den Verfallsvorschriften[98].

(3) § 261 Abs. 6 StGB zeigt ebenfalls eine Kollision mit den Ersatz- und Verfallsvorschriften auf: Während sich argumentum e contrario aus § 261 Abs. 6 StGB die Geldwäschetauglichkeit des Ursprungsgegenstandes unabhängig von der jeweils besitzenden Person entnehmen lässt, ist im Verfallsrecht die Anordnung grundsätzlich auf den Täter oder Teilnehmer der Tat beschränkt (§ 73 Abs. 1 Satz 1 StGB)[99]. Etwas anderes gilt nur unter den besonderen Voraussetzungen des Abs. 3 und Abs. 4. Grundsätzlich ist die Anordnung des Verfalls aber unzulässig, soweit die erlangten Gegenstände zur Zeit der Entscheidung jemandem gehören oder zustehen, der nicht an der Tat beteiligt ist[100]. Ebenso stellt sich die Rechtslage auch bei der Einziehung dar. Nach § 74 Abs. 2 Nr. 1 StGB richtet sich diese auch grundsätzlich nur gegen Tatbeteiligte, während eine Dritteinziehung nach § 74 Abs. 2 Nr. 2 StGB nur möglich ist, wenn die Gegenstände eine Allgemeingefährdung darstellen oder der Begehung rechtswidriger Taten dienen.

Diese offensichtliche Diskrepanz zu § 261 Abs. 6 StGB versucht *Arzt* durch folgende Überlegung zu klären: Durch die personale Transformation entstünde oftmals eine neue Strafbarkeit wegen Geldwäsche gem. § 261 Abs. 1 StGB, weil hierdurch der zunächst – in der Person des Täters noch ohne besondere Voraussetzungen[101] mögliche – Verfall/Einziehung des Tatobjektes aus der Vortat oder daraus hervorgegangene Vermögenswerte vereitelt werden würde. Diese neu entstandene Geldwäschestrafbarkeit würde dann ihrerseits wieder einen staatlichen Verfalls- bzw. Einziehungsanspruch begründen[102].

Diese Überlegung führt aber nicht nur zu einem „perpetuum mobile“ zwischen Geldwäsche und Verfall/Einziehung, sondern zerreißt entgegen dem eindeutigen gesetzgeberischen Willen den Bezug zu der Vortat[103]. Die Begründung der Geldwäschestrafbarkeit nach der ersten personalen Transformation müsste in Konsequenz des Ansatzes von *Arzt* nämlich bereits mit dem Vereiteln des Verfalls/der Entziehung konkreter Vermögenswerte begründet werden[104]. Da jedoch der Zusammenhang zwischen Vortat und konkretem Vermögensgegenstand näher bestimmt werden soll, kann nicht direkt auf ein Vereiteln oder eine Gefährdung von *vortatbedingten Maßnahmen* abgestellt werden. Durch den Ansatz wird mithin die Bedeutung der vom

---

98 *Arzt*, JZ 1993, S. 913 (917).

99 *Lackner/Kühl*, § 73 Rn. 8.

100 *Lackner/Kühl*, § 73 Rn. 8.

101 Vgl. § 73 Abs. 1 und Abs. 2 StGB sowie § 74 Abs. 2 Nr. 1 StGB.

102 *Arzt*, JZ 1993, S. 913 (916)

103 So auch überzeugend: *Leip*, S. 79.

104 Ein solcher Wertersatzverfall ist nach § 73 a StGB, eine Wertersatzeinziehung nach § 74 c StGB gerade möglich.

Gesetzgeber vorgenommenen Katalogisierung von Vortaten verkannt[105]. Bestraft würde bereits derjenige, der die durch eine Geldwäsche entstandene Zugriffsmöglichkeit vereitelt oder gefährdet und nicht nur derjenige, der Gleiches im Hinblick auf die Katalogtat macht. Das besondere Gefährdungspotential, das der Gesetzgeber nur bestimmten Vortaten zukommen lassen wollte, würde durch *Arzts* Ansatz missachtet, um die Maßnahmen des Verfalls und der Einziehung möglichst weit reichend und effektiv umsetzen zu können.

(4) Zu überlegen ist weiterhin, ob die Einführung des erweiterten Verfalls nach § 73 d StGB einen brauchbaren Ansatz für die Bestimmung der Geldwäschetauglichkeit bietet. Nach den Vorgaben des Gesetzgebers ist die Norm beweisrechtlicher Natur[106]. Das Gericht ordnet den Verfall von Gegenständen des Täters oder Teilnehmers auch dann an, wenn die Umstände die Annahme rechtfertigen, dass diese Gegenstände für rechtswidrige Taten oder aus ihnen erlangt worden sind, solange eine rechtswidrige Tat nach einem Gesetz begangen worden ist, das auf die Vorschrift des § 73 d StGB verweist. Im Rahmen des § 73 d StGB soll es nach den Gesetzesmaterialien für die Anordnung des Verfalls von aus rechtswidrigen Taten erlangten Gegenständen genügen, dass „sich diese Herkunftsmöglichkeit von allen in Betracht zu ziehenden Möglichkeiten als die ganz überwiegend wahrscheinlichste darstellt“[107]. *Arzt* überträgt diesen Ansatz auf den Geldwäschetatbestand und hält es daher für den Vorwurf der Vorsätzlichkeit des § 261 StGB ausreichend, dass dem Täter nachgewiesen werden kann, dass er von einer dem § 73 d StGB unterstellten Vortat ausgegangen ist und er Umstände gekannt hat, die die Annahme rechtfertigen, dass der von ihm verschleierte Gegenstand aus einer solchen Tat stammt[108].

Trotz der die Verfassungsmäßigkeit bejahenden *Rechtsprechung des BVerfG*[109] bestehen gegen die Anlehnung an den erweiterten Verfall schwerwiegende Bedenken. Für den erweiterten Verfall als Maßnahme reicht das bloße Erfordernis eines hohen Wahrscheinlichkeitsgrades und somit des bloßen Verdachtes aus[110]. Da jedoch eine Übertragung des Gedankens auf den Tatbestand der Geldwäsche gerade – anders als bei § 73 d StGB – eine *neue* Strafbarkeit begründen würde, ist dieser Ansatz *Arzts* trotz der Rechtsprechung des *BVerfG* zum erweiterten Verfall nicht haltbar. Gegen eine solche, auf die Geldwäsche auszudehnende Beweiserleichterung spricht vor allem auch die frühere gesetzliche Beweiserleichterung des § 259 a.F. StGB („oder den Umständen nach annehmen muss“), die es für den Nachweis der strafrechtlich relevanten Herkunft der Gegenstände genügen ließ, wenn die Gesamtheit aller Umstände so auffällig auf die Herkunft hinwies, dass sie sich für einen unbefangenen

---

105 *Arzt* geht davon aus, dass die Vereitelung/Gefährdung von Verfall/Einziehung eine Generalklausel darstellt. „Verbergen“ und „Verschleiern“ hingegen sollen nur Anwendungsbeispiele für diese Generalklausel sein. Lediglich hiervon ausgehend ist die Lösung nachvollziehbar, vgl. *Arzt*, JZ 1993, S. 913.

106 *Fischer*, § 73 d Rn. 3.

107 BT-Drucksache 11/6623, S. 6.

108 *Arzt*, JZ 1993, S. 913 (914).

109 Nach *BVerfG* NJW 2004, S. 2073 ist § 73 d StGB keine dem Schuldgrundsatz unterliegende strafähnliche Maßnahme und verletzt die Unschuldsvermutung nicht.

110 Vgl. nur: *Lackner/Kühl*, § 73 d Rn. 8; *Leip*, S. 77.

und verständigen Beurteiler geradezu aufdrängte[111]. Diese widerlegbare gesetzliche Beweisregel zuungunsten des Angeklagten[112] wurde für die Hehlerei mit Hinweis auf die Unvereinbarkeit mit dem Grundsatz, dass dem Täter die Schuld voll nachgewiesen werden müsse, aber bereits durch die Einführung des EGStGB vom 02.03.1974 wieder aufgegeben[113]. Die Tatsache, dass sich der Gesetzgeber bei der Hehlerei ausdrücklich gegen die ursprünglich verankerte Beweiserleichterung ausgesprochen hat, spricht entschieden gegen ein entsprechendes Vorgehen bei der vorsätzlichen Geldwäsche.

(5) Fraglich ist zudem, ob nicht auch die Vorschrift des § 261 Abs. 7 StGB der Auffassung widerspricht, die Geldwäsche als „Blankettgesetz" der Verfalls- und Einziehungsvorschriften anzusehen. Gem. § 261 Abs. 7 StGB können Gegenstände, auf die sich die Straftat bezieht (sog. Beziehungsgegenstände), eingezogen werden. Auch *Arzt* äußert bezüglich dieser Regelung zunächst Bedenken und bemerkt, dass „§ 261 Abs. 7 StGB (...) Rätsel auf(gebe)", wenn man der Auffassung folge, dass § 261 StGB ein Blankett schaffe[114]. Nach allgemeinen Grundsätzen sind Beziehungsgegenstände nämlich grundsätzlich nicht Gegenstand der Einziehung[115]. Zudem erscheint die Aufnahme von Einziehungs- und Verfallsvorschriften in den Geldwäschetatbestand doch „prinzipiell unsinnig", wenn § 261 StGB ein Blankett schafft[116]. Die Erklärung für diese Regelung sieht *Arzt* letztlich jedoch hierin: Aufgrund der Norm des § 261 Abs. 7 StGB sei es möglich, „den Wäscher zu verurteilen und die Wäsche aus dem Verkehr zu ziehen, ohne dass ein Verfahren gegen den Vortäter nötig wäre[117]." Ein entscheidendes Argument gegen seine Ansicht liefert *Arzt* schließlich aber selbst. Nur dann, wenn entweder Geldwäscher und Vortäter verurteilt werden oder es nur zu einem Verfahren kommt (gegen Vortäter oder Geldwäscher), bietet sein Ansatz einen nachvollziehbaren Vorteil. Kommt es hingegen zu zwei Verfahren gegen Vortäter sowie den Geldwäscher und wird der Vortäter im späteren Verfahren freigesprochen, dann stehen Wiederaufnahme-Probleme im Verfahren gegen den Geldwäscher im Vordergrund. Der Gedanke, dass § 261 Abs. 7 StGB dem Sinn und Zweck dienen soll, eine „Verdoppelung der Maßnahmen" gegen Vortäter und Geldwäscher zu ermöglichen, kann daher nicht überzeugen. Vielmehr stellt § 261 Abs. 7 StGB eine Sondervorschrift zu den allgemeinen Einziehungs- und Verfallsvorschriften dar, um – den Anforderungen des § 74 Abs. 4 StGB entsprechend – eine Einziehung von Beziehungsgegenständen der Geldwäsche zuzulassen. Würde man § 261 StGB als „Blankettgesetz" der Einziehungs- und Verfallsvorschriften verstehen, wäre die Regelung des § 261 Abs. 7 StGB jedoch überflüssig.

(6) Einer Auslegung ausschließlich anhand der Verfalls- und Einziehungsvorschriften steht letztlich aber auch bereits der Wortlaut der Geldwäsche entgegen.

---

111 *Schönke/Schröder*, 17. Aufl., 1974, § 259 Rn. 50.

112 *RGSt* 55, S. 204.

113 BT-Drucksache 7/550, S. 253.

114 *Arzt*, JZ 1993, S. 913 (914).

115 *Fischer*, § 74 Rn. 10.

116 *Arzt*, JZ 1993, S. 913 (914).

117 *Arzt*, JZ 1993, S. 913 (916).

§ 261 StGB besteht nämlich aus verschiedenen Elementen, wobei die Vereitelung bzw. die Gefährdung des Verfalls und der Einziehung nur einen Aspekt der von § 261 StGB geschützten Interessen darstellt[118].

Die Verfalls- und Einziehungsvorschriften können nicht als allgemeiner Auslegungsansatz des Tatbestandsmerkmals „Herrühren" dienen[119]. Aufgrund der genannten Argumente kommt eine alleinige Auslegung anhand der Verfalls- und Einziehungsvorschriften insbesondere deswegen nicht in Betracht, weil das Geldwäschedelikt nicht nur der Gewinnabschöpfung dient. Inwieweit einzelne Wertungen der Verfalls- und Einziehungsvorschriften dennoch im Rahmen einzelner Problemkreise des Tatbestandsmerkmals „Herrühren" Anwendung finden können, wird im Rahmen der weiteren Ausführungen zu klären sein.

bb) Präventiver Schutz der Rechtsgüter der Vortat als geschütztes Rechtsgut

Ausgehend von der Auffassung, dass § 261 Abs. 2 StGB dem Schutz des Rechtsgutes der Vortat dienen soll, sind unterschiedliche Ausprägungen der Schutzrichtung denkbar.

(1) Zum einen ist in Betracht zu ziehen, dass der Tatbestand eher präventiv ausgerichtet ist. Er soll künftige Beeinträchtigungen der Rechtsgüter verhindern, die durch die Straftatbestände des Vortatenkatalogs geschützt werden. Hiervon ausgehend wird in der Literatur zum Teil vertreten, dass Schutzzweck aller Tathandlungen der Geldwäsche vielmehr gleichermaßen der präventive Schutz der Rechtsgüter der Vortaten sei[120]. Nach dieser Auffassung ist der Schutz der allgemeinen Strafrechtspflege als Schutzgut der Geldwäsche zu vernachlässigen. Indem der präventive Rechtsgüterschutz bei § 261 StGB im Vordergrund stehen soll, soll die Isolation des Vortäters erreicht werden und hierdurch weitere Vortaten eingedämmt werden[121]. Der Entzug finanzieller Mittel, die für weitere Straftaten eingesetzt werden könnten, soll aus Gründen der Prävention im Vordergrund stehen.

(2) Dass diese Auffassung – zumindest in der jeweiligen Schwerpunktsetzung – nicht in Einklang mit den Vorgaben des Gesetzgebers steht, wird aufgrund nachfolgender

---

[118] So auch: *Dionyssopoulou*, S. 91.

[119] *Dionyssopoulou*, S. 92, hingegen ist der Ansicht, dass sich Eingrenzungskriterien für das Merkmal „Herrühren" nicht ausschließlich an Einziehungsvorschriften orientieren können, die Regelungen der §§ 73 ff. StGB aber bei der Auslegung des § 261 StGB zu berücksichtigen sind. Auf S. 103 konkretisiert sie näher, mit Hilfe der Einziehungsregeln könne man zwar feststellen, welche unmittelbar aus einer Straftat stammenden Gegenstände inkriminiert seien, jedoch könnten keine Richtlinien für solche Gegenstände abgeleitet werden, die unterschiedlichen Umwandlungen unterlegen seien; ähnlich auch *Balzer*, S. 375, die eine Reduktion des Schutzgutes auf die Möglichkeit des Verfalls und der Einziehung als zu eng ansieht, aber den Ansatz an sich für schlüssig hält.

[120] *Salditt*, S. 121 (122); ähnlich auch: *Burr*, S. 27, der § 261 StGB kein eigenes Rechtsgut zuspricht, sondern meint, dass § 261 StGB lediglich der Intensivierung der durch den Vortatenkatalog geschützter Rechtsgüter diene; weniger streng *Hombrecher*, Geldwäsche 2001, S.123, der meint, dass die Rechtspflege das Rechtsgut der Norm bildet, zu dem in Abs. 2 der präventive Schutz der durch den Katalog des Abs. 1 Satz 2 erfassten Rechtsgüter hinzutritt; *Leip*, S. 55, weist diesen präventiven Schutz der Rechtsgüter des Vortatenkataloges zumindest § 261 Abs. 2 StGB zu.

[121] *Salditt*, StV-Forum 1992, S. 121 (122).

Überlegungen als tolerierbar angesehen: Die amtliche Begründung gehe zwar von einem primären Schutz der „Rechtspflege" durch die Geldwäsche aus, dem könne jedoch nicht gefolgt werden, weil hierdurch die „Gefahr eines Zirkelschlusses" entstehe. Es sei daher nicht gerechtfertigt, die Aufgaben von Polizei und Kriminaljustiz zum Rechtsgut zu erheben. Aufgrund des Legalitätsprinzips löse die Verletzung jedes Straftatbestandes die Verfolgung des Gesetzesbrechers aus. Aus diesem allgemeinen Grundsatz könne aber nicht ein „Super-Rechtsgut" der Rechtspflege konstruiert werden, da ansonsten beinahe jedem Straftatbestand ein solcher Schutzzweck zugesprochen werden könnte. Die Anerkennung eines allgemeinen Rechtsgutes der Rechtspflege widerspreche vielmehr sogar Art. 103 Abs. 2 GG. Der Gesetzgeber verfolge vielmehr das Ziel, die Wahrscheinlichkeit weiterer ähnlicher Taten zu minimieren und die von dem Kreis der Vortäter mit deren Umfeld ausgehenden Gefahren einzudämmen. § 261 StGB enthalte diesen Personen die Förderung vor, die sich durch Nutzung der aus der Tat „herrührenden" Gegenstände ergebe und weitere Straftaten erleichtern würde. Der „Bann" werde zum Schutz der Rechtsgüter verhängt, die schon durch die betreffenden Vortaten verletzt wurden[122].

Die Ansicht, die primär auf die Prävention von Verletzungen der durch die Vortaten geschützten Rechtsgütern abstellt, ist jedoch gleichwohl bedenklich[123]. Die Bedenken der Vereinbarkeit eines „Super-Rechtsguts" der Rechtspflege mit Art. 103 Abs. 2 GG setzen systematisch an falscher Stelle an. Einem Verstoß gegen den Bestimmtheitsgrundsatz soll doch gerade durch die Auslegung des Merkmals „Herrühren" anhand teleologischer Überlegungen entgegengewirkt werden. Die Bestimmung des Rechtsgutes an sich kann keinen Verstoß gegen Art. 103 Abs. 2 GG nach sich ziehen. Die Frage nach der Notwendigkeit einer strafrechtlichen Sanktionierung stellt sich vielmehr erst, *nachdem* der Schutzzweck einer Vorschrift ermittelt worden ist. Ein möglicher Verstoß gegen Art. 103 Abs. 2 GG ist daher erst auf der nächsten Stufe, nach erfolgloser Auslegung des unbestimmten Rechtsbegriffs, zu überprüfen[124].

(3) Gegen die gesetzgeberischen Vorgaben und deren Rechtsgutbestimmung spricht nach dieser Ansicht aber zudem folgendes Argument: Die Geldwäsche erfordere aufgrund der Vorschrift des § 261 Abs. 8 StGB hinsichtlich der Vortaten keine inländische Strafgewalt. Eine Abkehr vom Rechtsgut der inländischen Rechtspflege für die Geldwäsche liege daher nach dieser Auffassung auf der Hand[125].

Die Ansicht verkennt hierbei aber den eigentlichen Sinn und Zweck des § 261 Abs. 8 StGB. Dieser möchte sicherstellen, dass auch aus Auslandsstraftaten „herrührende" Gegenstände Objekt einer im Inland begangenen Geldwäsche sein können. Die internationale Verflechtung der Finanzmärkte soll hierdurch mitberücksichtigt werden. Nach den Ausführungen des Gesetzgebers ist das Einfügen des Abs. 8 vielmehr gerade aus dem Grund erforderlich gewesen, weil der Tatbestand der Geldwäsche dem Grunde nach als Delikt gegen die inländische Rechtspflege Auslandsstraf-

---

122 Saldit, StV-Forum 1992, S. 121, (122)

123 Generell kritisch zum Rechtsgut der Vortat: *Schittenhelm*, FS für Lenckner, S. 519 (524f.); *Miehe*, FS für Honig, S. 105ff.; ebenso *Leip*, S. 47.

124 *Leip*, S. 47 Fn. 169.

125 *Salditt*, StV-Forum 1992, S. 121 (122).

taten nicht erfassen kann[126]. § 261 Abs. 8 StGB hat folglich Ausnahmecharakter. Seine Existenz steht der Annahme eines geschützten Rechtsgutes der inländischen Rechtspflege nicht entgegen.

(4) Fraglich ist zudem, ob die Regelung des § 261 Abs. 6 StGB mit einer Rechtsgutbestimmung unter Präventionsgesichtspunkten vereinbar ist. Vortat der Geldwäsche kann nach § 261 Abs. 1 Nr. 1 StGB i.V.m. § 249 StGB auch ein Raub sein. Wenn Schutzgut des Geldwäschetatbestandes der präventive Schutz der Rechtsgüter ist, so muss die Geldwäsche folglich in diesem Fall auch dem präventiven Schutz von Eigentum dienen[127]. Nicht zu erklären wäre dann aber die Regelung des § 261 Abs. 6 StGB, die trotz stattgefundenen Raubes die Strafbarkeit nach Abs. 2 ausschließt[128]. Wäre der Schutzzweck des § 261 StGB tatsächlich im präventiven Rechtsgüterschutz zu sehen, dann wäre unter diesem Aspekt die Regelung des § 261 Abs. 6 StGB nicht zu erklären, da diese trotz Verletzung des Eigentums zu einem Strafbarkeitsausschluss führen könnte. Zudem zeigt sich im Rahmen des § 261 Abs. 6 StGB ein weiterer Widerspruch: Trotz zivilrechtlich wirksamen gutgläubigen Eigentumserwerbs wird der Zusammenhang zwischen Vortat und Gegenstand im Rahmen des Tatbestandsmerkmals „Herrühren“ durch § 261 Abs. 6 StGB nicht „zerrissen“[129]. Wäre durch § 261 StGB auch das Rechtsgut Eigentum geschützt, dann dürfte sich die Vorschrift aber doch gerade nicht über anerkannte Grundsätze des gutgläubigen Eigentumserwerbes hinwegsetzen, sondern müsste diese respektieren[130]. Dass der Bemakelungszusammenhang zwischen Vortat und Gegenstand trotz eines gutgläubigen Zwischenerwerbes weiterbestehen soll, ist mit einem Rechtsgut des präventiven Schutzes von Eigentum aber nicht vereinbar.

(5) Ein weiteres Gegenargument gegen die hier verfolgte Rechtsgutbestimmung ist zudem die Ausdehnung der Geldwäschestrafbarkeit auf den Vortäter im Jahre 1998. Sind Vortäter und Geldwäscher personenidentisch, dann kann die Intention, den Genuss und die Gewinne der Vortat zu verbieten, um einer Vortat faktisch die Attraktivität zu nehmen, nicht erfolgreich durchgesetzt werden. Der Geldwäscher lässt sich doch nicht durch sich selbst zur Straftat verleiten; ebenso wenig kann der Nachtäter sich selbst einen Anreiz zur Begehung der Vortat schaffen[131].

Abschließend kann festgehalten werden, dass die Annahme eines präventiven Schutzes der Rechtsgüter der Vortaten als Schutzgut der Geldwäsche nicht überzeugt.

---

[126] BR-Drucksache 507/92, S. 23 (36).

[127] *Lackner/Kühl*, § 249 Rn. 1, § 242 Rn. 1: geschütztes Rechtsgut des Raubes ist u.a. das Eigentum.

[128] Vgl. hierzu ausführlich die obigen Ausführungen zur systematischen Auslegung: 1. Kapitel) B.) III.) 2.)

[129] Vgl. hierzu bei der systematischen Auslegung : 1. Kapitel) B.) III.) 2.).

[130] So auch: *Leip*, S. 48; *Barton*, StV 1993, S. 156 (160), Fn. 55; *Hefendehl*, FS für Roxin, S. 145 (151).

[131] So auch: *Mehlhorn*, S. 47.

cc) Präventive Funktion des § 261 StGB zur allgemeinen Verhinderung weiterer Taten

Ein Teil der Literatur geht davon aus, dass keine Beschränkung des präventiven Schutzes auf die durch den Vortatenkatalog geschützten Rechtsgüter besteht. Als besonders wichtig wird die Verhinderung weiterer Taten aufgrund wirtschaftlicher Unattraktivität angesehen[132]. Unerheblich ist hierbei, um welche zu befürchtenden Straftaten es sich handelt. Der Isolierungszweck des § 261 StGB soll erreichen, dass den Tätern die Motivation für weitere Taten genommen und dass Taterlöse nicht zur Begehung weiterer Taten genutzt werden könnten. Insgesamt müsse die Gesellschaft als potentielles Opfer vor weiteren Straftaten geschützt werden. Der einzelne Bürger bedürfe aber nicht nur vor bevorstehenden Taten aus dem Vortatenkatalog der Geldwäsche Schutz, sondern vor jeglichen künftigen Straftaten.

Der Schutzzweck eines präventiven Schutzes vor sämtlichen Straftaten muss aber aus den gleichen Gründen abzulehnen sein wie die voranstehend dargestellte Ansicht eines bezweckten Schutzes vor der Verwirklichung der Vortaten der Geldwäsche[133].

Zudem ist eine Ausdehnung der Prävention auf sämtliche Straftaten unter dem Aspekt der Verhältnismäßigkeit bedenklich. Dass das Geldwäschedelikt als Vergehen mit einer Freiheitsstrafe von bis zu fünf Jahren der allgemeinen Prävention vor noch so bagatellhaften Straftaten dienen soll, scheint diesbezüglich eher zweifelhaft.

dd) Intensivierung des Schutzes der bereits durch die Vortaten verletzten Rechtsgüter

In Betracht zu ziehen ist weiterhin eine Bestimmung des Schutzgutes in enger Anlehnung an die gesetzgeberischen Materialien zu § 261 Abs. 2 StGB[134]. Als primäres Schutzgut der Geldwäsche kann daher die Intensivierung des Schutzes der bereits durch die Vortat konkret *verletzten* Rechtsgüter in Betracht kommen[135]. Nach dieser Auslegung bestünde das Unrecht der Geldwäsche in der Erschwerung der Wiederherstellung des gesetzlichen Zustandes, der durch die Vortat aus dem Gleichgewicht geraten ist. Das Unrecht der Geldwäsche wäre insofern mit dem der Begünstigung nach § 257 StGB vergleichbar[136] und der Tatbestand hätte folglich eher eine repressive Funktion.

Einer Vergleichbarkeit mit dem Schutzzweck des § 257 StGB könnten aber systematische Bedenken entgegenstehen. Bereits im Rahmen der systematischen Ausle-

---

132 Vgl. *Fischer*, § 261 Rn. 3; *Maurach/Schröder/Maiwald*, BT 2, § 101 Rn. 8; *Balzer*, S. 376.
133 Vgl. hierzu die Ausführungen unter: 1. Kapitel) B.) IV.) 1.)c) bb).
134 So ist in der Gesetzesbegründung doch gerade von dem „durch die Vortat verletzte(n) Rechtsgut" die Rede und gerade nicht von dem bloß geschützten Rechtsgut.
135 So wohl *Rengier*, Strafrecht BT I, § 23 Rn. 4.
136 Im Rahmen der Begünstigung wird das durch die Vortat verletzte Rechtsgut nach der wohl herrschenden Auffassung als geschützt angesehen: vgl. *Lackner/Kühl*, § 257 Rn. 1; *Stree* in *Schönke/Schröder*, § 257 Rn. 1.

gung[137] wurde der Unterschied des § 261 StGB zu anderen Anschlusstaten hervorgehoben. Zusätzlich ist aber zu berücksichtigen, dass § 257 StGB die Restitutionsvereitelung ausdrücklich als Ziel festsetzt[138]. Ein Wiederherstellen des rechtmäßigen Zustandes ist aber bei der Geldwäsche oftmals gar nicht möglich, weil ein Opfer der Vortat nicht mehr bekannt ist bzw. nicht mehr ausfindig gemacht werden kann. Dies liegt nicht zuletzt daran, dass Geldwäschehandlungen normalerweise im Verborgenen und als legale Geschäftsvorgänge getarnt vorgenommen werden[139]. Daher wird die Geldwäsche auch als „opferloses Delikt" (victimless crime) bezeichnet[140]. Folglich ist die Rechtsgutbestimmung anhand des § 257 StGB aufgrund der – bereits im Rahmen der obigen Ausführungen festgestellten – strukturellen Unterschiede abzulehnen.

Schutzgut der Geldwäsche ist somit nicht die Intensivierung des Schutzes der bereits durch die Vortat *verletzten* Rechtsgüter.

ee) Schutz materiellrechtlicher Ansprüche als geschütztes Rechtsgut der Geldwäsche

Ein weiterer Ansatzpunkt zur Bestimmung des Schutzzweckes der Geldwäsche könnte sein, das Opfer der Vortat in den Vordergrund der Überlegungen zu stellen. Primärziel des § 261 StGB könnte daher der Schutz dessen materiellrechtlicher Ansprüche sein[141].

(1) Diesen Ansatz verfolgen Teile der Literatur[142]. Im Unterschied zu dem an Verfall/Einziehung orientierten Ansatz schützt der Tatbestand demnach neben den staatlichen Ansprüchen insbesondere materiellrechtliche Ansprüche des Verletzten[143]. Folglich soll ein Gegenstand immer dann noch aus der Vortat „herrühren", wenn ein materiellrechtlicher Anspruch des Vortatopfers auf diesen besteht[144].

(2) Fraglich ist aber wiederum, ob diese Bestimmung des Schutzgutes mit der Regelung des § 261 Abs. 6 StGB vereinbar ist. Nach dieser Vorschrift ist nämlich auch bei einem gutgläubigen Erwerb die Strafbarkeit nach § 261 Abs. 1 StGB nicht ausgeschlossen (so dass der fragliche Gegenstand noch aus der Vortat „herrührt"). In konsequenter Verfolgung dieser Ansicht müsste dies bedeuten, dass materiellrechtliche

---

137 Vgl. ausführlich zu den obigen Ausführungen zur systematischen Auslegung: 1. Kapitel) B.) III.) 1.) a).

138 *Fischer,* § 257 Rn. 1.

139 *Niermann*, S. 97.

140 *Findeisen*, WM 1998, S. 2410 (2412); *Suendorf*, S. 400.

141 *SK/Hoyer*, § 261 Rn. 1.; nach Ansicht *Hoyers* vertritt auch *Hetzer,* NJW 1993, S. 3298 (3299) diesen Ansatz; *Hetzer* äußert sich jedoch ausdrücklich nur dahingehend, dass als geschütztes Rechtsgut des § 261 StGB „das durch die Vortat verletzte" anzusehen sei.

142 *SK/Hoyer*, § 261 Rn. 13, der neben dem Schutz materiellrechtlicher Ansprüche die Prävention gegenüber neuen Straftaten der organisierten Kriminalität als zweiten Schutzzweck des § 261 StGB anerkennt.

143 *SK/Hoyer*, § 261 Rn. 13.

144 Ein solcher Anspruch wird bzw. kann doch tatsächlich zumeist nicht geltend gemacht werden, da es sich bei der Geldwäsche aufgrund der Handlung im Verborgenen um ein „opferloses Delikt" handelt.

Ansprüche des Vortatopfers bezüglich dieses Gegenstandes trotz des eingetretenen Eigentumserwerbes weiterhin bestehen. Dies ist aufgrund des hoch anzusetzenden Schutzes des guten Glaubens jedoch nicht gegeben. Bei einem gutgläubigen Erwerb des Gegenstandes sind materiellrechtliche Ansprüche zwar prinzipiell nicht gänzlich ausgeschlossen: So schließt der gutgläubige Erwerb zwar materiellrechtliche Ansprüche aus Eigentum aus, es verbleiben jedoch beispielsweise die den Verkehrsschutz durchbrechenden bürgerlich-rechtlichen Rückgriffsansprüche der §§ 816, 822 BGB. Zu beachten ist aber, dass der gutgläubige Erwerb grundsätzlich kondiktionsfest ist und sich auch die bereicherungsrechtlichen Ansprüche am Sachenrecht orientieren[145]. So besteht nach § 816 Abs. 1 Satz BGB nur ein Anspruch gegen den Veräußerer des Gegenstandes, nicht gegen den gutgläubig Erwerbenden. Zudem haben § 822 BGB sowie auch § 816 Abs. 1 Satz 2 BGB aufgrund der fehlenden Schutzwürdigkeit des unentgeltlich Erwerbenden Ausnahmecharakter. Würde man somit den Schutz materiellrechtlicher Ansprüche in den Vordergrund stellen, dann wäre die Existenz des § 261 Abs. 6 StGB nicht zu erklären. Obwohl in den Fällen des gutgläubigen Erwerbes des Gegenstandes gerade keine materiellrechtlichen Ansprüche des Opfers gegen den Erwerber mehr bestünden, wäre der Bemakelungszusammenhang zwischen Vortat und Gegenstand nach den Vorgaben des § 261 Abs. 6 StGB anzunehmen. Die Existenz des § 261 Abs. 6 StGB ist somit mit der hier aufgezeigten Schutzgutbestimmung der Geldwäsche nicht vereinbar.

Ein Zusammenhang zwischen bestehenden materiellrechtlichen Ansprüchen des Vortäters und der Inkriminierung eines Gegenstandes ist folglich abzulehnen.

ff) Der legale Finanz- und Geldkreislauf als geschütztes Rechtsgut der Geldwäsche

Nach anderer Auffassung soll § 261 StGB primär den legalen Finanz- und Geldkreislauf schützen[146].

(1) Verhindert werden solle insbesondere die Rückführung von Verbrechensgewinnen in den legalen Wirtschafts- und Finanzverkehr[147]. Geschützt wird daher nach dieser Ansicht vor allem die Volkswirtschaft[148] vor einer Korrumpierung der Finanzinstitute als Folge organisierter Waschvorgänge[149]. Nur unter Berücksichtigung dieses Schutzzweckes sei es nach dieser Ansicht nachzuvollziehen, wieso es dem Gesetzgeber so ausdrücklich darum gegangen sei, „an der Nahtstelle zwischen legalem und illegalem Finanzkreislauf"[150] auf die Erlöse zuzugreifen. Anderenfalls sei nämlich ein späterer Zugriff genauso zielführend gewesen. Da aber das illegale Vermögen bereits bei seinem ersten Sichtbarwerden erfasst werden solle, müsse der dadurch im Ergebnis nicht mehr belastete legale Wirtschafts- und Finanzkreislauf zumindest auch Schutzobjekt sein. Als Vorteil dieser Rechtsgutbestimmung wird zu-

---

145 Zu einem Durchbrechen des gutgläubigen Erwerbes kommt es nur beim unentgeltlichen Erwerb.

146 So insbesondere: *Lampe*, S.123 (125).

147 So auch: *Schittenhelm*, S. 519 (528); *Findeisen*, wistra 1997, S. 121; *Höreth*, S. 98.

148 So im Ansatz auch: *Hassemer*, S. 3 (14); dieser räumt aber ein, dass ein geschütztes Rechtsgut der Volkswirtschaft „konturenlos" ist.

149 *Lampe*, S.123 (126).

150 BT-Drucksache 12/989, S. 26 (27).

dem genannt, dass diese als einzige dazu geeignet sei, den Schwerpunkt des § 261 StGB in der Bekämpfung der Organisierten Kriminalität zu sehen und somit bagatellhafte Geldwäschehandlungen ausklammern könne[151].

Zum Teil wird dieser Ansatz noch weiter eingeschränkt und ein expliziter Bezug zum Finanzgewerbe gefordert[152]. Begründet wird dies mit dem Argument, dass die Geldwäsche im Wesentlichen über den nationalen und internationalen Finanzmarkt abgewickelt werde. Als Vorteil dieser Einschränkung zeige sich hierbei auch, dass eine Eingrenzung des Tatobjektes auf Geld und Geldforderungen möglich sei[153].

(2) Gegen das Schutzgut des legalen Finanz- und Geldkreislaufes sprechen aber auch einige gewichtige Aspekte. Zunächst lässt sich die Erhebung des Wirtschafts- und Finanzkreislaufes zum Schutzgut ebenso wenig aus den Gesetzesmaterialien wie aus dem Wortlaut entnehmen. Der Gesetzgeber verwendet den Begriff des legalen Finanz- und Wirtschaftskreislaufes lediglich zur Erläuterung der Geldwäschevorgänge[154], nicht jedoch in Zusammenhang mit der Bestimmung des Schutzgutes[155]. Die Diskrepanz zwischen Wortlaut und angestrebter Rechtsgutbestimmung ist daher zu groß[156]. Auch die internationalen und europäischen Grundlagen der Geldwäschestrafbarkeit lassen keinen anderen Rückschluss zu. Die Finanzinstitute wurden zwar verstärkt in die Bankenaufsicht miteinbezogen[157], daraus lässt sich aber nicht zwingend entnehmen, dass sie als besonders schutzbedürftig anzusehen sind, sondern vielmehr, dass diese oftmals als „Umschlagplatz" inkriminierter Gelder missbraucht werden. Zudem steht der Wirtschafts- und Finanzkreislauf als Teil des menschlichen Zusammenlebens nicht im Mittelpunkt einzelner Normen des Strafrechts, sondern wird als solcher von der Gesamtheit der Rechtsnormen geschützt und stellt daher kein eigenes Rechtsgut dar[158]. Alle Delikte mit Bezug auf das Vermögen schützen mittelbar auch den Wirtschaftskreislauf. Die aufgezeigte Ansicht kann zudem nicht erklären, wieso § 261 Abs. 1 Nr. 1 StGB jedes „Verbrechen" als geldwäschegeeignete Vortat nennt[159]. So kann nach der Fassung des Gesetzes doch letztlich auch geldwäschetauglicher Gegenstand derjenige sein, der aus dem Verbrechen „Mord" „herrührt". Ein Bezug zum Finanz- und Wirtschaftskreislauf und der Volkswirtschaft besteht in dieser Konstellation aber offensichtlich nicht. Soweit von den Vertretern dieser Auffassung zudem aufgeführt wird, dass durch diese Schutzgutbestimmung eine effektive Bekämpfung der Organisierten Kriminalität ermöglicht werde, ist diese Argumentation letztlich als rein zweckorientiert abzulehnen. Der legale Wirtschafts- und Finanzkreislauf soll zudem hauptsächlich deswegen als geschütztes

---

151 *Mehlhorn,* S. 69.

152 *Forthauser*, S. 153; *Bottermann,* S. 114.

153 *Forthauser*, S. 153.

154 Vgl. BT-Drucksache 12/989, S. 26, demnach ist unter Geldwaschen die Einschleusung von Vermögensgegenständen aus Organisierter Kriminalität in den legalen Finanz- und Wirtschaftskreislauf zum Zweck der Tarnung zu verstehen.

155 So auch: *Balzer,* S. 370.

156 So auch: *Hombrecher*, Geldwäsche 2001, S. 119; *Dionyssopoulou*, S. 54.

157 Vgl. hierzu: 1. Kapitel) B.) II.)

158 *Hombrecher*, S. 119; *Prittwitz,* S. 498.

159 Ebenso auch: *Bernsmann*, S. 40 (42).

Rechtgut anzusehen sein, um Bagatellgeschäfte von einer Strafbarkeit ausschließen zu können. Die dogmatische Vorgehensweise muss aber eine andere sein. Anhand des festgesetzten Rechtsgutes kann näher bestimmt werden, welche Fälle einer Strafbarkeit unterliegen sollen. Der Weg darf nicht der umgekehrte sein.

Auch zum Finanzgewerbe weist der Wortlaut des Tatbestandes der Geldwäsche keinen besonderen Bezug auf. Der angestrebten Beschränkung des tauglichen Geldwäscheobjektes auf Geld kann zudem entgegengehalten werden, dass eine solche dem eindeutigen Willen des Gesetzgebers zuwiderläuft[160]. Eine solche Beschränkung auf Geld ist daher nicht überzeugend[161].

Der legale Wirtschafts- und Finanzkreislauf ist folglich nicht geschütztes Rechtsgut des § 261 StGB.

gg) Der marktwirtschaftliche Wettbewerb als geschütztes Rechtsgut

Teile der Literatur sehen als – zumindest durch § 261 Abs. 2 StGB – geschütztes Rechtsgut der Geldwäsche den marktwirtschaftlichen Wettbewerb an[162].

(1) Geschützt werde der Wettbewerb als zwingende Voraussetzung der sozialen Marktwirtschaft. Wer Straferlöse erziele und akkumuliere, verschaffe sich im Wirtschaftsverkehr Wettbewerbsvorteile ungerechtfertigter Art. Der Wirtschaftsverkehr und das Funktionieren der sozialen Marktwirtschaft fuße nämlich auf der Entlohnung für tatsächliche Arbeit, die der den Verbrechenserlös Verwendende gerade nicht erbringe. Seiner Schutzfunktion komme § 261 Abs. 2 StGB dadurch nach, dass er die Entgegennahme derartiger Verbrechenserlöse im Wirtschaftsverkehr bestrafe.

(2) Für die Funktionsfähigkeit des marktwirtschaftlichen Wettbewerbes als geschütztes Rechtsgut findet sich jedoch keine Stütze im Geldwäschetatbestand. Im Unterschied zum legalen Finanz- und Wirtschaftskreislauf findet das Schutzgut des marktwirtschaftlichen Wettbewerbes weder in den Gesetzesmaterialien noch im Gesetzestext überhaupt nur eine Erwähnung. Es handelt sich bei der Funktionsfähigkeit des marktwirtschaftlichen Wettbewerbes vielmehr um einen strafrechtsexternen Faktor, der nur mittels eines „Rechtsreflexes" mitgeschützt wird[163].

hh) Die innere staatliche Sicherheit als geschütztes Rechtgut

Teile der Literatur sehen im Wesentlichen die innere staatliche Sicherheit als das von § 261 StGB geschützte Rechtsgut an[164].

---

160 Vgl. BT-Drucksache 12/989, S. 26 (27): demnach sollen auch bewegliche und unbewegliche Sachen sowie Grundstücke und Rechte an solchen erfasst werden.

161 Offen würde dann beispielsweise dennoch bleiben, ob das im Rahmen dieser Erläuterungen besonders zu problematisierende „elektronische Geld" erfasst werden soll.

162 *Bottke*, S. 121 (123f.)

163 Ebenso auch: *Prittwitz*, S. 498; *Balzer*, S. 371.

164 *Barton*, StV 1993, S. 156 (160); *Schlittenhelm*, S. 519 (528); *Knorz*, S. 131ff.

(1) Nach der Auffassung *Bartons* wird die staatliche Rechtspflege als Rechtsgut nur im Rahmen des Vereitelungstatbestandes geschützt, da nach dessen Auffassung hier der staatliche Verfalls-, Einziehungs- und Sicherstellungsanspruch sowie die Ermittlung, somit Aufgaben der Strafrechtspflege, im Vordergrund stehen. Er betont aber, dass im Übrigen § 261 StGB unter den Vorzeichen eines vorgelagerten Rechtsgüterschutzes stehe, der den Gefahren einer Unterwanderung der Gesellschaft durch organisierte Kriminalität begegnen solle. Auch wenn es sich um eine Anschlussstraftat handele, gehe es doch weniger um Repression als vielmehr um die Verhinderung zukünftiger Straftaten. Die Bekämpfung der Geldwäsche wird somit Mittel zum Zwecke negativer Generalprävention[165]. Dabei sollen aber nicht nur die durch die Vortat betroffenen Rechtsgüter geschützt werden, sondern alle Rechtsgüter, die durch das Anwachsen mafioser Strukturen und ungebundenen Kapitals potentiell gefährdet seien. Zudem sollen zusätzlich solche Verhaltensweisen verhindert werden, die einer Bekämpfung der organisierten Kriminalität im Wege stehen. Geschütztes Rechtsgut sei somit die innere Sicherheit der Bundesrepublik sowie auch anderer Staaten[166].

(2) Die Vertreter dieser Auffassung erkennen selbst, dass das Universalrechtsgut der inneren Sicherheit aufgrund seiner Unbestimmtheit einer Konkretisierung bedarf. Das Rechtsgut Innere Sicherheit verlange daher nicht eine „Sicherheit um jeden Preis", sondern eine solche, die „Rechtsfrieden" stifte. § 261 StGB ziele daher primär auf die Bekämpfung solcher Verhaltensweisen hin, die durch organisiertes, arbeitsteiliges und auf Gewinn ausgerichtetes Wirken die Strukturen der freiheitlich-demokratischen Grundordnung beeinträchtigen könnten. Insofern bestehe eine gewisse Parallele zur Bildung einer kriminellen Vereinigung gem. § 129 StGB[167]. Während § 129 StGB bereits den Zusammenschluss zu der Organisation unter Strafe stelle, wolle § 261 StGB verhindern, dass die Organisation Beute aus der kriminellen Verbindung ziehen könne. Nur so sei auch die Regelung des § 261 Abs. 1 S. 2 Nr. 5 StGB zu verstehen, die rein personal auf Vergehen abstelle, die von einem Mitglied einer kriminellen Vereinigung begangen worden seien[168]. § 261 StGB solle daher den Strafverfolgungsbehörden die Möglichkeit bieten, in die organisierte Struktur der kriminellen Vereinigung einzudringen[169]. Andere Vertreter hingegen meiden die Bezugnahme zur kriminellen Vereinigung und betonen, dass genau die Taten gem. § 261 StGB bestraft werden sollten, durch die der Staat bei der Bekämpfung Organisierter Kriminalität behindert werde[170].

Andererseits ist die Anknüpfung an die kriminelle Vereinigung jedoch auch Kritik ausgesetzt. Grundsätzlich besteht eine enge Verbindung des § 261 StGB zu § 129 StGB. Dies ergibt sich bereits aus § 261 Abs. 1 Nr. 5 StGB des Vortatenkata-

---

165 *Mehlhorn*, S. 50.

166 So auch: *Knorz*, S. 133. Kritisch zu dieser Rechtsgutbestimmung hierzu, statt vieler auch: *Hefendehl*, S. 145 (152); *Hombrecher*, Geldwäsche 2001, S. 120f; *Balzer*, S. 373.

167 *Mehlhorn*, S. 50ff. stellt überzeugend dar, wieso die innere Sicherheit im Öffentlichen Recht gerade nicht zur Bestimmung des Schutzgutes des § 261 StGB herangezogen werden kann.

168 *Knorz*, S. 132.

169 *Barton*, StV 1993, S. 156 (160).

170 *Knorz*, S. 132.

loges. Daneben umfasst der Vortatenkatalog des § 261 Abs. 1 StGB aber weitere Delikte. Eine strenge und ausschließliche Bindung des § 261 StGB an die Merkmale der OrgK und an ihre Strukturen verbietet sich daher aufgrund der gesetzlichen Ausgestaltung des Vortatenkataloges[171]. Zwar ist der Gegenansicht zuzugestehen, dass § 261 Abs. 1 Nr. 4 und Nr. 5 StGB eine personale Ausrichtung aufzeigen. Insbesondere § 261 Abs. 1 Nr. 2 StGB stellt aber einen sachlichen Bezug zu der Vortat ohne personale Ausrichtung her. Der Gesetzgeber hat sich zwar bereits durch die Ausgestaltung des Vortatenkataloges dafür ausgesprochen, die Anwendung auf den Bereich schwerwiegender Kriminalität zu beschränken[172], eine weitere Beschränkung auf Delikte in Zusammenhang mit der Bildung krimineller Vereinigungen erfolgte aber nicht. Dies spricht insbesondere deswegen gegen eine gewollte Bezugnahme des nationalen Gesetzgebers auf die kriminelle Vereinigung, weil dieser bezüglich der Ausgestaltung des Vortatenkataloges freie Hand hatte. Das UN-Übereinkommen gegen den unerlaubten Verkehr mit Suchtstoffen und psychotropen Stoffen von 1988 verpflichtete – wie bereits oben ausgeführt[173] – nur dazu, Geldwäsche von Erlösen aus Verstößen gegen das BtMG unter Strafe zu stellen. Auch die 1. Geldwäscherichtlinie ließ der nationalen Legislative bei der Bestimmung des Vortatenkataloges freie Hand. Zwar nahm der Gesetzgeber auch Vergehen eines Mitgliedes einer kriminellen Vereinigung mit in den Vortatenkatalog auf, aber eben nicht ausschließlich solche Vergehen. Auch die Auffassung, es sollten gerade die Taten bestraft werden, durch die der Staat bei der Bekämpfung Organisierter Kriminalität behindert werde, hilft bei einer notwendigen Eingrenzung des Rechtsgutes nicht weiter. Es existiert bis heute keine allgemeingültige Definition des Begriffs dieser Form von Kriminalität[174].

(3) Dass der Schwerpunkt der Geldwäsche eher in der Prävention als der Repression liegen soll, entspricht auch nicht dem Gesetzgeberwillen, der ausdrücklich an der Beseitigung der Wirkungen von Straftaten als Sinn und Zweck festhält[175]. Zudem spricht auch die Rechtsnatur des § 261 StGB als Anschlussdelikt[176] gegen ein Loslösen des Rechtsgutes von der Repression. Grundsätzlich entwickelte sich die Rechtsfigur der Anschlussdelikte nämlich aus der früheren Lehre der Teilnahme nach der Tat[177]. Das Bedürfnis zur Schaffung von Anschlussdelikten lässt sich somit in erster Linie unter dem Aspekt nachvollziehen, dass das Handeln nach Beendigung der Tat keine Zurechnung der Tat mehr erlaubte und folglich eine Strafbarkeitslücke für den nach Beendigung der Vortat Handelnden entstand.

---

171 *MüKo/Neuheuser*, § 261 Rn. 11; *Leip*, S. 175; *Hombrecher*, S. 120; *Balzer*, S. 372; so auch ausdrücklich: *BGH* NStZ 1998, S. 622 (623).

172 BT-Drucksache 12/989, S. 26 (27).

173 Vgl. hierzu die Ausführungen zur historischen Auslegung unter: 1. Kapitel) B.) II).

174 *Hombrecher*, S. 120f.

175 BT-Drucksache 12/989, S. 26 (27).

176 Einige Stimmen in der Literatur halten daher die Einstufung der Geldwäsche als Anschlussstrafdelikt bereits für zweifelhaft, vgl. *Altenhain*, S. 388.

177 Vgl. ausführlich hierzu: *Altenhain*, S. 5 ff.

(4) Bestärkt werden die Bedenken gegen diese Rechtsgutbestimmung letztlich auch noch dadurch, dass das Rechtsgut der inneren Sicherheit sehr unscharf ist und tatsächlich die ganze Strafrechtsordnung ihrem Schutz dient[178].

Es überzeugt daher nicht, das Rechtsgut der inneren Sicherheit als geschütztes Rechtsgut der Geldwäsche anzusehen.

ii) Allgemeines Ermittlungsinteresse der Strafverfolgungsbehörden als geschütztes Rechtsgut

(1) Teile der Literatur setzen ebenfalls bei der inländischen Strafrechtspflege als geschütztes Rechtsgut an, setzen diesbezüglich aber einen neuen Akzent[179]. Nach Auffassung dieser Vertreter greifen alle drei Tatbestandsvarianten der Geldwäsche – freilich mit unterschiedlicher Intensität – Verhaltensweisen an, die sich auf ein allgemeines Ermittlungsinteresse der Strafverfolgungsbehörden auswirken[180]. Die Geldwäschehandlung könne die Rechtspflege nämlich grundsätzlich auch dadurch beeinträchtigen, indem die bemakelten Gegenstände vom Vortäter entfernt würden und so der Nachweis eines Zusammenhangs zur Vortat erschwert werden würde. Alle Tatbestandsvarianten des § 261 StGB gefährden demnach den Zugriff der Strafverfolgungsbehörden auf den Vortäter und kriminelle Organisationen. Geschütztes Rechtsgut sei daher für alle Alternativen die Effizienz und das Funktionieren der inländischen Strafrechtspflege. § 261 StGB stelle die materiellrechtliche Kehrseite strafprozessualer Maßnahmen zur Ergreifung der Vortäter dar[181]. § 261 StGB schaffe einen materiellrechtlichen Ansatzpunkt (erforderlicher Tatverdacht) für strafprozessuale Maßnahmen (z.B. Durchsuchung, Beschlagnahme) zur Ergreifung der Vortäter[182]. Es solle die Gewinnaufspürung als Voraussetzung einer effizienten Strafverfolgung und nicht die Gewinnabschöpfung als materiellrechliche Ausgleichsmaßnahme gesichert werden[183].

(2) Zur Begründung führen die Vertreter die gesetzgeberische Intention des § 10 GWG Abs. 1 an. Aufzeichnungen nach dem GWG dienen demnach neben der strafverfahrensrechtlichen Bekämpfung der Geldwäsche auch der Verfolgung der in § 261 StGB normierten Vorstrafen[184]. Übertragen auf den Straftatbestand der Geldwäsche müsste dieser als geschütztes Rechtsgut strafprozessuale Maßnahmen zur Vortatenbekämpfung umfassen. Verwiesen wird von den Anhängern dieser Auffassung auf eine Entscheidung des *Bundesverfassungsgerichts*, wonach das Rechtsgut der Rechtspflege nicht nur materiellrechtliche Aufgaben umfasse, sondern auch die effektive Strafverfolgung schutzbedürftig sei[185]. Das öffentliche Interesse an einer

---

[178] *Balzer*, S. 372.

[179] *Leip*, S. 51; *Bernsmann*, S. 40 (42), der seine Ansicht im Vergleich zu *Leip* kaum begründet.

[180] Diesen Ansatz verfolgt wohl auch *Niermann*, S. 70, der annimmt, dass § 261 StGB den materiellrechtlichen Ansatzpunkt für strafprozessuale Ermittlungsmaßnahmen liefert.

[181] *Leip*, S. 51.

[182] So im Ansatz auch *Barton*, StV 1993, S. 156 (169).

[183] *Leip*, S. 52.

[184] *Leip*, S. 51f.

[185] *BVerfGE* 44, S. 353 (374f.).

möglichst vollständigen Wahrheitsermittlung im Strafprozess sei demnach ebenso zu betonen wie auch der wesentliche Auftrag des rechtsstaatlichen Gemeinwesens an der Aufklärung schwerer Straftaten.

Als Argument für diese besondere Akzentuierung der staatlichen Rechtspflege wird auch die Existenz des § 261 Abs. 9 Satz 1 Nr. 1 StGB angeführt. Nach dieser Vorschrift scheidet eine Strafbarkeit wegen Geldwäsche aus, wenn diese freiwillig bei der zuständigen Behörde angezeigt werde oder eine solche Anzeige veranlasst werde, wenn nicht die Tat zu diesem Zeitpunkt ganz oder zum Teil bereits entdeckt war und der Täter dies wusste oder bei verständiger Würdigung der Sachlage damit rechnen musste. Diese Strafbefreiungsvorschrift des § 261 StGB sei allein damit zu erklären, dass durch die Selbstanzeige des Täters der Angriff auf die staatlichen Ermittlungsinteressen revidiert würde[186].

### 2. Eigene Stellungnahme

Im Anschluss an die Darstellung der unterschiedlichen Auffassungen zum geschützten Rechtsgut der Geldwäsche, stellt sich nunmehr die Frage, ob bzw. welche dieser Rechtsgutbestimmungen überzeugend sind.

a) Zunächst kann an dieser Stelle nochmals kurz folgendes zum Rechtsgut des § 261 StGB zusammengefasst werden: Die Vorgaben des Gesetzgebers zum Schutzzweck der Geldwäsche orientieren sich hinsichtlich des § 261 Abs. 2 StGB eng an § 257 StGB und sehen als geschütztes Rechtsgut primär die staatliche Rechtspflege an. Aufgrund der grundsätzlichen systematischen Unterschiede des § 261 StGB und § 257 StGB kann dies nicht überzeugen. Aus den gleichen Gründen ist auch die unter B. IV. 1.) c) dd) dargestellte Auffassung abzulehnen. Die Ansicht, die den präventiven Rechtsgüterschutz der Vortaten in den Vordergrund stellt, ist nicht mit der Vorschrift des § 261 Abs. 6 StGB vereinbar. Dies kann ebenfalls der Auffassung entgegengesetzt werden, die den Schutz materiellrechtlicher Ansprüche als im Wesentlichen von § 261 StGB geschützt ansieht. Die innere Sicherheit als geschütztes Rechtsgut des § 261 StGB scheidet deswegen aus, weil die Reichweite des Schutzgutes zu unbestimmt ist. Der legale Finanz- und Geldkreislauf sowie der marktwirtschaftliche Wettbewerb sind weder durch den Wortlaut noch durch die Gesetzesmaterialien besonders geschützt. Sie scheiden daher ebenfalls als Schutzgüter der Geldwäsche aus.

b) Folglich stellt sich nunmehr noch die Frage, ob das allgemeine Ermittlungsinteresse der Strafverfolgungsbehörden als besondere Ausgestaltung des Rechtsgutes der Strafrechtspflege als von § 261 StGB geschütztes Rechtsgut überzeugt.

Dem kann zugestimmt werden. Neben den bereits von den Vertretern dieser Ansicht vorgebrachten Argumenten spricht für das allgemeine Ermittlungsinteresse der Strafverfolgungsbehörden als geschütztes Rechtsgut, dass eine effektive Strafverfol-

---

[186] *Leip*, S. 53.

gung der Vortaten als Bestandteil des Rechtsstaatsprinzips ohne den materiellrechtlichen Ansatz über den Straftatbestand der Geldwäsche oftmals nicht möglich wäre.

Dies gilt umso mehr, wenn die Geldwäschehandlung von einem Dritten und gerade nicht dem Vortäter vorgenommen wird[187]. In der Strafprozessordnung sind die der Beweissicherung dienenden Zwangsmittel gegen Dritte an strenge Anforderungen geknüpft[188]. Ein aus einer Vortat nach § 261 Abs. 1 StGB „herrührender" Gegenstand kann außerhalb der Hände des Vortäters von den Strafverfolgungsbehörden nur schwer zur Beweissicherung der Vortat genutzt werden. So ist eine Durchsuchung der Räume Dritter beispielsweise nur dann zulässig, wenn Tatsachen vorliegen, aus denen sich ergibt, dass die Sache sich gerade in den durchsuchten Räumen befindet (§ 103 Abs. 1 Satz 1 StPO). Auch hinsichtlich der Beschlagnahme von Gegenständen löst § 97 Abs. 2 Satz 3 StPO die Beschlagnahmebeschränkungen des § 97 Abs. 1, Abs. 2 StPO nicht ausreichend zugunsten einer effektiven Strafverfolgung auf. Nach § 97 Abs. 2 Satz 3 StPO gelten die Beschränkungen der Beschlagnahme nicht, wenn die zur Verweigerung des Zeugnisses Berechtigten einer Teilnahme oder einer Begünstigung, Strafvereitelung oder Hehlerei verdächtig sind oder wenn es sich um Gegenstände handelt, die durch eine Straftat hervorgebracht oder zur Begehung einer Straftat gebraucht oder bestimmt sind oder aus einer Straftat „herrühren". Die Ausnahme findet aber gerade keine Anwendung, wenn der zur Verweigerung des Zeugnisses Berechtigte der Geldwäsche verdächtig ist. Gegen diese Überlegung spricht auch nicht die letzte Alternative des § 97 Abs. 2 Satz 3 StPO „aus einer Straftat herrühren". Diese führt nicht zu einem Ausschluss tauglicher Geldwäschegegenstände von der Beschlagnahmebeschränkung, so dass diese ebenfalls im Rahmen einer Strafverfolgung der Vortat nicht der Beweisgewinnung dienen können. „Aus einer Straftat herrühren" im Rahmen des § 97 Abs. 2 Satz 3 StPO ist im Unterschied zum Tatbestandsmerkmal des „Herrührens" bei § 261 StGB nämlich klar definiert. Von der Ausnahmeregelung erfasst werden solche Vorteile, die für die Tat oder aus der Tat erlangt sind. Erfasst werden folglich solche Gegenstände, die dem Verfall und der Einziehung unterliegen[189]. Tatobjekte der Geldwäsche sind hingegen gerade nicht ausschließlich nach Verfall und Einziehung zu bestimmen[190]. Viele Objekte gehen somit zur Beweissicherung der Vortat für die Behörden verloren. Durch § 261 StGB kann die Beweissicherung – insbesondere hinsichtlich der Vortat – verbessert werden. Die Zwangsmittel der StPO beziehen sich hinsichtlich ihres Anwendungsbereiches auf die Geldwäsche. Eine effektive Strafverfolgung der Vortaten kann hierdurch dann sozusagen als „Nebenfolge" verwirklicht werden.

---

[187] Durch das Gesetz zur Verbesserung der Bekämpfung der Organisierten Kriminalität v. 04.05.1998 (BGBl. I 845) wurde Strafbarkeit auf Fälle des Tätigwerdens des Vortäters selbst ausgedehnt.

[188] Vgl. nur für die Durchsuchung die Voraussetzungen des § 103 Abs. 1 Satz 1 StPO; für die Untersuchung die strengen Voraussetzungen der Untersuchung gem. § 81c StPO; Einschränkungen der Beschlagnahme von Gegenständen im Gewahrsam der zur Verweigerung des Zeugnisses Berechtigten gem. § 97 Abs. 2 Satz 1 StPO.

[189] *Löwe-Rosenberg/Schäfer*, § 97 Rn. 42; *SK/Rudolphi*, StPO, § 97 Rn. 35; *AK/Amelung*, § 97 Rn. 23.

[190] Vgl. hierzu ausführlich unter 1. Kapitel) B.) IV.) 1.) c) aa).

c) Fraglich ist in diesem Zusammenhang, ob einer solchen materiellrechtlichen Aufzäumung einer prozessualen Problematik wie der Beweissicherung nicht grundlegende Bedenken von einigem Gewicht entgegenstehen[191].

Ausgangspunkt der Überlegung ist daher zunächst das Verhältnis zwischen Strafverfahrensrecht und materiellem Strafrecht. Grundsätzlich sind die Bereiche des materiellen und formellen Strafrechts begrifflich deutlich voneinander zu unterscheiden. Das materielle Strafrecht umfasst die Summe derjenigen Regelungen, die darüber Auskunft geben, welche Handlungen unter welchen Voraussetzungen eine Straftat darstellen und welche Rechtsfolgen sich hieran knüpfen. Das Prozessrecht hingegen umfasst die Summe derjenigen Regelungen, die den Weg zur Feststellung, ob eine Straftat vorliegt und zur Bestimmung der Sanktion anordnen[192]. Es existieren anerkanntermaßen aber auch Wechselwirkungen zwischen dem Strafrecht und dem Strafprozessrecht[193]. So knüpft das Prozessrecht bei seinen Regelungen zum Teil an materiell-strafrechtliche Begriffe an. Auch wenn das Strafprozessrecht daher grundsätzlich eine „dienende Funktion" gegenüber dem materiellen Strafrecht besitzt, können aber auch umgekehrt, von den Vorgaben des Prozessrechts und den realen Bedingungen seiner Umsetzung in der Wirklichkeit strafrechtsgestaltende Wirkungen ausgehen[194].

d) In diesem Zusammenhang ist auch festzustellen, dass die Ausweitung prozessualer Möglichkeiten durch Verschärfungen des materiellen Rechts im Strafrecht keine Novität ist. Beispiele hierfür sind die Regelungen der §§ 244a, 260a StGB. Diese Verschärfungen des materiellen Strafrechts sollen nach dem Willen des Gesetzgebers gerade der Ausweitung prozessualer Möglichkeiten dienen. Mit dem neuen Verbrechenstatbestand des § 244a StGB beispielsweise und der damit verbundenen Ausweitung der Strafbarkeit im Vorfeld der eigentlichen Taten (§ 30 StGB) verfolgte der Gesetzgeber das Ziel, bestimmten Formen professioneller Straftatbegehung verstärkt entgegentreten zu können. Dabei sollten insbesondere auch international tätige Banden besser verfolgt werden können[195]. Der Grundgedanke, durch materielle Straftatbestände die Effektivität der Straftatverfolgung zu steigern, ist folglich bereits zum Teil im StGB umgesetzt worden.

Trotz dieser bestehenden Bedenken ist somit das allgemeine Ermittlungsinteresse der Strafverfolgungsbehörden als primär geschütztes Rechtsgut der Geldwäsche anzuerkennen.

---

191 Auf bestehende Bedenken weist auch *Leip*, S. 52, hin.

192 *Löwe/Rosenberg/Kühne*, Einl. Abschn. B Rn. 20.

193 *Schroeder*, S. 6 Rn. 7.

194 *Löwe/Rosenberg/Kühne*, Einl. Abschn. B Rn. 25.

195 *MüKo/Schmitz*, § 244a Rn. 1.

### V. Ergebnis der klassischen Auslegungsansätze

Außer dem teleologischen Ansatz in der zuletzt dargestellten Form eignet sich mithin kein klassischer Auslegungsansatz zur näheren Bestimmung des Tatbestandsmerkmals „herrühren". Inwieweit der hier verfolgte Schutzzweck der Geldwäsche, das allgemeine Ermittlungsinteresse der Strafverfolgungsbehörden, Anhaltspunkte für die Begrenzung des Tatbestandsmerkmals zu liefern vermag, ist Ansatzpunkt nachfolgender Überlegungen.

### VI. Der teleologische Auslegungsansatz als geeigneter Ansatz zur Beschränkung des Tatbestandsmerkmals „Herrühren"?

#### 1. Ausschluss von Bagatellgeschäften?

Ein Ausschluss der Strafbarkeit auf Grundlage teleologischer Gesichtspunkte des Geldwäschetatbestandes erscheint zunächst für „bagatellhafte alltägliche Geschäfte" möglich. Gerade bei solchen „Bagatelldelikten" erscheint eine effektive Strafverfolgung nicht in hohem Maße schutzbedürftig.

In der Literatur werden unter diesem Gesichtspunkt Beispiele aus dem alltäglichen Leben diskutiert: der Kneipenwirt, der dem Vortäter eines Raubes gegen Zahlung von 2,50 € aus der Beute ein Bier ausschenkt; der Taxifahrer, der den Genannten gegen ein Entgelt von 10 € aus der Beute befördert; der Bäcker, der dem Mitglied einer kriminellen Vereinigung für ein paar Cent Brötchen verkauft.

Über die anzunehmende Straflosigkeit solcher Bagatellgeschäfte besteht in Literatur[196] und Rechtsprechung[197] weitgehend Einigkeit. Der Gesetzgeber hat hingegen bisher noch nicht einmal eine der des § 257 Abs. 4 Satz 2 StGB oder § 259 Abs. 2 StGB entsprechende Geringfügigkeitsregel in das Geldwäschedelikt eingefügt, welche ein Antragserfordernis zur Einleitung der Strafverfolgung mit sich ziehen würde[198]. Die Wege zur Straflosigkeit bei Bagatelldelikten sowie die hervorgebrachten Begründungen sind hingegen vielfältig. Zum Teil wird das Geringfügigkeitsprinzip als allgemeiner Rechtsgrundsatz aus dem verfassungsrechtlichen Grundsatz der Verhältnismäßigkeit abgeleitet[199]. Andere Vertreter der Literatur versuchen

---

[196] *Barton*, StV 1993, S. 156 (162); *Roxin*, FS für Klug, S. 303 (312), der jedoch nicht zwischen geringfügigen Handlungen und sozial allgemein tolerierbaren Handlungen unterscheidet; *Eser*, S. 199 (200).

[197] Vgl. nur *OLG Hamm* NJW 1980, S. 2537; *BGH* NJW 1997, S. 3323 (3325).

[198] Ab welcher Betragsgrenze jedoch ein Bagatellfall vorliegen soll, wird nicht einheitlich beantwortet. *Hund,* S.163 (166) möchte die Grenze nicht unter 2.000 DM und nicht über 20.000 DM liegend sehen. Auch der österreichische Gesetzgeber, der in § 165 öStGB ursprünglich einen Bagatellschwellenwert von 100.000 Schilling für die Geldwäsche verankert hat, nahm hiervon im Jahre 1998 wieder Abstand.

[199] Vgl. *OLG Hamm* NJW 1980, S. 2357.

die Auflösung dieses unbilligen Ergebnisses anhand der Lehre von der sozialen Adäquanz[200] zu erreichen. Als weiterer Ansatz wird zudem vertreten, den Tatbestandsausschluss bei Geringwertigkeit an die Wertungen des § 248 a StGB sowie des § 153 StPO anzulehnen[201].

Letztlich kann die Frage, ob auf Tatbestandsebene eine Geringfügigkeitsgrenze für die Geldwäsche anzunehmen ist, jedoch offen bleiben. Selbst wenn man für die Frage, ab wann und ob eine tatbestandliche Geringfügigkeitsschwelle gelten soll, auf die Maßstäbe des § 153 StPO zurückgreifen will, so kann diese Norm nicht in die Vorschrift der Geldwäsche „inkorporiert" werden. Die Problematik eines Strafbarkeitsausschlusses wegen Geringfügigkeit betrifft nur das Gewicht der Tat. Das Tatbestandsmerkmal des „Herrührens" hat jedoch keinen Bezug zur Schwere der Tat. Folglich ist die Frage nach einer Geringfügigkeitsklausel hier nicht näher zu problematisieren. Das Merkmal des „Herrührens" blieb hiervon jedenfalls unberührt.

Dies steht auch in Einklang mit dem Lösungsansatz der Vertreter in der Literatur, die auf Wertungen des § 153 StPO zurückgreifen[202]. So führt *Barton* zu der Frage der Grenzziehung zwischen alltäglicher bagatellhafter und nicht mehr alltäglicher Geschäftstätigkeit im Bereich der Geldwäsche aus, dass sich „Anhaltspunkte (...) hier speziell aus Grenzsetzungen im Zusammenhang mit § 248a StGB und § 153 StPO ergeben (können)"[203]. Was im Rahmen dieser Vorschriften als geringer Schaden anzusehen sei, könne bei § 261 StGB als Bagatelle zu werten sein. Tatbestandliche Auswirkungen dieser bagatellhaften Geschäftstätigkeit auf das Merkmal des „Herrührens" werden aber auch von dieser Ansicht nicht angenommen.

### 2. Ausschluss von sozial üblicher, alltäglicher Geschäftstätigkeit aufgrund Sinn und Zweck der Geldwäsche?

Zu überlegen ist weiterhin, ob aufgrund des zuvor entwickelten teleologischen Auslegungsansatzes für sozial übliche, alltägliche Geschäftstätigkeiten ein „Herrühren" aus der Vortat ausgeschlossen werden kann[204].

Die möglichen Fallkonstellationen sozial üblicher Verhaltensweisen[205] sind groß: Neben Geschäften zur Befriedigung notwendiger Lebensbedürfnisse[206] fallen hierun-

---

200 So schon: *Ostendorf*, S. 333 (344).

201 *Barton*, StV 1993, S. 156 (162).

202 Vgl. beispielsweise: *Großwieser*, S. 109.

203 *Barton*, StV 1993, S. 159 (162).

204 Für einen solchen Ansatz spricht sich *Roxin*, AT I, § 10 IV Rdnr. 41 und *ders.* in FS für Klug, S. 303 (312), im Allgemeinen – unabhängig von der hier spezifischen Frage der Anwendung beim Geldwäschetatbestand – aus.

205 Die Rechtsprechung versteht unter sozialadäquatem Verhalten das „übliche, von der Allgemeinheit gebilligte und daher in strafrechtlicher Hinsicht im sozialen Leben gänzlich unverdächtige, weil im Rahmen der sozialen Handlungsfreiheit liegende Verhalten", vgl. *BGHSt* 23, S. 226 (228).

206 So z.B. die Entgegennahme von bemakeltem Geld für Lebensmittel, Wohnungsmiete, Kleidung, vgl. *Barton*, StV 1993, S. 156 (162).

ter auch Tätigkeiten und Dienstleistungen, welche sich ganz und gar im Rahmen der üblichen Berufsausübung des Betroffenen bewegen[207].
Ebenso wie bei Bagatellgeschäften stellt sich auch hier grundsätzlich die Frage, ob inkriminiertes Geld und Gegenstände dann nicht mehr aus der Vortat „herrühren", wenn sie im Rahmen einer solchen sozial üblichen Verhaltensweise erworben worden sind oder der Befriedigung notwendiger Lebensbedürfnisse dienen. In der Literatur wird die Annahme, dass Erlöse aus geschäftsüblicher Tätigkeit dennoch aus der Vortat „herrühren" zum Teil zwar kritisiert[208], letztlich jedoch hingenommen[209]. Die Frage der üblichen Geschäftstätigkeit betrifft ebenfalls – wie bei den zuvor diskutierten „Bagatellgeschäften"[210] – den Bereich der Schwere der Tat. Dogmatisch kann diese Überlegung daher nicht dem Bereich des Tatbestandsmerkmals „Herrühren" zugeordnet werden[211]. Eine Untersuchung dieses Gesichtspunktes kommt im Rahmen einer Konkretisierung des Tatbestandsmerkmals „Herrühren" folglich nicht in Betracht[212].

## C. Zwischenergebnis

Die klassischen Auslegungsmethoden – grammatisch, historisch, systematisch sowie teleologische Auslegung – allein führen nicht zu einer ausreichenden Beschränkung des Tatbestandsmerkmals „Herrühren"[213]. Aufgrund der in Frage stehenden Verfassungsmäßigkeit des Begriffs[214] ist es somit Aufgabe der weiteren Untersuchung, weitere Restriktionsmöglichkeiten zu untersuchen.

---

[207] So z.B. Einzahlung inkriminierter Gelder beim Bankangestellten, vgl. hierzu ausführlich: *Löwe-Krahl*, S. 123 (125); Honorarzahlungen an Ärzte und Strafverteidiger, vgl. hierzu: *Lackner/Kühl*, § 261 Rn. 5.

[208] *Bottermann*, S. 94.

[209] *Bottermann,* S. 106.

[210] Vgl. die Ausführungen hierzu unter: 1. Kapitel) B.) VI.) 1.).

[211] Vgl. hierzu beispielsweise die ausführliche Darstellung bei *Großwieser*, S. 101ff.

[212] Nicht ganz klar ist hier die Darstellung *Höreths,* S.121, die die Konstellation des „geschäftsüblichen Erwerbes des illegalen Gegenstandes" im Rahmen des Tatbestandsmerkmals „Herrühren" diskutiert.

[213] Dies bedeutet aber freilich nicht, dass die unterschiedlichen Auslegungsansätze im Rahmen der nachfolgenden Ausführungen völlig außer Betracht bleiben können. An dieser Stelle soll lediglich festgehalten werden, dass die klassischen Auslegungsansätze allein zu einer hinreichenden Einschränkung des Tatbestandsmerkmals „Herrühren" nicht fähig sind.

[214] Vgl. die Ausführungen unter: 1. Kapitel) B.) I.).

## 2. Kapitel: „Herrühren" - Erforderlicher Kausalzusammenhang in Gestalt eines Tatbestandsmerkmales

Den klassischen Auslegungsmethoden gelingt keine ausreichende Einschränkung des Tatbestandsmerkmals „Herrühren". Es stellt sich daher nunmehr die Frage, welcher Weg sich für eine Restriktion noch anbietet. Im Rahmen des grammatischen Auslegungsansatzes wurde bereits festgestellt, dass der Begriff des „Herrührens" einen Kausalzusammenhang zwischen Vermögensgegenstand und Vortat erfordert[215]. Da durch bloße Auslegung der Norm des Besonderen Teils somit keine Restriktion erlangt werden kann, ist zu überlegen, ob nicht Grundsätze des Allgemeinen Teils zur Einschränkung geeignet sind. Ausgehend von diesem Gedanken liegt es auf der Hand, das Tatbestandsmerkmal als bloßes Kausalitätserfordernis zu behandeln. Von dieser Überlegung ausgehend, könnte versucht werden, sich die im Allgemeinen Teil entwickelten Grundsätze zur Beschränkung des Zurechnungszusammenhangs zu Eigen zu machen.

Inwieweit eine solche Übertragung herkömmlicher Kausalitätsgrundsätze auf die hier geforderte tatbestandliche Verknüpfung zwischen Vortat und Tatobjekt der Geldwäsche zum einen möglich und des Weiteren zur inhaltlichen Bestimmung des Merkmals geeignet ist, soll Gegenstand weiterer Untersuchung sein.

### A. Rechtliche Möglichkeit der Übertragung von Kausalitätserwägungen

In rechtssystematischer Hinsicht stellt sich zunächst die Frage, inwieweit eine Übertragung der Kausalitätsgrundsätze auf die Konkretisierung dieses Tatbestandsmerkmals möglich ist. Auch wenn *Barton*[216] die Kausalitätsgrundsätze ohne weiteres auf das Tatbestandsmerkmal „Herrühren" überträgt, sind Fragen der Kausalität doch normalerweise bei Delikten von Bedeutung, bei denen das Gesetz neben der Tathandlung den Eintritt eines bestimmten, von der Handlung an sich ablösbaren Außenwelterfolges voraussetzt. Dort muss nämlich eine Beziehung zwischen Handlung und Erfolg dem Täter als „sein Werk" zugerechnet werden können[217].

Obwohl ein solcher Zusammenhang zwischen Handlung und Erfolg durch das Tatbestandsmerkmal „Herrühren" nicht vermittelt wird, darf aber folgender Aspekt für eine Übertragung von Kausalitätserwägungen nicht unberücksichtigt bleiben: Zwar stellt das Merkmal „Herrühren" keine Verbindung zwischen Handlung und Erfolg her, es wird jedoch in vergleichbarer Art und Weise ein Kausalzusammenhang zwischen Vortat und Tatgegenstand der Geldwäsche zum Ausdruck gebracht. Das Tatbestandsmerkmal „Herrühren" stellt sozusagen lediglich eine „sprachliche Verkörperung" des ansonsten ungeschriebenen Kausalzusammenhangs zwischen Vortat und Tatgegenstand der Geldwäsche dar. Der Unterschied zu dem üblichen Kausalzu-

---

[215] Vgl. hierzu die grammatische Auslegung des Tatbestandsmerkmals „Herrühren" unter: 1. Kapitel) B.) I.).

[216] *Barton*, NStZ 1993, S. 159 (161).

[217] *Lenckner/Eisele* in *Schönke/Schröder*, StGB 2006, Vorbem §§ 13ff. Rn. 71/72.

sammenhang beim „einfachen" Erfolgs- oder konkreten Gefährdungsdelikt liegt folglich darin, dass der Kausalzusammenhang bei dem Anschlussdelikt Geldwäsche in zweifacher Hinsicht bestehen muss[218]. Da auch der Straftatbestand der Geldwäsche zum Teil als konkretes Gefährdungsdelikt bzw. Erfolgsdelikt ausgestaltet ist[219], ist in diesen Konstellationen nicht nur ein Kausalzusammenhang zwischen Handlung und Erfolg, sondern auch zwischen Vortat und Tatgegenstand erforderlich.

## B. Begrenzung des Tatbestandsmerkmals „Herrühren" durch Kausallehren

### I. Übertragung des Grundgedankens der Äquivalenztheorie

#### 1. Die von *Barton* entwickelte „conditio-sine-qua-non-Formel"

Die grundsätzliche Aussage der Äquivalenztheorie, dass ein Erfolg dann als durch die Handlung verursacht gilt, wenn die Handlung nicht hinweggedacht werden kann, ohne dass der Erfolg in seiner konkreten Gestalt entfiele[220], kann folglich auf die erforderliche Verknüpfung von Vortat und Gegenstand übertragen werden. Dementsprechend wird der Grundgedanke der Äquivalenztheorie von Vertretern in der Literatur[221] anhand folgender Formel auf die Konkretisierung des Tatbestandsmerkmals „Herrühren" übertragen:

„Ein Gegenstand rührt dann aus einer Katalogtat im Sinne des § 261 Abs. 1 Nr. 1–5 StGB her, wenn die Vortat nicht hinweggedacht werden kann, ohne dass der Gegenstand in seiner konkreten Gestalt oder dessen wirtschaftlicher Zuordnung entfiele."

Neben der reinen Kausalität zwischen Vortat und dem Gegenstand in seiner konkreten Ausgestaltung beinhaltet die Formel also noch den Aspekt der „wirtschaftlichen Zuordnung". *Barton* geht dabei von der Überlegung aus, dass der Gesetzgeber zwar einen weiten Zugriff auf Kriminalitätsgewinne erreichen wollte, jedoch dies nicht zu

---

218 Dieser doppelte Aspekt der Kausalität wird aber verkannt von *Gotzens/Schneider*, wistra 2002, S. 121 (123) Fn. 16, die meinen, dass die übliche Prüfungsreihenfolge „tatbestandliche Handlung - Kausalität - zurechenbarer Erfolg" hier genau umgedreht werden würde und die Prüfung in folgender Reihenfolge stattfände: „Zurechenbare Herkunft - Kausalität - tatbestandsmäßiges Herrühren", vgl. hierzu im Rahmen der Hinzuziehung der „Lehre von der objektiven Zurechnung" auch: 2. Kapitel) B.) III.) 2.) b) aa).

219 So vermitteln die Tatbestandsalternativen des „Verbergens" und des „Verschleierns" nur eine abstrakte Gefährdung (str.), vgl. *Fischer*, § 261 Rn. 21a; die Tatbestandsalternative „Vereiteln" hingegen ein „Erfolgsdelikt"; im Fall des „Gefährdens" liegt ein konkretes Gefährdungsdelikt vor, vgl. *Fischer*, § 261 Rn. 22; Abs. 2 erfasst hingegen als abstraktes Gefährdungsdelikt das „Sichverschaffen", „Verwahren" oder „Verwenden von Gegenständen".

220 *Lackner/Kühl*, Vor § 13 Rn. 9.

221 *Barton*, NStZ 1993, S. 159 (161), *Leip*, S. 82.

einer übermäßigen Belastung des Wirtschaftsverkehrs führen soll. Diesem Ansatz ist bereits aufgrund der Gesetzesbegründung uneingeschränkt zuzustimmen[222]. Die Verknüpfung zwischen Vortat und begutachtetem Gegenstand solle daher im Wege einer Güterabwägung auf Tatbestandsebene dort seine Grenze finden, wo die Funktionsfähigkeit des Wirtschaftsverkehrs übermäßig belastet werde[223]. Einen tauglichen Ansatz, einer solchen Lahmlegung des Wirtschaftsverkehrs entgegenzuwirken, sieht *Barton* in der Mitberücksichtigung der „wirtschaftlichen Zuordnung" des konkreten Gegenstandes[224].

### 2. Kritik an *Bartons* Lösungsansatz

Ob die umformulierte „conditio-sine-qua-non-Formel" mit dem Kriterium der „wirtschaftlichen Zuordnung" dem Ziel des Erhaltes der Funktionsfähigkeit des Wirtschaftsverkehrs jedoch gerecht werden kann, ist fraglich. Zunächst ist hervorzuheben, dass bereits der dogmatische Ansatz einer Güterabwägung auf Tatbestandsebene verfassungsrechtlich nicht unproblematisch ist[225]. Da es sich jedoch bei dem zu berücksichtigenden wirtschaftlichen Aspekt um ein tatbestandsregulierendes Korrektiv handelt, welches sich zugunsten des Täters auswirkt, sind die Anforderungen an das Bestimmtheitsgebot weniger hoch anzusetzen. Die Verwendung sprachlich verständlicher, wertungsabhängiger Begriffe ist dementsprechend zur Wahrung der Verfassungsmäßigkeit ausreichend[226]. Zu Recht geht *Leip* daher davon aus, dass dem Bestimmtheitsgebot dadurch Genüge getan werden könne, dass die Güterabwägung in der Art zu präzisieren sei, dass sie über den Begriff des „Herrührens" Eingang in das Tatobjekt der Geldwäsche finde[227]. Im Ergebnis bedeutet dies, dass die Einbeziehung von Güterabwägungen bei der Tatbestandsauslegung an sich nicht verfassungswidrig ist; dennoch müssen klare, allgemeingültige Leitprinzipien zur Bestimmung des „Herrührens" entwickelt werden können, um die Verfassungsmäßigkeit der Norm zu wahren.

Mit dem Gedanken der „wirtschaftlichen Zuordnung" wird jedoch hinsichtlich einer näheren Präzisierung des Begriffs nicht viel gewonnen. Dies wird bereits anhand des von *Barton* aufgeführten Beispiels des Erwerbes von Unternehmensanteilen mittels deliktisch erlangten Geldes deutlich[228]:

---

[222] Vgl. BR-Drucksache 507/92, S. 23 (28).

[223] *Barton*, NStZ 1993, S. 159 (161)

[224] *ebd.*

[225] So wurde in der Literatur der Verwerflichkeitsklausel des § 240 Abs. 2 StGB die Verfassungsmäßigkeit nach Art. 103 Abs. 2 GG mit Hinweis auf die fehlende Bestimmtheit abgesprochen. Das *BVerfG* hat eine mögliche Güterabwägung auf Tatbestandsebene im Falle des § 240 Abs. 2 StGB jedoch als verfassungsgemäß eingestuft, vgl. *BVerfG* NJW 1987, S. 43 (45); NJW 2002, S. 1031 (1033).

[226] *BVerfG* NJW 1987, S. 43 (45).

[227] *Leip*, S. 81.

[228] Wobei dieser das Beispiel des Kaufes von Unternehmensanteilen mit inkriminiertem Geld gerade umgekehrt dazu nutzt, die taugliche Begrenzungswirkung anhand der umformulierten Äquivalenztheorie zu demonstrieren, vgl. *Barton*, NStZ 1993, S. 159 (162).

**Bsp:** Der Vortäter erwirbt mittels illegal erlangten Geldes Unternehmensanteile. Fraglich ist, ob nunmehr auch die von dem Unternehmen produzierten Gegenstände aus der Vortat „herrühren".

Nach der Ansicht *Bartons* sollen die von dem Unternehmen produzierten Gegenstände nicht erst unter dem Gesichtspunkt des Sprachgebrauches oder der Verarbeitung nicht mehr aus der Vortat „herrühren"[229], sondern bereits nach dem Grundgedanken der Äquivalenztheorie[230]: Danach seien zumindest die Produkte als nicht aus der Vortat „herrührend" anzusehen, die auch unabhängig von den erworbenen Unternehmensanteilen hergestellt worden wären[231]. Der Unternehmensankauf könne in diesem Fall nämlich hinweggedacht werden, ohne dass die Existenz der produzierten Gegenstände entfiele.

Fraglich ist jedoch, ob *Barton* dabei das eigens von ihm geschaffene Element der „wirtschaftlichen Zuordnung" hinreichend mitberücksichtigt: Würde man nämlich die inkriminierten Unternehmensanteile wegdenken, dann müsste unter den genannten Voraussetzungen zwar tatsächlich nicht das jeweilige Unternehmensprodukt zwingend entfallen, gerade die wirtschaftliche Zuordnung des Gegenstandes hätte sich jedoch geändert[232]. Der produzierte Gegenstand wäre dann nämlich anteilig den jeweiligen Anteilseignern des Unternehmens wirtschaftlich zuzurechnen. Das Wegfallen der inkriminierten Unternehmensanteile würde die Anteilshöhe der einzelnen Teilhaber an dem produzierten Gegenstand erhöhen. Die „wirtschaftliche Zuordnung" des Produktes hätte sich folglich verändert. Nach der umformulierten „conditio–sine–qua–non–Formel" müsste ein „Herrühren" des Gegenstandes aus der Vortat also konsequenterweise bejaht werden.

---

[229] So aber der Gesetzgeber: vgl. BT-Drucksache 12/3533, S. 12 r. Sp.; BR-Drucksache 507/92, S. 23 (28).

[230] Zu der Problematik des Erwerbes von Unternehmensanteilen mit inkriminierten Geldern und der Frage der Bemakelung der Produkte unter: 3. Kapitel) B.) II.) 2.) c) bb).

[231] *Barton*, a.a.O.

[232] Ebenso auch *Leip*, S. 82f.

### 3. Ergebnis

Letztlich kann die durch *Barton* umformulierte „conditio-sine-qua–non-Formel“[233] nicht überzeugen. *Bartons* Ansatz ist zum einen inkonsequent, da er das eigens von ihm geforderte Merkmal der „wirtschaftlichen Zuordnung“ nicht durchgängig berücksichtigt. Zum anderen ist die von ihm vertretene Lösung nicht der Kausalitätsebene zuzuordnen, da er wertende Aspekte mitberücksichtigt. Auch im Rahmen des Zusammenhanges zwischen Vortat und Gegenstand kann somit eine nähere tatbestandliche Restriktion nur über die einschränkenden Zurechnungslehren gewonnen werden[234]. Diesem Ansatz folgt letztlich auch *Barton*, der, systematisch unzutreffend, wertende Kriterien in – angeblich reine – Kausalitätserwägungen miteinbezieht.

---

[233] Weder in der „Reinform“ noch unter der zusätzlichen Berücksichtigung des Aspektes der „wirtschaftlichen Zuordnung“.

[234] Auch *Barton*, NStZ 1993, S. 159 (162) und *Leip*, S. 84, nehmen eine weitere Einschränkung des Tatbestandsmerkmals anhand dieser Lehre vor.

## II. Die Anwendung der Adäquanztheorie

Eine Einschränkung des Tatbestandsmerkmals „Herrühren“ könnte durch das Hinzuziehen der Wertungen der Adäquanztheorie gewonnen werden. In ihrer allgemeinen Form besagt die Adäquanztheorie[235], dass eine Handlung dann kausal für den Erfolg ist, wenn der Erfolgseintritt nach allgemeiner Lebenserfahrung als wahrscheinlich angesehen werden kann. Angemessene Bedingungen für den Erfolgseintritt sind demnach lediglich solche Ursachen, die typischerweise geeignet sind, den Erfolg herbeizuführen. Untypische Geschehensabläufe lassen den Zusammenhang zwischen Handlung und Erfolg hingegen entfallen[236]. Bezogen auf den Geldwäschetatbestand hieße das, dass in den Fällen, in denen der Gegenstand zwar nach der weiten Äquivalenztheorie seine Ursache in einer Vortat hat, diese dennoch nicht adäquat durch die Katalogtat verursacht worden ist, wenn sich hier zwischenzeitlich ein „Glücksfall“, ein „Zufallstreffer“ ereignet hat[237].

### 1. Durch Glücksspiel erlangter Gewinn

a) Der „Zufallstreffer“

Zunächst sei auf ein inder Literatur verbreitetes Beispiel für den klassischen, durch Glücksspiel erlangten „Zufallstreffer“ hingewiesen:

Bsp.: Der Drogenhändler kauft mit einem kleinen finanziellen Einsatz aus Drogengeschäften gem. § 29 Abs. 1 Satz 1 Nr. 1 BtMG ein Lotterielos und macht einen sehr hohen Gewinn.

Der Loskauf ist hier zwar ursächlich für das Erlangen des Loses, anderes ist aber für den erlangten Gewinn denkbar. Der Wert bildende Faktor ist hier nämlich erst der sich später eintretende Aspekt „Zufall“. Aufgrund der Übertragung der Wertungen der Adäquanztheorie soll der erlangte Gewinn nach der weit überwiegenden Ansicht daher gerade nicht mehr aus der Vortat des BtMG-Verstoßes „herrühren“[238]; entsprechendes gilt auch für vergleichbare Konstellationen.

Ein anderes Ergebnis ist freilich denkbar, wenn man für die Feststellung des „Herrührens“ des fraglichen Gegenstandes aus der Vortat für entscheidend hält, ob sich

---

[235] Das Adäquanzkriterium wird in der Literatur teilweise nicht den Kausallehren zugeschrieben, sondern als Frage der objektiven Zurechnung verstanden, vgl. *Wessels/Beulke*, § 6 III 7 Rn. 196.

[236] *BGHZ* 7, S. 198 (204).

[237] *Barton*, NStZ 1993, S. 159 (162).

[238] So beispielsweise: *Krey/Dierlamm*, S. 353 (359); *Barton*, a.a.O.; *Leip*, S. 84; *Burr*, S. 72f., *Spiske*, S. 180; *Höreth*, S. 125; *NK/Neuheuser*, § 261 Rn. 49; *Gentzik*, S. 108; *Vest*, S. 417 (427); *Fahl*, S. 160 (165); *Hombrecher*, JA 2005, S. 67 (68); *Großwieser*, S. 65; Zu diesem Ergebnis gelangt man auch dann, wenn man eine Auslegung des Merkmals „Herrühren“ nach Verfallsregeln befürwortet, vgl. *Burr*, S. 72, da sich der Verfall auf mittelbare Gewinne über § 73 Abs. 2 StGB hinaus nicht erstreckt, vgl. *Fischer*, § 73 Rn. 28.

gerade auf diesen noch ein Anspruch des Verletzten bezieht[239]. Der durch Zufall vom Vortäter erlangte Lotteriegewinn kann nach dieser Auffassung aus der Vortat „herrühren", wenn der Vortäter zwecks Loserwerbs als Nichtberechtigter über Geldmittel aus der Vortat verfügte und dem Vortatopfer gem. §§ 816 Abs. 1 Satz 1, 818 Abs. 1 BGB zur Herausgabe des Lotteriegewinns verpflichtet ist[240].

Anders muss es nach dieser Ansicht konsequenterweise zu werten sein, wenn die zum Loserwerb eingesetzten Geldmittel nicht mehr unmittelbar aus der Vortat, sondern als Gegenleistung für die Vortatbeute erlangt wurden. In diesem Falle verfüge der Handelnde nämlich als Berechtigter; ein materiellrechtlicher Anspruch auf den Lotteriegewinn bestehe dann seitens des Vortatopfers nicht. Ein „Herrühren" aus der Vortat sei somit abzulehnen[241].

Fraglich ist jedoch, ob diese Ansicht überzeugen kann. Zunächst können dieser Auffassung selbstverständlich die allgemeinen Kritikpunkte zur Schutzgutbestimmung entgegengehalten werden. Wenn man den Schutz materiellrechtlicher Ansprüche des Vortatopfers nicht als Rechtsgut der Geldwäsche anerkennt, lässt sich diese Auffassung schon im Grundsatz nicht nachvollziehen. Zu der von dieser Ansicht vorgenommenen Schutzgutbestimmung der Geldwäsche wurde bereits oben ablehnend Stellung genommen[242].

Jedoch selbst wenn man den Schutz materiellrechtlicher Ansprüche des Vortatopfers als geschütztes Rechtsgut des § 261 StGB zugrunde legen würde, ist bedenklich, ob die Auffassung, die in den Fällen des „Zufalltreffers" ein „Herrühren" aus der Vortat bejaht, überzeugend ist.

Zum einen ist es keineswegs unumstritten, ob der Anspruch aus § 816 Abs. 1 Satz 1 BGB den Lotteriegewinn umfassen würde. Der Umfang der Herausgabepflicht bei § 816 Abs. 1 Satz 1 BGB ist zivilrechtlich umstritten. In der Literatur wird zum Teil vertreten, dass „erlangt" i.S.d. § 816 Abs.1 Satz 1 BGB nur die „Befreiung von einer Schuld" sei[243]. Da diese Befreiung nicht mehr herausgegeben werden könne, komme nur ein Wertersatz nach § 818 Abs. 2 BGB in Betracht, welcher im vorliegenden Fall dann dem Wert des Lotterieloses und nicht des Gewinnes entsprechen würde.

Zudem führt der Ansatz *Hoyers* unabhängig von dieser Problematik des Herausgabeumfangs zu Wertungswidersprüchen: Die Bestimmung des Tatbestandsmerkmals „Herrühren" wäre letztlich davon abhängig, welche konkrete Vortat dem Loserwerb vorausgegangen und welches Tatobjekt aus der Vortat erlangt worden ist. Wurde das Los mit geraubtem Geld aus der Vortat erworben, so hat der Vortäter als Nichtberechtigter über das Geld verfügt, so dass dem Opfer grundsätzlich ein Anspruch aus

---

239 Vgl. oben die Ausführungen zum geschützten Rechtgut der Geldwäsche unter: 1. Kapitel) B.) IV.) 1.) c) ee).

240 *SK/Hoyer,* § 261 Rn. 13.

241 SK/Hoyer, § 261 Rn. 13.

242 Vgl. hierzu die Ausführungen unter 1. Kapitel) B.) IV.) 1.) c) ee).

243 Vgl. beispielsweise *Medicus*, § 28 Rn. 723.

§§ 816 Abs. 1 Satz 1, 818 Abs. 1 BGB zusteht. Anders hingegen, wenn der Vortäter dem Verletzen nicht Geld, sondern ein Schmuckstück entwendet und dies gegen das Lotterielos eingetauscht hätte: Ein gutgläubiger Erwerb des das Los Veräußernden an dem Schmuckstück würde ausscheiden (§ 935 BGB). Eine wirksame Verfügung entfiele damit. In diesem Fall würde der Lotteriegewinn nicht mehr aus der Vortat „herrühren", da sich auf diesen kein materiellrechtlicher Anspruch der Verletzten beziehen würde[244]. Allein die Art des vermögenswerten Gegenstandes der Vortat könnte letztlich dafür entscheidend sein, ob der Lotteriegewinn noch aus der Vortat „herrühre" oder nicht. Eine solche Differenzierung der Tatobjekte wurde vom Gesetzgeber in § 261 StGB jedoch gerade nicht vorgesehen und ist somit abzulehnen. Unabhängig hiervon wäre das Vorliegen eines aus der Vortat „herrührenden" Gegenstandes auch davon abhängig, welche Vortat des Kataloges des § 261 StGB im konkreten Fall vorläge. Hat der Vortäter das Lotterielos nämlich – wie in dem hier aufgeführten und oft in der Literatur verwendeten Beispiel – mit aus Drogengeschäften erlangten Geldern als Drogendealer erworben, so würde ein „Herrühren" des Gewinns aus der Vortat von vornherein auch nach der Ansicht *Hoyers* ausscheiden. Dem Anspruch des Vortatopfers aus § 816 Abs. 1 Satz 1 BGB[245] würde in aller Regel nämlich bereits der Rückforderungsausschluss nach § 817 Satz 2 BGB entgegenstehen. Nach dieser bereicherungsrechtlichen Vorschrift ist eine Rückforderung der Leistung dann ausgeschlossen, wenn Empfänger sowie der Leistende gegen ein gesetzliches Verbot oder die guten Sitten verstoßen haben. Das „Vortatopfer" wird sich in dem hier gebildeten „Drogendealer–Fall" zumeist durch den Erwerb der Drogen ebenfalls gem. § 29 Abs. 1 Satz 1 BtMG strafbar gemacht haben. Aufgrund dieses Verstoßes gegen ein gesetzliches Verbot kann dieses den Lotteriegewinn dann nicht mehr nach § 816 Abs. 1 Satz 1 BGB vom Drogendealer herausverlangen. Einem solchen Anspruch steht vielmehr die Norm des § 817 Satz 2 BGB entgegen, die nach der *Rechtsprechung des BGH* auch auf den Anspruch des § 816 Abs. 1 Satz 1 BGB Anwendung findet[246]. Folglich wäre die Bestimmung des Tatbestandsmerkmals des „Herrührens" nach dieser Ansicht auch davon abhängig, welche Vortat begangen wurde. Eine solche Abhängigkeit des „Herrührens" von der jeweils begangenen Vortat ist vom Gesetzgeber aber ebenso wenig gewollt gewesen wie eine solche vom konkreten Tatobjekt.

---

244 Selbst wenn der aus der Vortat erlangte bewegliche Gegenstand nicht mehr nach § 985 BGB herausgegeben werden kann, so kann nach §§ 990 Abs. 1 Satz 1, 989 BGB der Verletzte nur Schadensersatz verlangen, folglich nicht den erlangten Lotteriegewinn. § 816 Abs. 1 Satz 1 BGB scheitert an der nicht vorliegenden wirksamen Verfügung. Natürlich kann die Verfügung aber dann wirksam werden und somit ein Anspruch des Verletzten aus § 816 Abs. 1 Satz 1 BGB entstehen, wenn der Verletzte die Verfügung gem. § 185 BGB genehmigt. Die Genehmigung kann auch durch schlüssige Handlung erfolgen, z.B. liegt eine stillschweigende Genehmigung vor, wenn der Verletzte gegen den Nichtberechtigten Klage auf Herausgabe des Erlangten erhebt, vgl. *BGH* NJW 1986, S. 2106. Dennoch wäre das Bestehen eines materiellrechtlichen Anspruches des Verletzten von einer weiteren Handlung seinerseits abhängig. Überträgt man dies auf den Ansatz *Hoyers* zur Bemakelung des Geldwäschegegenstandes, so würde dies bedeuten, dass eine Inkriminierung vom Verhalten des Verletzten abhängig wäre. Eine solche Abhängigkeit ist aber in Hinblick auf das verfassungsrechtlich gebotene Bestimmtheitsgebot des Art. 103 Abs. 2 GG bedenklich.

245 Aufgrund des Verstoßes gegen das BtMG ist nämlich sowohl das Verpflichtungs- als auch das Erfüllungsgeschäft nach § 134 BGB unwirksam, so dass der Drogendealer nach dem genannten Beispiel als Nichtberechtigter über das Bargeld verfügt, vgl. *BGH* NJW 1983, S. 636.

246 *BGH* NJW 1956, S. 338.

Schließlich ist auch noch zu beachten, dass die nach dieser Auffassung bestehende Abhängigkeit der Tatbestandsverwirklichung von zivilrechtlichen Aspekten dem Straftatbestand der Geldwäsche grundsätzlich fremd ist[247]. Im Grundsatz gilt der Gesichtspunkt der Einheit der Rechtsordnung, so dass ein elementarer Widerspruch innerhalb der Rechtsgebiete zu meiden ist. Dieser Grundsatz darf aber nicht dazu führen, dass die Strafbarkeit von der Durchsetzbarkeit zivilrechtlicher Ansprüche abhängt. Fraglich wäre dann des Weiteren die von dieser Ansicht nicht beantwortete Frage, ob beispielsweise eine zivilrechtliche Einwendung oder Einrede gegen den bestehenden zivilrechtlichen Anspruch zu einer abzulehnenden Strafbarkeit führen könnte. Dieser Aspekt der Unabhängigkeit des Strafrechts von zivilrechtlichen Punkten wird sogar innerhalb des Deliktes selbst deutlich: Der straflose Zwischenerwerb nach § 261 Abs. 6 StGB fordert beispielsweise gerade keinen wirksamen zivilrechtlichen Eigentumserwerb. Die den Eigentumserwerb verhindernde Vorschrift des § 935 Abs. 1 BGB schließt die Anwendung des § 261 Abs. 6 StGB nicht aus[248]. *Hoyers* materiellrechtlicher Ansatz kann daher nicht überzeugen.

Auch ist die Ansicht *Hoyers* hinsichtlich der allgemeinen Einschränkung bedenklich, ein „Herrühren" könne jedenfalls dann nie in Betracht kommen, wenn die „zum Loserwerb eingesetzten Geldmittel nicht mehr unmittelbar aus der Vortat (...) stammten". Schließlich könnte der Vortäter hierdurch durch einfachsten Umtauschvorgang die Geldwäschetauglichkeit des Gegenstandes entfallen lassen. Letztlich ist diese vorgenommene Restriktion *Hoyers* aber auch eher der Problematik zuzuordnen, inwieweit Surrogate noch aus der Vortat „herrühren". Dies wird im Rahmen dieser Darstellung erst an späterer Stelle erläutert.

Über die Adäquanztheorie kann daher in überzeugender Weise der „Zufallstreffer" beim Glücksspiel wirksam ausgeschlossen werden. Die Ansicht *Hoyers* überzeugt hier nicht.

b) Das Schaffen erhöhter Gewinnchancen

Fraglich ist weiterhin, ob ein „Herrühren" aus der Vortat auch in den Fällen abzulehnen ist, in denen der erlangte Gewinn nicht auf einen „Zufallstreffer" zurückzuführen ist, sondern das Glücksspiel „planmäßig" betrieben wird. Dies ist insbesondere bedenklich, wenn Glücksspieleinrichtungen zielgerichtet ausgenutzt werden.

Bsp.: Der oben genannte Drogendealer macht nicht nur einen sehr kleinen finanziellen Einsatz, sondern kauft die gesamten zur Verfügung stehenden Lose auf. Der Losgewinn ist damit nicht mehr vom Zufall abhängig, sondern vielmehr sehr wahrscheinlich.

---

[247] Vgl. beispielsweise zu der fehlenden Abhängigkeit von zivilrechtlichen Aspekten die Rechtsprechung zur „unbefugten Verwendung von Daten" im Rahmen des § 263a StGB: Auch wenn jeder vertragswidrige Gebrauch nach einer zivilrechtlichen Betrachtung hierunter fallen müsste, nimmt die h.M. mit einer einschränkenden Interpretation an, dass eine unbefugte Verwendung nur dann tatbestandsmäßig ist, soweit dabei nicht lediglich eine das Innenverhältnis zwischen Bank und Codekarteninhaber betreffende Befugnis überschritten wird, vgl. *Cramer/Perron* in *Schönke/Schröder*, § 263a Rn. 11.

[248] *Stree* in *Schönke/Schröder*, § 261 Rn. 14.

Anders als im zuvor dargestellten Beispiel ist das Erlangen eines solchen Gewinnes in der zweiten Konstellation „planmäßig" vorbereitet. Von einem „atypischen" Erlangen des Gewinns kann hier nicht mehr gesprochen werden, da alle Lose aufgekauft wurden. Nach den Grundsätzen der Adäquanztheorie muss für das genannte Beispiel ein „Herrühren" bejaht werden, da der Gewinn gerade typischerweise die Folge des Erwerbes aller zur Verfügung stehender Lose ist.

Weitergehend wird in der Literatur überwiegend vertreten, dass ein „Herrühren" auch dann angenommen werden müsse, wenn jemand mit erheblichen Summen hoch spekulative Geschäfte tätige, sei es nun am Roulettetisch oder beim Tätigen hochspekulativer Geschäfte im Wertpapierhandel[249]. Wenn dem Glück „auf die Sprünge"[250] geholfen werde und sich die Gewinnwahrscheinlichkeit zu einer wirtschaftlich relevanten Gewinnchance verdichtet habe, könne ein „Zufallstreffer" gerade nicht mehr angenommen werden. Bezüglich dieser hoch spekulativen Geschäfte wird zum Teil kritisiert, dass es letztlich nicht bestimmbar sei, ab welcher Wahrscheinlichkeit ein Spielgewinn noch aus einer Vortat „herrühre" und ab wann nicht mehr[251]. Zusätzlich verweist *Gentzik* auf einen scheinbaren Widerspruch innerhalb des Kriteriums des „planmäßigen Ausnutzens". Nach seiner Auffassung setzt ein „planmäßiges Ausnutzen" nach seiner Begrifflichkeit gerade ein häufiges Spielen mit Gewinnerwartung voraus. Der konkrete Spielgewinn „rühre" aber regelmäßig nur aus einem Spielvorgang „her", was mit dem Merkmal des „planmäßigen Ausnutzens" folglich nicht vereinbar sei.

Gegen die geäußerten Bedenken sprechen aber wesentliche Gesichtspunkte. Die Gewinne basieren – sei es in der Konstellation des „Lotteriegewinnes" als auch bei der Fallgruppe der hochspekulativen Geschäfte – gerade nicht auf atypischen Kausalverläufen, die nach der Adäquanztheorie ausgeschlossen werden sollen. Vielmehr werden Erlöse aus der Vortat so in den Wirtschaftsverkehr eingespeist, dass der Umsatz faktisch sicher ist. Diese Konstellationen ähneln von ihrer Ausgestaltung eigentlich sehr viel weniger einem „Glücksspiel" als der Konstellation, dass der fragliche Gegenstand als Gegenleistung für das aus der Vortat erlangte hingegeben wird[252]. Hinsichtlich der Bedenken *Gentziks* bezüglich des Merkmals des „planmäßigen Ausnutzens" muss zudem berücksichtigt werden, dass der konkrete Spielgewinn letztlich nur aus einem Spielvorgang „herrührt". Die Gewissheit, dass der konkrete Spielgewinn eintreten wird, erlangt der Spielende aber gerade erst durch die Vielzahl der durchgeführten Spiele. Ein „planmäßiges Ausnutzen" kann somit angenommen wer-

---

249 *Barton*, NStZ 1993, S. 159 (162); *Leip*, S. 85. *Barton*, NStZ 1993, S. 159 (162) Fn. 39, weist zudem daraufhin, dass gerade Glücksspiele in Spielbanken zwingend erfasst werden müssten, da gerade diese ganz typische Geldwäsche-Institutionen darstellten. In diesem Zusammenhang stellt allerdings *Gentzik*, S. 109 Fn. 212 fest, dass eine Waschmöglichkeit in Spielbanken bereits dadurch bestehe, dass schmutziges Geld in Spieljetons mit der Möglichkeit zum späteren Rücktausch getauscht werden könne.

250 *Barton*, a.a.O.

251 *Gentzik*, S. 109. Letztlich hält aber auch *Gentzik* das Resultat für überzeugend, vgl. *Gentzik*, S. 108.

252 Vgl. zu dieser Konstellation im Rahmen der weiteren Ausführungen unter: 3. Kapitel) B.) II.) 2.) b) aa).

den. Die geäußerte Kritik *Gentziks* bezieht sich zudem eher abstrakt auf die Bestimmung des Merkmals „Herrühren“ durch die Adäquanztheorie an sich. Dem kann entgegengehalten werden, dass eine völlig klare und eindeutige Begriffsbestimmung durch die Adäquanztheorie selbstverständlich ebenso wenig ermöglicht werden kann wie durch andere wertende Auslegungsansätze. Zumindest gelingt es durch die adäquate Bestimmung jedoch, völlig atypische Erwerbsvorgänge von dem Begriff des „Herrühren“ auszuschließen und auf diese Weise eine Restriktionsmöglichkeit des Tatbestandes zu gewinnen.

Weiterhin würde eine Ablehnung des Tatbestandsmerkmals „Herrühren“ in der vorliegenden Konstellation zu einer Straflosigkeit führen, die vom Gesetzgeber sicherlich nicht gewollt war. Solche gezielten “Reinwasch“-Vorgänge zählen doch gerade zu den „klassischen Fällen“ der Geldwäsche, so dass für diese Konstellation der objektive Tatbestand der Geldwäsche nicht ausgeschlossen werden sollte.

Stellt sich der Erwerbsvorgang somit als nicht völlig atypisch dar, so ist im Zweifel nach der Adäquanztheorie ein „Herrühren“ aus der Vortat zu bejahen. Zu einer zu extensiven Strafbarkeit wird es bereits in der Regel deshalb nicht kommen, weil die Anforderungen an den subjektiven Tatbestand eine solche verhindern werden.

c) Stellungnahme

Dieser differenzierende Ansatz über die kausale Zurechnungslehre den beiden genannten Formen des „Glücksspiels“ steht auch in Einklang mit ermittelten Sinn und Zweck der Strafbarkeit der Geldwäsche. Ein Zugriff auf den Vortäter kann bei einem tatsächlichen „Zufallstreffer“ sicherlich nicht durch die Strafbarkeit der Geldwäsche gefördert werden. Strafprozessuale Maßnahmen hinsichtlich des Gewinns z.B. aus Lotteriespiel werden der Ermittlungsbehörde im Regelfall bei der Ermittlung der Vortat keine Hilfe leisten, da der Erwerbsprozess in solchem Maße atypisch ist, dass er eine effiziente Strafverfolgung kaum fördern kann. Eine zurückverfolgbare „Papierspur“ zu dem unmittelbar aus der Vortat Erlangten ist durch den atypischen Erwerbsvorgang gerade entfallen. Anders verhält es sich aber, wenn ein Glücksspiel im engeren Sinne gar nicht vorliegt. Derjenige, der eine Vielzahl von Losen wie im Beispiel kauft, schafft hierdurch eine offensichtliche „Papierspur“, die einer effektiven Strafverfolgung gerade zugute kommen kann. Die Strafverfolgungsbehörden „stoßen“ in solchen Konstellationen sozusagen auf die „Papierspur“, da sie offen zutage liegt. Auch nach dem hier zugrunde gelegten Sinn und Zweck der Geldwäsche muss in diesem Fall ein „Herrühren“ also gerade angenommen werden.

## 2. Ergebnis einer Anwendung der Adäquanztheorie

Die Heranziehung der Grundgedanken der Adäquanztheorie kann in Extremfällen den Zusammenhang zwischen Vortat und Gegenstand unterbrechen. Im Unterschied zur (umformulierten) Äquivalenzformel schränkt dieser Ansatz das Tatbestandsmerkmal „Herrühren“ zumindest teilweise ein. Ausgehend von der Überlegung, dass sich Kausalitätserwägungen grundsätzlich zur Bestimmung des Tatbestandsmerkmals „Herrühren“ eignen, bieten die Wertungen der Adäquanztheorie einen ersten überzeugenden Ansatz zur Einschränkung des Tatbestandsmerkmals. Atypische Erwerbsvorgänge können hierdurch erfolgreich ausgeschlossen werden.

## III. Die Anwendung der „Lehre von der objektiven Zurechnung"

### 1. *Bartons* Rückgriff auf Wertungen der „Lehre der objektiven Zurechnung"

Als Korrektiv der weiten Kausalitätserwägungen könnten sich weiterhin die Wertungen der „Lehre der objektiven Zurechnung" anbieten. Da im Rahmen der obigen Ausführungen bereits die Kausalitäts- und Zurechnungsdogmatik für eine nähere Konkretisierung des Tatbestandsmerkmals „Herrühren" herangezogen wurde, liegt es im Anschluss daran nahezu „auf der Hand", auf die modernen Zurechnungslehren zurückzugreifen. Im Bereich der Erfolgsdelikte wird der Zurechnungszusammenhang zwischen Handlung und Erfolg dann bejaht, wenn durch menschliches Verhalten eine rechtlich missbilligende Gefahr für das verletzte Rechtsgut geschaffen wurde und diese Gefahr sich gerade im tatbestandsmäßigen Erfolg verwirklicht hat[253]. Ein Zurechnungszusammenhang soll hingegen dann gerade nicht mehr anzunehmen sein, wenn das erlaubte Risiko vom Täter nicht überschritten oder der Eintritt des Erfolges vom Schutzzweck der einschlägigen Norm nicht erfasst wird.

Im Rahmen der erforderlichen näheren Einschränkung des Merkmals des „Herrührens" schlug als erster *Barton*[254] explizit einen Rückgriff auf die Grundgedanken der „objektiven Zurechnung" vor. Der Zusammenhang von Vortat und Gegenstand beim Tatbestandsmerkmal „Herrühren" soll nach dessen Auffassung anhand folgender Formel zu bestimmen sein:

„Ein Gegenstand rührt dann aus einer Katalogtat des § 261 StGB her, wenn die Vortat kausal und adäquat für den Vermögensgegenstand in seiner konkreten Gestalt oder dessen wirtschaftlicher Zuordnung ist und wenn der ursächliche Zusammenhang nicht aus normativen Erwägungen – wegen fehlender rechtlicher Signifikanz der Vortat für den Gegenstand – unterbrochen wird"[255].

Auch wenn auf den ersten Blick ein Rückgriff auf diese moderne Zurechnungslehre konsequent ist, stellen sich schnell hinsichtlich der erfolgten Wertungsübertragung durch *Barton* Bedenken ein. Abgesehen von der Problematik des Merkmals der „wirtschaftlichen Zuordnung"[256], lässt sich anhand der Formel zunächst nicht entnehmen, welche normativen Erwägungen zur Restriktion des Tatbestandsmerkmals „Herrühren" herangezogen werden können. Insbesondere scheint der Rückgriff auf den unbestimmten Aspekt der „rechtlichen Signifikanz" bedenklich. Zudem ist auch fraglich, ob *Bartons* Ansatz tatsächlich auf Wertungen der „Lehre der objektiven Zurechnung" basiert. Falls dies zutrifft, wäre letztlich auch kritisch zu hinterfragen, ob die „Lehre von der objektiven Zurechnung" im Bereich der Erfolgsdelikte nur im

---

253 *Fischer*, Vor § 13 Rn. 25.

254 *Barton*, NStZ 1993, S. 159 (162).

255 *ebd.*

256 Vgl. hierzu die obigen Ausführungen zur „conditio–sine–qua–non–Formel" nach *Barton* unter: 2. Kapitel) B.) I.) 2.).

Rahmen der Fahrlässigkeitsdelikte Bedeutung erlangen kann und sich bereits daher ein Rückgriff verbietet[257]. Ob sich diese Vorbehalte gegen diesen Ansatz bestärken oder aber der Ansatz *Bartons* zur Konkretisierung des Tatbestandsmerkmals geeignet ist, soll Gegenstand der folgenden Ausführungen sein. Nachstehend erfolgt daher zunächst eine allgemeine Darstellung der Grundprinzipien der „Lehre der objektiven Zurechnung". Nach erfolgter Darstellung *Bartons* Auffassung soll anschließend überlegt werden, inwieweit sich dieser Ansatz zur Einschränkung des Tatbestandsmerkmals „Herrühren" eignet. Insbesondere ist fraglich, ob mit den Kriterien und Aspekten der objektiven Zurechnung für eine Mehrzahl der in der Literatur benannten Problemfelder des Tatbestandsmerkmals „Herrühren" eine Einschränkung – ggf. auch über die von *Barton* näher dargestellten Konstellationen[258] hinausgehend – gewonnen werden kann.

### 2. Die „Lehre der objektiven Zurechnung" als Ergänzung der kausalen Zurechnungslehre bei Erfolgsdelikten

Die von *Roxin*[259] in der heutigen Form begründete „Lehre von der objektiven Zurechnung" umschreibt über die Kriterien der Gefahrschaffung und -realisierung das tatbestandsmäßige Verhalten und seine Beziehung zum Erfolg. Die „Lehre von der objektiven Zurechnung" betrifft somit die Frage, welche Erfolge zum tatbestandlichen Unrecht zu zählen sind und führt damit eine haftungseinschränkende Korrektur bereits auf Tatbestandsebene durch. Grundüberlegung dieses Ansatzes ist folglich, ob der missbilligenswerte Erfolg dem Täter unter Berücksichtigung des menschlichen Leistungsvermögens als „sein Werk" zugerechnet werden kann. Als zusätzliches Korrektiv zur Adäquanztheorie soll die „Lehre von der objektiven Zurechnung" den objektiven Unrechtstatbestand bei Erfolgsdelikten weiter begrenzen[260]. Auch wenn sich die Entwicklung der „Lehre von der objektiven Zurechnung" noch im Fluss befindet, lässt sich folgende Grundformel für Erfolgsdelikte festhalten:

„Objektiv zurechenbar ist ein Erfolg dann, wenn der Täter eine rechtlich relevante Gefahr geschaffen hat, die sich im tatbestandlichen Erfolg realisiert."[261]

---

[257] Vgl. beispielsweise *Kaufmann*, FS für Jescheck, S. 251 (261), der betont, dass im Bereich der Vorsatzdelikte eine ausfilterende Wirkung bereits über den Vorsatz sowie Täterkriterien hergestellt werden könne.

[258] Vgl. zu den einzeln von *Barton* aufgeführten Konstellationen die später folgenden Ausführungen.

[259] *Roxin*, FS für Honig, S. 133ff.

[260] Anders aber *Baumann/Weber/Mitsch*, § 14 Rn. 89, 91, die Fragen der „objektiven Zurechnung" erst auf der Ebene der Rechtswidrigkeit für relevant halten.

[261] *Wessels/Beulke*, § 6 III 1 Rn. 179; *Krey*, Rn. 287.

Dieser Ansatz hat breiten Zuspruch in der Literatur erfahren[262]. Auch wenn hinsichtlich der konkret vorgeschlagenen Kriterien unterschiedliche Ansätze verbreitet sind und die Lehre sich noch in der Entwicklung befindet, tendieren die Vertreter der Literatur doch trotz ihrer sachlichen Unterschiede zu ähnlichen Lösungswegen. Die Rechtsprechung ist hinsichtlich der „Lehre von der objektiven Zurechnung“ hingegen zurückhaltend und hat diese bisher nicht explizit anerkannt[263]. Die sich in diesem Zusammenhang stellenden Fragen werden vielmehr als Kausalitätsfragen mit normativer Einschränkung angesehen oder im systematischen Zusammenhang der Rechtswidrigkeit diskutiert. Insbesondere im Rahmen der Vorsatzdelikte hat die Judikatur bisher nur vereinzelt erste Schritte in Richtung einer Anerkennung der „Lehre der objektiven Zurechnung“ getan[264].

a) Aspekte der „Lehre der objektiven Zurechnung“ bei Erfolgsdelikten

Zur Korrektur der weiten Kausalität im Rahmen der Erfolgsdelikte haben sich verschiedene Wertungsgesichtspunkte entwickelt, die an dieser Stelle kurz dargelegt werden müssen, um diese Ansätze möglicherweise im Rahmen weiterer Untersuchungen auf die Einschränkung des Tatbestandsmerkmals „Herrühren“ übertragen zu können. Zudem kann nur nach erfolgter Darlegung der Grundgedanken der „Lehre der objektiven Zurechnung“ beurteilt werden, ob und inwieweit *Bartons* Ansatz tatsächlich auf diese zurückgreift. Grundsätzlich gliedert sich die „Lehre von der objektiven Zurechnung“ in das Erfordernis der Gefahrschaffung sowie der Gefahrverwirklichung. Zur objektiven Zurechnung des Erfolges zur Tathandlung des Täters ist also grundsätzlich erforderlich, dass dieser eine Gefahr normwidrig geschaffen oder vergrößert hat und sich die typische Gefährlichkeit der normwidrigen Handlung gerade im Erfolg niederschlägt[265].

---

[262] Vgl. nur Nachweise bei: *Fischer*, Vor 13 Rdnr. 24f.; *Schünemann*, GA 1999, S. 207ff.; kritisch zur „Lehre der objektiven Zurechnung“ hingegen: *Hilgendorf*, S. 33. Im Bereich der Erfolgsdelikte gibt es auch Kritiker der „Lehre der objektiven Zurechnung“ in der Literatur. So wird in der Literatur vertreten, dass diese „überflüssig“ und „nichts sagend“ sei, vgl. *Kaufmann*, FS für Jescheck, S. 251 (260f., 266); *Struensee*, S. 97 (99f., 101, 105). Demnach könne bereits über die Kausallehren eine ausreichende Beschränkung des objektiven Tatbestandes gewonnen werden. Zudem wird der „Lehre von der objektiven Zurechnung“ auch vorgeworfen, dass sich das Vorliegen einer rechtlich missbilligenswerten Gefahr nicht rein objektiv beurteilen lasse, sondern es auf das Wissen des Handelnden, folglich subjektive Elemente, ankomme, vgl. *Kaufmann*, FS für Jescheck, S. 251 (260f., 266); *Struensee*, S. 97 (99f., 101, 105). Ein weiterer Kritikpunkt ist zudem, dass die „Lehre von der objektiven Zurechnung“ nur bei Fahrlässigkeitsdelikten, nicht aber bei Vorsatzdelikten eine Rolle spielen könne, vgl. *Kaufmann*, FS für Jescheck, S. 251 (261). Da der Schwerpunkt der Arbeit aber hier im Bereich der Auslegung des Tatbestandsmerkmals „Herrühren“ liegt, würde eine Diskussion um die grundsätzliche Berechtigung der „Lehre von der objektiven Zurechnung“ den Rahmen der Arbeit sprengen. Die „Lehre von der objektiven Zurechnung“ soll daher als Prämisse weiterer Überlegungen der Arbeit zugrunde gelegt werden.

[263] Vgl. z.B. *BGHSt* 38, S. 32 (34); hingegen wurden Kriterien der Lehre der objektiven Erfolgszurechnung teilweise von der Rechtsprechung verwendet, z.B. *BGHSt* 33, S. 61 (63); 32, S. 262.

[264] So lässt *BGHSt 38*, S. 32 (34), die Anerkennung des wesentlichen Ablaufs vom Kausalverlauf als Bestandteil der objektiven Zurechnung beim Vorsatzdelikt ausdrücklich offen. In *BGH* NStZ 2001, S. 205, wird bei eigenverantwortlicher Selbstgefährdung bei Körperverletzungs- und Tötungsdelikten nur allgemein ein tatbestandsmäßiger und somit ein strafbarer Vorgang abgelehnt, ohne eine nähere Zuordnung im Rahmen des Tatbestandes durchzuführen.

[265] *Krey*, Rn. 288.

aa) Das Kriterium der Gefahrschaffung: Das Vorliegen einer rechtlich relevanten Gefahr

Als erste Voraussetzung der objektiven Zurechenbarkeit des Erfolges zur Handlung ist erforderlich, dass eine rechtlich relevante Gefahr geschaffen worden ist. Zur Beantwortung der Frage, wann eine solche vorliegt, erlangen verschiedene Kriterien Bedeutung[266]. Diese sollen an dieser Stelle kurz dargelegt werden, um diese Aspekte für eine Restriktion des Tatbestandsmerkmals „Herrühren“ im weiteren Verlauf der Ausführungen möglicherweise nutzen zu können. Die Entscheidung, ob der Handelnde eine rechtlich relevante Gefahr geschaffen hat, ist in folgenden Fallkonstellationen von besonderer Schwierigkeit:

(1) Verletzung einer dem Schutz des betroffenen Rechtsgutes dienenden Verhaltensnorm

Bsp. 1): (Radleuchtenfall): J und P fahren mit unbeleuchteten Fahrrädern nachts eine ebenfalls unbeleuchtete Straße entlang. P fährt rechts und J schräg links hinter ihm, etwa in der Mitte der Straße. J stößt mit dem entgegenkommenden Fahrrad des K zusammen, das auch unbeleuchtet ist. K erleidet beim Sturz vom Rad tödliche Verletzungen. Hätte P seine Fahrradbeleuchtung angeschaltet gehabt, dann hätte J in dessen Lichtkegel K gesehen und es wäre nicht zu dem tödlichen Unfall gekommen. [267]

Bsp. 2): (Geschwindigkeitsüberschreitungsfall): A fährt mit seinem Pkw mit zu hoher Geschwindigkeit von einer bevorrechtigten Landstraße in eine Kreuzung ein. Von links nähert sich das Fahrzeug des B der Kreuzung, der das Vorfahrtsrecht des A missachtet. Als A das Fahrzeug des B bemerkt, bremst er ab. Es kommt dennoch zu einem Zusammenstoß beider Pkws. Hierbei wird B schwer verletzt. Selbst wenn A mit ordnungsgemäßer Geschwindigkeit gefahren wäre, wäre er nicht mehr rechtzeitig zum Stehen gekommen. Der Unfall wäre aber dennoch nicht eingetreten, weil A durch die geringere Geschwindigkeit später an den Ort des Zusammenstoßes gelangt wäre. In dieser Zeitspanne hätte B aber die Fahrspur des A gänzlich überquert gehabt, so dass keine Kollision der Fahrzeuge stattgefunden hätte. [268]

Sowohl in Bsp. 1) als auch im Bsp. 2) haben die Tatbeteiligten gegen eine Verhaltensnorm verstoßen. Im Bsp. 1) hat sich J unproblematisch der fahrlässigen Tötung gem. § 222 StGB strafbar gemacht, weil er gegen die Verhaltensnorm des § 17 StVO verstoßen hat. § 17 StVO erfordert eine ordnungsgemäße Beleuchtung des Fahrrades, um Unfälle zu vermeiden, die darauf zurückzuführen sind, dass der Fahrer andere Verkehrsteilnehmer oder Hindernisse nicht erkennt oder dass er selbst nicht erkannt wird. Der Tod des K ist J daher objektiv zurechenbar, weil er bei einer ordnungsgemäßen Beleuchtung seines Fahrrades den K erkannt hätte. Auch P hat gegen die Verhaltensnorm des § 17 StVO verstoßen. Ihm soll der Tod des K jedoch nicht ob-

[266] *Wessels/Beulke*, § 6 III 1 Rn. 179.
[267] *RGSt* 63, S. 392.
[268] *BGHSt* 33, S. 61ff.

jektiv zuzurechnen sein. Eine Strafbarkeit gemäß § 222 StGB entfällt für diesen. Selbst wenn J den K im Scheinwerferlicht des P ordnungsgemäß erkannt hätte, reicht dies für eine Zurechnung des Todeserfolges nicht aus. Die Beleuchtungspflicht des § 17 StVO dient nämlich gerade nicht dem Zweck, den entgegenkommenden Verkehr für andere Verkehrsteilnehmer zu beleuchten. Im Bsp. 2) hat A gegen die Verhaltensnorm des § 3 Abs. 3 Nr. 2 c StVO verstoßen. Hiernach besteht eine allgemeine Geschwindigkeitsbeschränkung für Landstraßen. Ob A jedoch die Körperverletzung des B objektiv zurechenbar ist, hängt auch hier davon ab, ob A gerade gegen den Normzweck des § 3 Abs. 3 Nr. 2 c StVO verstoßen hat und hierdurch der Unfall zustande gekommen ist. Der *BGH* hat die Körperverletzung des B dem A objektiv zugerechnet. Da die Verhaltensvorschrift des § 3 Abs. 3 Nr. 2c StVO auch den Normzweck verfolge, anderen Verkehrsteilnehmern einen gefahrlosen Begegnungs- und Kreuzungsverkehr zu ermöglichen, komme eine objektive Zurechnung in Betracht. Es gehe nicht um das ungehinderte Fort- oder Weiterkommen der anderen Verkehrsteilnehmer, sondern um deren Schutz vor den Gefahren hoher Geschwindigkeiten[269]. Somit diene die Vorschrift der StVO auch der körperlichen Unversehrtheit anderer Verkehrsteilnehmer. Folglich habe A den Schutzzweck der Verhaltensnorm verletzt, so dass ihm die Körperverletzung des B als rechtlich missbilligenswerte Gefahr objektiv zugerechnet werden könne.

Aus Bsp. 1) und 2) lässt sich schließen, dass eine rechtlich zu missbilligende Gefahr nicht bei jeglichem Verstoß gegen eine Verhaltensnorm angenommen werden kann. Erforderlich ist vielmehr, dass der Handelnde gerade eine dem Schutz des betreffenden Rechtsgutes dienende Verhaltensnorm übertritt[270]. Nur in diesem Fall kann von einer rechtlich relevanten Gefahrschaffung gesprochen werden, die dem Handelnden objektiv zugerechnet werden kann.

(2) Das „erlaubte Risiko“ bzw. das „allgemeine Lebensrisiko“[271]

Bsp. 1: A schickt den B nach draußen ins Gewitter, damit dieser vom Blitz erschlagen wird. Dieser recht unwahrscheinliche Fall tritt tatsächlich ein. Hat sich A gem. § 212 StGB strafbar gemacht?[272]

Bsp. 2: A überredet B mit dem Pkw nach X zu fahren und hofft, dass B im Straßenverkehr zu Tode kommt. B stirbt tatsächlich bei einem Autounfall.

Im Bsp. 1) müsste nach bloßen Kausalerwägungen eine Strafbarkeit des A angenommen werden. Hätte B den A nicht in das Gewitter geschickt, so wäre dieser nicht tödlich verunglückt. Der Todeserfolg beruht aber letztlich auf dem Wirken der Naturkräfte, das menschlich unbeherrschbar ist. Der Tod des B ist A daher nicht objektiv zurechenbar. Eine rechtlich relevante Gefahr wurde nicht geschaffen. Die Schaf-

---

269 *BGHSt* 33, S. 61 (65).

270 *Lenckner/Eisele* in *Schönke/Schröder*, Vorbem §§ 13 ff. Rn. 95/96.

271 In der *Literatur* werden diese Konstellationen zum Teil nicht als Zurechnungsvoraussetzungen gesehen, sondern als selbständiges, der Zurechnung vorgelagertes Kernelement des tatbestandsmäßigen Verhaltens der Erfolgsdelikte, vgl. *Frisch*, S. 213 (232).

272 Beispiel nach *Wessels/Beulke*, § 6 III 3 Rn. 183.

fung einer rechtlich relevanten Gefahr soll gerade dann ausscheiden, wenn die bewirkte Gefährdung als so minimal zu bewerten ist, dass diese das „allgemeine Lebensrisiko“ nicht übersteigt[273]. Typische Konstellationen sind hier insbesondere die Setzung ganz entfernter Bedingungen sowie die Unbeherrschbarkeit von Kausalverläufen. Etwas anders verhält es sich in Bsp. 2). Eine signifikante Unfallgefahr im Straßenverkehr muss sicherlich angenommen werden, so dass – anders als im Bsp. 1 – ein Übersteigen des „allgemeinen Lebensrisikos“ bejaht werden muss. Dennoch hat nicht B sondern A kein Tötungsdelikte verwirklicht. Dem Straßenverkehr kommt trotz seiner Gefährlichkeit ein hoher sozialer Nutzen zugute, so dass das Verhalten vom „erlaubten Risiko“ erfasst ist. Rechtliche Relevanz soll eine Gefahr nämlich dann nicht besitzen, wenn zwar ein signifikantes Verletzungsrisiko hervorgerufen wurde, das Verhalten des Täters aber vom „erlaubten Risiko“ gedeckt ist[274]. Hierunter sollen solche Verhaltensweisen zu zählen sein, die trotz ihrer Risikoerhöhung generell aufgrund ihres sozialen Nutzens erlaubt sind[275]. Zusammenfassend kann somit festgestellt werden, dass eine Erfolgszurechnung dann nicht angenommen werden kann, wenn der Täter nur eine sehr geringe Gefährdung hervorgerufen hat oder aber das signifikante Verletzungsrisiko aufgrund des sozialen Nutzens vom „erlaubten Risiko“ gedeckt ist.

(3) Eigenverantwortliche Selbstschädigung und Selbstgefährdung des Opfers

Bsp.: A spritzt sich Heroin, das er vom Dealer B bekommen hat. Überlegenes Wissen besaß B nicht. A stirbt an einer Überdosis.

Einschränkungen der Erfolgszurechnung können sich aus dem Prinzip der Eigenverantwortlichkeit ergeben[276]. In genanntem Beispiel hat sich A das Heroin aus eigenem Willen heraus gespritzt. B ist nicht wegen fahrlässiger Tötung strafbar. Würde man B den Tod des A objektiv zurechnen, würde in den eigenen Verantwortungsbereich des A eingegriffen werden. Hat sich die Mitwirkung des Dritten daher in einer bloßen Ermöglichung oder Förderung des Selbstgefährdungsaktes erschöpft, kann die Verletzungshandlung dem Dritten nur bei überlegenem Wissen zugerechnet werden (sog. Quasi-Täterschaft)[277]. Auch aus dem Prinzip der Eigenverantwortlichkeit kann sich also eine Beschränkung der Erfolgszurechnung im Rahmen der objektiven Zurechnung ergeben.

[273] *Wessels/Beulke*, § 6 III 3 Rn. 183.

[274] *Wessels/Beulke*, § 6 III 3 Rdnr. 184.

[275] *Roxin*, AT I, § 11 B I Rn. 55.

[276] *Wessels/Beulke*, § 6 III 4 Rn. 185.

[277] Diese Grundsätze gelten nach der Rechtsprechung sowohl für vorsätzliche als auch fahrlässige Körperverletzungs- bzw. Tötungsdelikte, vgl. *BGHSt* 32, S. 262 (264f.), die die Straflosigkeit des Dritten aber nicht ausdrücklich auf die Rechtsfigur der objektiven Zurechnung zurückführt; hierzu auch: *Wessels/Beulke*, § 6 III 4 Rn. 187. Andere Autoren in der Literatur versuchen, diese Fälle nicht mit der Figur der objektiven Zurechnung, sondern der Einwilligung zu lösen. Dieser Ansatz ist jedoch mit einem Hinweis auf § 216 StGB als allgemein gültiger Lösungsansatz auszuschließen; vgl. hierzu: *Schünemann*, GA 1999, S. 207, (222).

(4) Eigenverantwortliches Dazwischentreten eines Dritten in den Kausalverlauf

Die objektive Zurechnung eines eingetretenen Erfolges ist auch dann problematisch, wenn ein Dritter vorsätzlich oder fahrlässig in das Geschehen eingreift.

Zum Teil wird in der Literatur hier die Ansicht vertreten, dass die objektive Zurechnung des Erfolges nur dann entfallen könne, wenn das Dazwischentreten des Dritten objektiv unvorhersehbar war, d.h. soweit außerhalb der allgemeinen Lebenserfahrung lag, dass mit ihm vernünftigerweise nicht zu rechnen war[278]. Andere lassen die objektive Tatbestandsverwirklichung durch den Ersthandelnden hier generell entfallen[279]. Eine Unterbrechung des Zurechnungszusammenhangs wird teilweise mit restriktiverer Auffassung dann abgelehnt, wenn das Verhalten Dritter in spezifischer Art und Weise mit der Ausgangsgefahr verbunden ist, so beispielsweise, wenn der Dritte die vom Ersttäter geschaffene Lage ausnutzt und an dessen Handlung anknüpft[280]. Nach einem weiteren Lösungsansatz[281] können die beiden ersten Auffassungen in ihrer Allgemeinheit nicht überzeugen. Die Abgrenzung der Verantwortungsbereiche der Beteiligten soll vielmehr maßgeblich sein. Demnach muss sich der Dritte die Verantwortung des Tatnächsten nicht zurechnen lassen, es sei denn, es liegen ausreichende Anhaltspunkte für eine geplante Straftat vor. Als einzig denkbarer Sinn der Ersthandlung muss sich gerade die Verwirklichung der Straftat aufdrängen. Eine weitere Ausnahme von der entfallenden Zurechenbarkeit soll vorliegen, wenn der Ersthandelnde als Garant für die Unversehrtheit des Rechtsgutes einzustehen hat[282]. Die Rechtsprechung hingegen hat bei einem Dazwischentreten eines Dritten in den Kausalverlauf des Ersttäters die Ursächlichkeit der Ersthandlung bereits dann entfallen lassen, wenn nicht auszuschließen ist, dass die Handlung des Dritten den Eintritt des Erfolges beschleunigt hat[283]. Zusammenfassend kann folglich festgehalten werden, dass eine Zurechnung des eingetretenen Erfolges zumindest dann problematisch ist, wenn ein Dritter eigenverantwortlich in den Kausalverlauf eingetreten ist.

(5) Risikoverringerung

Bsp.: A holt mit einem Knüppel zu einem Schlag auf den Kopf des B aus. Um B zu retten, fällt R dem A in den Arm und lenkt den Schlag ab, so dass B nur an der Schulter getroffen und lediglich leicht verletzt wird[284].

Im vorliegenden Beispiel stand bereits ein drohender schwerer Erfolg unmittelbar bevor, als R durch seine Handlung die bevorstehenden nachteiligen Wirkungen abgeschwächt hat. Eine eigenständige, andersartige Gefahr hat R durch seine Handlung

---

278 *Lackner/Kühl*, Vor 13 Rn. 11; *Krey*, Rn. 309.

279 *Ebert/Kühl*, S. 561 (569); *Otto*, FS für Maurach, S. 91 (97ff.).

280 *Wessels/Beulke*, § 6 III 5 Rn. 192.

281 *Lenckner/Eisele* in *Schönke*/Schröder, Vorbem. §§ 13 ff Rn. 100; *Kühl*, § 4 Rn. 49.

282 *Graul*, S. 562 (567); *Jakobs*, 24. Abschnitt Rn. 19.

283 sog. *Bratpfannenfall: BGH* NJW 1966, S. 1823 (1824).

284 Beispiel nach *Wessels/Beulke*, § 6 III 6 Rn. 194.

gerade nicht begründet. Da insofern keine rechtlich missbilligte Gefahr geschaffen wurde, muss eine Strafbarkeit des R wegen Körperverletzung ausscheiden. Immer dann, wenn der Handelnde selbst keine neue, eigenständige Gefahr begründet, soll ihm der eingetretene Erfolg nicht objektiv zurechenbar sein. Seine Handlung hat in diesen Fällen nämlich nur zu einer Risikoverringerung geführt, so dass eine objektive Zurechnung des Erfolgseintrittes entfällt[285].

Bei den Erfolgsdelikten kann folglich nach der „Lehre von der objektiven Zurechnung" eine Zurechnung des eingetretenen Erfolges abgelehnt werden, wenn der Handelnde keine „rechtlich missbilligte Gefahr" hervorgerufen hat.

bb) Das Kriterium der Gefahrverwirklichung: Verwirklichung der typischen Gefährlichkeit der Handlung im Erfolg

Bei Annahme einer Gefahrschaffung stellt sich im Rahmen der objektiven Zurechnung die weiterführende Frage, ob sich die rechtlich missbilligte Gefahr auch im eingetretenen Erfolg in typischer Art und Weise verwirklicht hat. Im Rahmen der Gefahrverwirklichung wird in der Literatur die Frage des Pflichtwidrigkeitszusammenhanges diskutiert.

Bsp.: Der Radfahrer R kommt zu Tode, als ihn der Lastwagenfahrer L mit zu geringem Seitenabstand überholt. Aufgrund bestehender, erheblicher Angetrunkenheit des R wäre dieser auch mit an Sicherheit grenzender Wahrscheinlichkeit unter den Lastwagen geraten, wenn L den erforderlichen Abstand eingehalten hätte[286].

Problematisch im Rahmen der objektiven Zurechnung ist hier, ob L der Tod des R zugerechnet werden kann, da dieser mit an Sicherheit grenzender Wahrscheinlichkeit auch dann zu Tode gekommen wäre, wenn L sich ordnungsgemäß verhalten hätte. In der Literatur wird in Anlehnung an den Grundsatz „in dubio pro reo" eine Gefahrverwirklichung zumindest dann abgelehnt, wenn der durch eine rechtlich missbilligte Gefahr verursachte Erfolg auch durch ein im Rahmen des rechtlich zulässigen liegendes Verhalten herbeigeführt worden wäre[287]. L kann daher der Tod des R nicht objektiv zugerechnet werden. Ob es für eine Realisierung der Gefahr genügt, dass die rechtlich missbilligte Gefahr gegenüber dem pflichtgemäßen Alternativverhalten die Chance des Erfolgseintritts erhöht hat[288] oder ob nach dem Grundsatz „in dubio pro reo" ein pflichtgemäßes Alternativverhalten gerade mit an Sicherheit grenzender Wahrscheinlichkeit ausgeschlossen sein muss[289], ist hierbei umstritten[290]. Teilweise soll die Erfolgszurechnung auch nicht erst dann stattfinden, wenn der Erfolg bei

[285] *Lenckner/Eisele* in *Schönke/Schröder*, StGB 2006, Vorbem. §§ 13 Rn. 94; *Wessels/Beulke*, § 6 III 6 Rn. 194.
[286] Beispiel nach *BGHSt* 11, S. 1.
[287] *Lenckner/Eisele in Schönke/Schröder*, StGB 2006, Vorbem. §§ 13ff. Rn. 99.
[288] So die von *Roxin* begründete Risikoerhöhungslehre, vgl. *Roxin*, ZStW 74, S. 411 (430).
[289] So die wohl h.M. und Rechtsprechung, vgl. statt vieler: *Cramer/Sternberg-Lieben* in *Schönke/Schröder*, StGB 2006, § 15 Rn. 179/179a.
[290] Vgl. hierzu ausführlich: *Lenckner/Eisele* in *Schönke/Schröder*, StGB 2006, Vorbem. §§ 13 ff. Rn. 99 a.

sorgfaltsgemäßem Verhalten mit Sicherheit ausgeblieben wäre, aber auch nicht schon bei bloßer Risikoerhöhung. Entscheidend soll vielmehr sein, ob der Täter für diejenige Gefahr verantwortlich ist, die sich im konkreten Erfolg verwirklicht hat[291].

Neben dem Kriterium der Gefahrschaffung ist im Rahmen der „Lehre von der objektiven Zurechnung" somit auch der Aspekt der Gefahrverwirklichung bei Erfolgdelikten von Bedeutung.

b) Stellungnahme

Die „Lehre von der objektiven Zurechnung" soll nach der überwiegenden Auffassung grundsätzlich Anwendung bei Erfolgsdelikten finden. Die unterschiedlichen Aspekte der Gefahrschaffung und Gefahrverwirklichung werden an dieser Stelle nicht weiter vertieft werden. Eine nähere Differenzierung der Kriterien der objektiven Zurechung kann ggfs. noch im Rahmen einer möglichen Übertragung der Wertungen auf die Beschränkung des Merkmals „Herrühren" erfolgen, falls sich diese Kriterien als geeignet erweisen.

---

291 Vgl. *Schünemann*, StV 1985, S. 229 (231): *Krümpelmann* stellt demnach auf eine Zurechnung nach der normativen Korrespondenz zwischen Pflicht und Schutzanspruch des Verletzten ab, während *Ranft* und *Jakobs* die Gefährdetheit des Opfers mit einer defektfreien Konstruktion vergleichen und nach diesem Kriterium die objektive Zurechenbarkeit bestimmen. *Struensee* lehnt jedoch die „Lehre von der objektiven Zurechnung" generell ab, weil diese letztlich nur über Kriterien des subjektiven Tatbestandes zu einer Einschränkung komme, vgl. *Struensee*, S. 87 (104f.).

### 3. Übertragung der Wertungsgesichtspunkte der „objektiven Zurechnung" auf das Tatbestandsmerkmal „Herrühren"?

Nach Darstellung der Grundaussagen der „Lehre von der objektiven Zurechnung" stellt sich im Anschluss die Frage, ob und inwieweit *Barton* die Wertungen der „Lehre der objektiven Zurechnung" zur Einschränkung des Tatbestandsmerkmals „Herrühren" tatsächlich heranzieht. Es ist daher zunächst eine nähere Darstellung der Grundaussagen *Bartons* erforderlich.

a) Zusammenfassende Darstellung *Bartons* Ansatzes

Ausgehend von den normativen Wertungen der fehlenden Risikoerhöhung bzw. des Verfehlens des Schutzzweckes der „Lehre der objektiven Zurechnung"[292] hält *Barton* zunächst an dem Grundgedanken der objektiven Zurechnung des Erfolges fest, welcher besagt, dass nicht nur aufgrund „naturwissenschaftlicher" Gesichtspunkte, sondern auch aufgrund einer wertenden Betrachtung der weite Kausalzusammenhang eingeengt werden kann[293]. Dieser Zentralgedanke der objektiven Zurechnung könne auf die Auslegung des Tatbestandsmerkmals „Herrühren" übertragen werden. Hingegen räumt dieser selbst ein, dass sich eine detailgetreue Übertragung der Gesichtspunkte der objektiven Zurechnung allein schon deswegen verbiete, weil diese überwiegend auf Spezifika des fahrlässig begangenen Delikts abstellten[294]. Ausgehend von diesem Zentralgedanken der „Lehre der objektiven Zurechnung" entwickelt *Barton* anschließend die bereits oben dargelegte Formel. Demnach soll die erforderliche Ursächlichkeit der Katalogtat dann nicht gegeben sein, wenn diese „rechtlich nicht signifikant" für den Gegenstand ist. Für die Bestimmung des Begriffs der „rechtlichen Signifikanz" will *Barton* auf wirtschaftliche Aspekte abstellen[295].

Im Anschluss daran schließt *Barton* den Zurechnungszusammenhang zwischen Vortat und Gegenstand für folgende Konstellationen aus[296]:

1. Bestehende Korrelation zwischen bemakelten und unbemakelten Anteilen des Gegenstandes und das erforderliche Signifikanzniveau des bemakelten Anteils wird nicht überschritten.

---

292 Vgl. hierzu die vorangegangenen Ausführungen zu den wichtigsten Wertungen im Bereich der „Lehre von der objektiven Zurechnung".

293 *Barton,* NStZ 1993, S. 159 (163).

294 *ebd.*

295 *ebd.*

296 Wobei er ausdrücklich betont, dass sich – aus Gründen einer unangemessenen Ausuferung der Untersuchung und einer zu befürchtenden Verstrickung in Detailfragen – die Betrachtung auf wesentliche Aspekte beschränken müsse, die exemplarisch hervorzuheben seien, vgl. *Barton*, NStZ 1993, S. 159 (163). Eine ausführliche Diskussion dieser Konstellationen erfolgt im Rahmen der späteren Ausführungen zu den einzelnen problematischen Fallgruppen. An dieser Stelle soll nur untersucht werden, ob *Bartons* Lösungsansatz tatsächlich auf Wertungen der objektiven Zurechnung zurückgreift und diese Übertragung überzeugen kann.

*Barton* wirft zunächst die Frage auf, ob ein Gegenstand auch dann noch aus der Vortat „herrühre“, wenn er sich aus bemakelten und unbemakelten Anteilen zusammensetze und die aus der Vortat stammenden Anteile im Verhältnis zu den übrigen verschwindend gering seien. Überzeugend legt er dar, dass nach der strengen Äqivalenztheorie der Gegenstand auch dann noch aus der Vortat „herrühren“ müsse, wenn der bemakelte Anteil des Gegenstandes auf ein „Atomteilchen“ reduziert sei[297]. Mit dem Argument, dass eine solche Auslegung nicht „objektiver Zweck“ des Geldwäscheparagraphen sein könne, lehnt er ein „Herrühren“ des Gegenstandes aus der Vortat dann ab, wenn der bemakelte Anteil für den Gegenstand nicht „signifikant“ sei.

Zur Bestimmung des Signifikanzniveaus hält er einen Wert zwischen 1 Promille und 5% für angemessen[298]. Wenn ein Gegenstand nur noch bis zu dieser Höhe aus einem Katalogerlös stamme, könne er nicht mehr als signifikant als aus diesem „herrührend“ angesehen werden. Gleichzeitig betont er aber, dass eine genaue Grenzziehung einzelfallabhängig erfolgen müsse. Entscheidungserheblich könne für das „Signifikanzniveau“ daher auch sein, ob es sich beispielsweise um ein Luxusobjekt handele und der absolute Wert des bemakelten Anteils hoch sei[299].

2. Nachfolgende erhebliche wirtschaftliche Verarbeitung des aus der Vortat stammenden Gegenstandes.

Mit dem Hinweis, dass ein „Herrühren“ nach dem Willen des Gesetzgebers auch dann abzulehnen sei, wenn der Gegenstand durch Weiterverarbeitung im Wesentlichen „auf eine selbständige spätere Leistung Dritter“ zurückzuführen sei[300], lehnt *Barton* auch in dieser Konstellation ein „Herrühren“ aus der Vortat ab. Auch hier fehle es an der „rechtlichen Signifikanz“ des bemakelten Gegenstandes. Ausgehend von dem Grundgedanken des § 950 BGB stellt *Barton* fest, dass der Ursprungsgegenstand durch Verarbeitung so verändert werden könne, dass er als ein *Aliud* angesehen werden müsse und somit nicht mehr bemakelt sei[301]. Um den objektiven Zweck der Geldwäsche nicht zu umgehen, dürfe im Unterschied zu den Wertungen in § 950 BGB kein Vergleich des Wertes der Verarbeitung mit dem Wert des Stoffes vorgenommen werden, sondern es solle eine Umkehrung der Proportionen zu bevorzugen sein. Es solle vielmehr der einerseits in den Gegenstand tatsächlich eingegangene wirtschaftliche Erlös aus der ursprünglichen Katalogtat und andererseits der wirtschaftliche Wert der Verarbeitung in Relation gesetzt werden[302]. Immer dann, wenn der Wert des bemakelten Anteils des Gegenstandes erheblich geringer als der

---

297 *Barton,* NStZ 1993, S. 159 (163).

298 *ebd.;* Eine genauere Darstellung und Diskussion des Aspektes der „rechtlichen Signifikanz“ erfolgt unter: 2. Kapitel) B.) III.) 3.) b) cc).

299 *Barton*, a.a.O.

300 BT-Drucksache 12/989, S. 26 (27); BR-Drucksache 507/92, S. 23 (27f.).

301 *Barton*, NStZ 1993, S. 159 (164).

302 *ebd.*

Wert der Verarbeitung sei, führe dies dazu, dass der verarbeitete Gegenstand nicht mehr als signifikant aus der Straftat „herrührend" anzusehen sei[303].

3. Wertverlust des bemakelten Gegenstandes

Ein Zurechnungszusammenhang zwischen Vortat und Gegenstand soll auch entfallen, wenn ein Wertverlust des bemakelten Gegenstandes eintritt. Hat der inkriminierte Gegenstand durch natürlichen Verschleiß, durch Abnutzung oder auch durch einen Schadensfall seine Funktionen eingebüßt oder aber seinen Wert verloren, so kann nach der Auffassung *Bartons* auch die „rechtliche Signifikanz" der Vortat für diesen Gegenstand verloren gegangen sein[304]. Dies soll insbesondere dann gelten, wenn ein Gegenstand sowohl handels- und steuerrechtlich als auch betriebswirtschaftlich abgeschrieben sei. Mangels eines relevanten Tausch- oder Gebrauchswertes solle es in diesen Fällen an einer Signifikanz der Vortat fehlen. Der Gegenstand sei in diesen Fällen nämlich nicht mehr der alte, sondern habe eine neue wirtschaftliche Identität angenommen. Es liege in diesen Fällen ein *Aliud* vor[305], das mit dem Ursprungsgegenstand nicht mehr in ausreichendem Zusammenhang stehe.

4. Verjährung der Katalogtat bzw. etwaiger Geldwäschehandlungen

Nach der Ansicht *Bartons* soll letztlich noch die Verjährung der Vortat den Zusammenhang zwischen Vortat und Gegenstand aufgrund Aspekte der objektiven Zurechnung unterbrechen. Ausgehend vom Zweck der Geldwäsche, einen weiten Zugriff auf aus Katalogtaten erlangten Erlösen zu erreichen, sei eine verjährte Tat gerade nicht mehr signifikant für das jeweilige Substrat[306]. Sofern allerdings zwischenzeitlich eine strafbare Geldwäsche an dem betreffenden Gegenstand begangen worden sei, solle dann aber nicht mehr die Verjährung der Katalogtat von Bedeutung sein, sondern eine neue Verjährungsfrist, bezogen auf diese nachfolgende Geldwäsche, in Gang gesetzt werden[307]. Grundsätzlich führe die Verjährung aber zum Verlust des „alten" Gepräges des Gegenstandes aus der Vortat. Wenn die Möglichkeit der Verfolgung der Vortat ausscheide, verliere auch der aus der Tat erlangte Gegenstand seine ursprüngliche Prägung. Ein „Herrühren" aus der Vortat müsse daher abgelehnt werden.

b) Diskussion des Ansatzes *Bartons*

Fraglich ist, ob durch diesen Ansatz *Bartons* nach zuvor erfolgreichem Rückgriff auf die Adäquanztheorie eine weitere mögliche Einschränkung des Tatbestandsmerkmals „Herrühren" gewonnen ist. Wie bereits dargelegt, bietet sich nach zuvor erfolgter Heranziehung von Kausal- und Zurechnungskriterien ein Rückgriff auf die Kriterien

---

303 Etwas missverständlich ist hingegen seine Ausführung in der NStZ 1993, S. 159 (164) Fn. 48, wonach er auf das Verhältnis zwischen Wert des bemakelten Anteils und Gesamtwert des Gegenstandes abstellen möchte. Vgl. hierzu die Ausführungen unter 3. Kapitel) A.) II.) 4.) a) bb).

304 *Barton*, NStZ 1993, S. 159 (164).

305 *Barton*, a.a.O., S. 199 (164).

306 *ebd.*

307 *Barton*, a.a.O., S. 199 (165).

der „Lehre der objektiven Zurechnung“ grundsätzlich an. Im Schrifttum wird die Ansicht *Bartons* dennoch kritisiert[308]. Bereits im Rahmen der obigen Ausführungen wurden einige offensichtlich problematische Punkte des Ansatzes *Bartons* angesprochen[309]. Diese sollen nunmehr neben weiteren Gesichtspunkten näher beleuchtet werden.

aa) Strukturelle Vergleichbarkeit der objektiven Zurechnung einer Handlung zum Erfolg und der Bestimmung des „Herrührens“

Ein wesentlicher geäußerter Kritikpunkt ist, dass *Bartons* Ansatz bereits im Grundsatz „falsch ansetze“[310], da die „Lehre von der objektiven Zurechnung“ zur Konkretisierung des „Herrührens“ schon grundsätzlich nicht geeignet sei. Dieser Vorwurf wird damit begründet, dass die „objektive Zurechnung“ über die Kriterien der Gefahrschaffung und -realisierung die Beziehung zwischen tatbestandsmäßigem Verhalten und Erfolg regele. Dieser Kausalzusammenhang sei nicht vergleichbar mit dem fraglichen Zusammenhang im Rahmen des Tatobjekts beim „Herrühren“[311]. Während der Kausalzusammenhang im Rahmen der klassischen „Lehre von der objektiven Zurechnung“ bei Erfolgsdelikten zwischen „tatbestandsmäßiger Handlung – Kausalität – zurechenbarer Erfolg“ verlaufe, sei die Prüfungsreihenfolge im Rahmen des Tatbestandsmerkmals des „Herrührens“ folgende: „Zurechenbare Herkunft – Kausalität – tatbestandsmäßiges Herrühren“[312]. Der zu verfolgende Kausalzusammenhang sei folglich in beiden Konstellationen genau ein umgekehrter[313] und somit nicht vergleichbar[314]. Bereits aus diesem Grund verbiete sich ein Rückgriff auf Aspekte der Erfolgszurechnung zur näheren Bestimmung des Tatbestandsmerkmals „Herrühren“.

Fraglich ist jedoch, ob diese Kritik überzeugend ist. Folgende Besonderheit des Geldwäschetatbestandes bleibt hierbei nämlich unberücksichtigt: Innerhalb des Geldwäschedeliktes verbleibt es bezüglich des Zurechnungszusammenhanges zwischen Handlung und Erfolg selbstverständlich bei der Prüfung „tatbestandsmäßige Handlung – Kausalität – zurechenbarer Erfolg“[315]. *Zusätzlich* hierzu besteht ein solcher Zurechnungszusammenhang zwischen mehreren Tatbestandsmerkmalen der Geldwäsche, so dass keine Kollision zwischen beiden Kausalverläufen besteht. Beide stehen vielmehr *nebeneinander*[316]. Weiterhin ist es zwar richtig, dass die „Lehre von

---

308 Vgl. beispielsweise: *NK/Altenhain* , § 261 Rn. 59; *Großwieser*, S. 77; *Burr*, S. 67; *Flatten*, S. 77; *Höreth*, S. 125; *Stree* in *Schönke/Schröder*, § 261 Rn. 8. Die Rechtsprechung hat sich bislang mit dem Lösungsansatz *Bartons* noch nicht auseinandergesetzt.

309 Vgl. die Ausführungen unter: 2. Kapitel) B.) III.) 1.).

310 *NK/Altenhain*, § 261 Rn. 59.

311 In die gleiche Richtung geht auch die Kritik *Leips*, S. 86, sowie *Großwieser*, S. 66 Fn. 99.

312 *Gotzens/Schneider*, wistra 2002, S. 121 (123) Fn. 16.

313 *ebd.*

314 Vgl. die obigen Ausführungen, so insbesondere: *Gotzens/Schneider*, S. 121 (123) Rn. 16.

315 Wie bereits oben (vgl. 2. Kapitel) A.) dargelegt, vermittelt die Tatbestandsalternative „Vereiteln“ ein Erfolgsdelikt, während im Falle des „Gefährdens“ ein konkretes Gefährdungsdelikt vorliegt. Somit findet eine Erfolgszurechnung statt.

316 Vgl. hierzu bereits die Ausführungen zur grundsätzlichen Möglichkeit der Übertragung von Kausalitätserwägungen auf die Auslegung des Tatbestandsmerkmals „Herrühren“ unter 2. Kapitel) A.).

der objektiven Zurechnung“ ihren Hauptanwendungsbereich im Bereich der Erfolgsdelikte hat. Dies bedeutet aber nicht, dass deren Grundsätze nicht zusätzlich auch auf eine Kausalbeziehung zwischen mehreren Tatbestandsmerkmalen eines Deliktes übertragbar sind[317]. Im Rahmen der Geldwäsche handelt es sich bei der Konkretisierung des Tatbestandsmerkmals „Herrühren“ nämlich ebenfalls um nichts anderes als um einen „durchlaufenden“ Kausalzusammenhang zwischen Vortat und Tatobjekt, folglich also mehreren Tatbestandsmerkmalen der Geldwäsche[318]. Eine Übertragung der Prinzipien der „Lehre der objektiven Zurechnung“ auf diesen Kausalzusammenhang ist grundsätzlich möglich. Es ist hierfür nicht erforderlich, dass die Bezugspunkte des Kausalzusammenhanges identisch sein müssen. Vielmehr geht es ebenso wie bei dem Kausalzusammenhang zwischen Verhalten und Erfolg auch bei der Verbindung zwischen Vortat und Tatobjekt ausschließlich darum, dass der maßgebliche Zusammenhang nicht nur aufgrund „naturwissenschaftlicher“ Gesichtspunkte, sondern auch unter Berücksichtigung einer wertenden Betrachtung bestimmt wird. So besteht im Rahmen der Ablehnung einer Zurechnung der Handlung zu einem bestimmten Erfolg bei Erfolgsdelikten zwar das Handlungsunrecht fort, das Erfolgsunrecht wird jedoch verneint. Ebenso verhält es sich auch bei der Bestimmung des Tatbestandsmerkmals des „Herrührens“. Im Rahmen der normativen Durchbrechung bei der Frage des „Herrührens“ wird das Ergebnis oder der Erfolg, nämlich die Einschleusung des bemakelten Gegenstandes in den legalen Geld- und Wirtschaftsverlauf nicht „zugerechnet“, wenn keine Beziehung zwischen Gegenstand und Vortat besteht[319]. Die erfolgte Einschleusung der Gegenstände in den Geld- und/oder Wirtschaftskreislauf entspricht somit dem Erfolgsunrecht im Rahmen der klassischen objektiven Zurechnung einer Handlung[320]. Strukturell gleichen sich die Grundsätze der Erfolgszurechnung einer Handlung und die auf die Begriffsbestimmung übertragenen Ansätze[321].

bb) Orientierung der „Lehre von der objektiven Zurechnung“ an Fahrlässigkeitsdelikten ?

*Barton* wird zudem ein falsches systematisches Vorgehen vorgeworfen. Ein Großteil der Kriterien der objektiven Zurechnung sei für Fahrlässigkeitsdelikte zugeschnitten. Aus diesem Grund könne sich die objektive Zurechnung nicht zur allgemeinen Tat-

---

317 *Ebert/Kühl*, S. 561 (562), der als Beispiel die Kausalverbindung beim Betrug zwischen Täuschung und Irrtum, Irrtum und Vermögensverfügung sowie Vermögensverfügung und Vermögensschaden nennt; *Mehlhorn*, S. 81 hingegen geht ebenfalls - wie die hier vertretene Auffassung - von einer strukturellen Vergleichbarkeit beider Kausalbeziehungen aus und hält somit ebenfalls Grundüberlegungen der objektiven Zurechnung zur Bestimmung des Begriffes „Herrühren“ für geeignet. Bedenken hinsichtlich eines Verstoßes gegen das Analogieverbot sind unbeachtlich, da sich die Übertragung der Wertungen zugunsten des Täters auswirkt und eine Analogie zugunsten des Täters unbeschränkt möglich ist, vgl. *Roxin*, AT I, § 5 V, S. 114, Rn. 44.

318 Vgl. hierzu bereits die Ausführungen zur grundsätzlichen Hinzuziehung von Kausalitätserwägungen unter : 2. Kapitel) A.). Im Gegensatz zu dem von *Ebert/Kühl* aufgeführten Betrugsbeispiel handelt es sich hier sogar um eine Kausalverbindung zwischen mehreren geschriebenen Tatbestandsmerkmalen.

319 *Mehlhorn*, S. 81.

320 So auch: *Mehlhorn*, S. 81.

321 *ebd.*

bestandskonkretisierung eignen[322]. Folglich müsse *Barton* im Rahmen seiner Darstellung auch einzig und allein auf den Schutzzweckgedanken aus den Kriterien der „Lehre der objektiven Zurechnung" zurückgreifen[323]. Da sich der Ansatz *Bartons* folglich im Wesentlichen in der Übernahme des Schutzzweckgedankens erschöpfe, fände seinerseits kein wirklicher Rückgriff auf die „Lehre von der objektiven Zurechnung" statt. Letztlich erfolge nur eine teleologische Auslegung des Begriffs. Die Auslegung nach Sinn und Zweck der Norm erfolge sozusagen nur unter dem „Deckmantel" der „objektiven Zurechnung"[324].

Dieser Kritikpunkt an *Bartons* Ansatz ist schwerer von der Hand zu weisen als der zuerst diskutierte Punkt. So begründet *Barton* das Entfallen des Zusammenhanges zwischen Vortat und Gegenstand in den von ihm gebildeten Konstellationen[325] bei näherer Betrachtung doch ausschließlich mit dem Argument des Schutzzweckes der Norm[326]. Zumindest auf den ersten Blick scheint der Vorwurf, es gehe um nichts anderes als eine teleologische Auslegung, daher berechtigt zu sein. Aber selbst wenn man diese Kritik für stichhaltig erachtet[327], kann hieraus nicht zwingend die völlige Ungeeignetheit des Ansatzes zur Konkretisierung des Tatbestandsmerkmals „Herrühren" geschlossen werden. Schließlich besitzt *Bartons* Lösungsansatz keinen abschließenden und starren Charakter. So betont *Barton* selbst ausdrücklich, dass seine Betrachtungen sich nur auf wesentliche Aspekte beschränken könnten[328], die *exemplarisch* herausgehoben würden. Ob sich die „Lehre von der objektiven Zurechnung" darüber hinaus auch für andere – nicht von *Barton* dargestellte – Problemfelder des Tatbestandsmerkmals „Herrühren" eignet, kann an dieser Stelle vielmehr noch nicht beurteilt werden und somit nicht als Argument gegen *Bartons* allgemeinen Lösungsansatz über die Erfolgszurechnung gewertet werden.

Gravierender erscheint hingegen der Einwand, dass die „Lehre von der objektiven Zurechnung" speziell auf Fahrlässigkeitsdelikte zugeschnitten sei und sich aus diesem Grund ganz grundsätzlich eine Übertragung der Kriterien auf die Auslegung des Tatbestandsmerkmals „Herrühren" verbiete. Tatsächlich wird nämlich von einem Großteil der Literatur die „Lehre von der objektiven Zurechnung" bei Vorsatzdelikten für überflüssig gehalten. Eine ausfilternde Wirkung könne bereits über den Vorsatz sowie Täterkriterien hergestellt werden[329]. Unabhängig davon, dass eine solche Beschränkung auf Fahrlässigkeitsdelikte generell nicht unumstritten ist[330], lässt sich

---

[322] So ausdrücklich beispielsweise: *Spiske,* S. 122.

[323] Zu den wichtigsten Kriterien der objektiven Zurechnung vgl. die obigen Ausführungen unter: 2. Kapitel) B.) III.) 2.) a).

[324] *NK/Altenhain*, § 261 Rn. 59.

[325] Vgl. zu den einzelnen Fallgruppen *Bartons* 2. Kapitel) B.) III.) 3.) a).

[326] Vgl. hierzu die nähere Begründung *Bartons* zum Zusammenhang von Vortat und Gegenstand unter: 2. Kapitel) B.) III.) 3.) a).

[327] Was noch näher unter der Darstellung der einzelnen Problemfelder des Tatbestandsmerkmals „Herrühren" zu erörtern sein wird.

[328] *Barton,* NStZ 1993, S. 159 (163).

[329] *Kaufmann*, FS für Jescheck, S. 251 (265).

[330] So wird nach der h.M. für den Strafverteidiger bei pflichtgemäßem Handeln § 258 StGB mangels objektiver Zurechenbarkeit tatbestandlich abgelehnt, vgl. Nachweise: *Fischer*, § 258 Rn. 28. Zudem

bei nochmaliger genauerer Betrachtung der obigen Ausführungen zu den relevanten Fallgruppen der „Lehre der objektiven Zurechnung“[331] feststellen, dass zwar einige Aspekte tatsächlich nur im Bereich der Fahrlässigkeit Bedeutung erlangen können, wie beispielsweise der des Pflichtwidrigkeitszusammenhanges[332]. Anderen Wertungskriterien der „Lehre der objektiven Zurechnung“ stehen aber keine Bedenken hinsichtlich einer Anwendbarkeit auf Vorsatzdelikte entgegen, wie beispielsweise der Fallgruppe der Risikoverringerung[333], des eigenverantwortlichen Dazwischentretens eines Dritten in den Kausalverlauf[334] oder des allgemeinen Lebensrisikos/erlaubten Risikos[335]. Die Tatsache, dass *Barton* im Rahmen seiner Ausführungen primär auf den Aspekt des Schutzzweckes der Norm zurückgegriffen hat, kann somit auch als bloße Folge seiner rein „exemplarischen“ Darstellung, ohne abschließenden Charakter, gewertet werden.

cc) Das Kriterium der „rechtlichen Signifikanz“

Stark kritisiert wird zudem der Rückgriff *Bartons* auf die normativen Grundsätze der „rechtlichen Signifikanz“ in den oben dargelegten Konstellationen[336]. Im Rahmen der Darstellung von *Bartons* Auffassung hat noch keine detaillierte Erläuterung des Kriteriums der „rechtlichen Signifikanz“ stattgefunden[337]. Dieser Aspekt muss daher zunächst näher dargestellt werden.

Für die nähere Bestimmung der „rechtlichen Signifikanz“ der Vortat für den Gegenstand greift *Barton* weitgehend auf soziologische Erkenntnisse zurück[338]. Die Sozialwissenschaft bedient sich bei der Durchführung von Untersuchungen zur Bestimmung eines Verlässlichkeitsniveaus des Kriteriums des „Signifikanzniveaus“. Bei der Betrachtung von Korrelationen statistischer Methoden werden bei Signifikanztests unterschiedliche Signifikanzniveaus für vertretbar gehalten. Als übliche Werte in der Sozialwissenschaft werden solche im Bereich von 0,05, 0,01 oder 0,001 genannt[339]. Ohne nähere Begründung geht *Barton* davon aus, dass „diese Werte (auch) den Rahmen zu treffen (scheinen), innerhalb dessen sich auch die juristische Diskussion zur Interpretation des Tatbestandsmerkmals ‚Herrühren‘ bewegen sollte“[340]. Im Anschluss nennt er einen – nach seiner Auffassung – relevanten juristischen Bereich zwischen 1 Promille bis etwa 5 %, so dass ein Gegenstand, der nur noch bis zu dieser Höhe aus einem Katalogerlös stamme, nicht mehr als signifikant als aus diesem „her-

---

ist auch der Straftatbestand der Geldwäsche in Form der „Leichtfertigkeit“ gem. § 261 Abs. 5 StGB verwirklichbar.

331 Vgl. die Ausführungen oben: 2. Kapitel) B.) III.) 2.).

332 Vgl. hierzu die Ausführungen oben: 2. Kapitel) B.) III.) 2.) a) bb). So auch *Leip*, S. 86 Fn. 315.

333 Vgl. die Ausführungen oben: 2. Kapitel) B.) III.) 2.) a) aa) (5).

334 Vgl. die Ausführungen oben: 2. Kapitel) B.) III.) 2.) a) aa) (4).

335 Vgl. die Ausführungen oben: 2. Kapitel) B.) III.) 2.) a) aa) (2).

336 Vgl. beispielsweise *Leip*, S. 109f; *Spiske*, S. 122; *Winkler*, S. 200f.; *Leip/Hardtke*, S. 281 (283); *Großwieser*, S. 77; *NK/Altenhain*, § 261 Rn. 77; *MüKo/Neuheuser*, § 261 Rn. 54.

337 Vgl. die Ausführungen unter: 2. Kapitel) B.) III.) 3.) a).

338 *Barton*, NStZ 1993, S. 159 (163).

339 Vgl. zum Signifikanzniveau in der Sozialwissenschaft: *Reinhold*, Soziologie-Lexikon, S. 555; *Fuchs-Heinritz*, Lexikon der Soziologie, S. 602.

340 *Barton*, NStZ 1993, S. 159 (163).

rührend" anzusehen sei[341]. Welches Signifikanzniveau im Einzelfall zu gelten habe, solle hierbei von der Art des Gegenstandes und der absoluten Höhe des Wertes der bemakelten Teile abhängig sein[342].
Bemängelt wird an *Bartons* Ansatz, dass er auf „außerrechtliche Wertvorstellungen" zurückgreife[343]. Selbst im Bereich der Erfahrungswissenschaften sei die Höhe des Signifikanzniveaus umstritten[344]. Streitige Aspekte der Sozialwissenschaften sollten daher nicht zur juristischen Begriffsbestimmung genutzt werden[345]. Der Ansatz *Bartons* sei zudem zu unbestimmt, da das Verbotene nicht klar und bestimmt abgegrenzt werden könne[346]. Neben diesen Kritikpunkten ist aber auch zweifelhaft, aufgrund welcher Überlegung *Barton* überhaupt auf den rechtlichen Signifikanzbereich zwischen 1 Promille und 5 % gelangt. Das Abstellen auf den konkret vorgeschlagenen Signifikanzbereich erscheint geradezu willkürlich[347]. Neben dieser im Schrifttum geäußerten Kritik ist zudem aber zu bedenken, dass dem sozialwissenschaftlichen Signifikanzniveau und dem juristischen Aspekt der Bemakelungsquote beim Tatbestandsmerkmal „Herrühren" keine vergleichbaren Interessenkonflikte zugrunde liegen. Mit Hilfe des sozialwissenschaftlichen Signifikanzniveaus wird bei der Betrachtung von Korrelationen ein bestimmtes Verlässlichkeitsniveau für statistische Tests ermittelt, während es sich doch im Rahmen des Tatbestandsmerkmals „Herrühren" um eine reine Wertentscheidung handelt.

Der Rückgriff *Bartons* auf das Kriterium der „rechtlichen Signifikanz" ist somit nicht überzeugend[348]. Insoweit ist der Ansatz *Bartons* m. E. abzulehnen. Nicht abschließend geklärt ist damit jedoch, ob die dogmatische Grundlage der „Lehre der objektiven Zurechnung" zur Konkretisierung des Tatbestandsmerkmals „Herrühren" geeignet ist. Mit der Ablehnung des „rechtlichen Signifikanzniveaus" ist nämlich nicht zwingend eine Ablehnung der Erfolgszurechnung als dogmatische Grundlage des Ansatzes von *Barton* verbunden[349]. Die bislang dargelegten Kritikpunkte von einer grundsätzlichen Ablehnung der Wertungen der objektiven Zurechnung konnten noch nicht überzeugen[350]. Es ist daher zu überlegen, ob weitere Aspekte ersichtlich sind, die für eine Abkehr von der „Lehre der objektiven Zurechnung" zur Konkretisierung des Tatbestandsmerkmals „Herrühren" sprechen.

---

341 *ebd.*

342 Nach *Barton* macht es daher einen Unterschied, ob ein PKW im Wert von 30.000 DM mit einem Anteil von 500 DM inkriminierten Geldes aus der Vortat finanziert wird oder aber ein Sportwagen im Wert von 300.000 DM mit 5.000 DM aus bemakelten Geldern stammt. Die Relation zwischen „sauberem" und „schmutzigem" Geld ist zwar in beiden Konstellationen gleich. Da aber im ersten Fall kein Luxusgegenstand vorliegt und die 500 DM nur einen geringen Betrag darstellen, soll in diesem Fall im Unterschied zu der Variante des Sportwagens das Signifikanzniveau noch nicht überschritten sein und somit kein „Herrühren" vorliegen, vgl. *Barton*, NStZ 1993, S. 159 (163).

343 *Leip*, S. 110.

344 Was auch *Barton* ausdrücklich erkennt, vgl. *Barton*, NStZ 1993, S. 159 (163).

345 *Leip*, S. 109.

346 *Bottermann*, S. 103; *Dionyssopoulou*, S. 86.

347 So auch: *Mehlhorn*, S. 81f.

348 Im Rahmen der Darstellung der problematischen Fallkonstellationen bei der Auslegung des Tatbestandsmerkmals „Herrühren" wird auf das Kriterium der „rechtlichen Signifikanz" nochmals im Einzelnen eingegangen.

349 So auch ausdrücklich: *Mehlhorn*, S. 81.

350 vgl. die vorangehende Diskussion unter: 2. Kapitel) B.) III.) 3.) b) (aa) (bb).

dd) Verfassungsrechtliche Bedenken aufgrund „negativer“ Begriffsbestimmung *Bartons*

Gegenüber dem Lösungsansatz *Bartons* der Zurechnungsdogmatik werden aber auch verfassungsrechtliche Bedenken geäußert. Teile des Schrifttums sind der Ansicht, dass durch *Bartons* Auffassung nur eine Regel/Ausnahmelösung geschaffen werden könnte[351]. Da sich bereits die „Lehre von der objektiven Zurechnung“ durch eine kasuistische Betrachtungsweise auszeichne, könne auch eine Auslegung des Tatbestandsmerkmals „Herrühren“ nur exemplarisch durch die Zurechnungskriterien gelingen[352]. Grundsätzlich führe daher die Vorgehensweise *Bartons* dazu, dass sich die Anzahl der bemakelten Güter auf Kausalitätsebene zunächst ins Unendliche potenziere und erst im Anschluss – im Rahmen einer zweiten Prüfungsebene – eine Einschränkung für besonders gelagerte Konstellationen gelinge. Diese „negative Begriffsbestimmung“ des Tatbestandsmerkmals „Herrühren“ sei daher „täterfeindlich“. Sofern nicht ein ausdrücklicher Ausschluss erfolge, reiche im Zweifel die bloße Hervorbringung eines Gegenstandes durch eine der Katalogtaten aus, um den Umgang mit denselben unter den objektiven Tatbestand der Geldwäsche zu stellen. Der potentielle Geldwäscher trage somit das Risiko der Unvollständigkeit normativer Einschränkungskriterien, was in verfassungsrechtlicher Hinsicht bedenklich sei[353]. Der Lösungsweg zur näheren Konkretisierung des Tatbestandsmerkmals „Herrühren“ solle daher ein *umgekehrter* sein[354]. Eine Einschränkung des weiten Begriffs des „Herrührens“ solle bereits auf „erster Ebene“ erfolgen, indem – ausgehend von der Katalogtat – festgestellt werden müsse, ob sämtliche der unmittelbar verursachten Gegenstände als Ausgangspunkt der „Makelkette“ anzusehen seien[355]. Es müsse somit folglich „positiv“ zu bestimmen sein, welche Transformationen beispielsweise zu einer Inkriminierung bislang sauberer Vermögenswerte führten und unter welchen Voraussetzungen ein bereits vorhandener Makel aufrechtzuerhalten sei[356]. Normative Aspekte würden damit nicht erst im Rahmen einer erforderlichen Ausnahmeregelung in die Beurteilung miteinbezogen, sondern determinierten sie von Anfang an[357]. Der Begriff des „Herrührens“ könne hierdurch von Anfang an möglichst restriktiv bestimmt werden[358]. Neben verschiedenen rechtlichen und wirtschaftlichen Gesichtspunkten seien zur „positiven Begriffsbestimmung“ auch phänomenologische und rein pragmatische Erwägungen zu berücksichtigen[359]. Bekannte Strukturen aus dem Strafrecht müssten hier ebenso mit einfließen wie solche aus anderen Rechtsgebieten[360]. Als objektiver Zweck des § 261 StGB müsse zudem zweierlei bei der Begriffsbestimmung mitberücksichtigt werden: Zum einen gehe es um die hinterlassene

---

351 *Leip*, S. 91; *Otto*, Jura 1993, S. 329 (331); *Vest*, S. 417 (428); *Dionyssopoulou*, S. 86.

352 *Leip*, S. 91; kritisch auch *Bottermann*, S. 103.

353 *Leip*, S. 91f.

354 *Leip*, S. 92.

355 *ebd.*

356 *ebd.*

357 *Leip*, S. 93.

358 *ebd.*

359 *ebd.*

360 *ebd.*

Papierspur zurück zur Vortat und zum anderen werde eine Isolierung der Katalogtäter bezweckt[361]. Im Zweifel sei auch der Gesichtspunkt in die Begriffsbestimmung mit einzubeziehen, dass der Geldwäschetatbestand Strafbarkeitslücken im Bereich herkömmlicher Anschlussstraftaten schließen solle[362]. Zusammenfassend soll die „positive" Konkretisierung des Tatbestandsmerkmals „Herrühren" im Wesentlichen in einer Kombination des Schutzzweckes des § 261 StGB mit wirtschaftlichen Erwägungen zu sehen sein.

Für die „negative Begriffsbestimmung" *Bartons* spricht zwar, dass der Gesetzgeber gerade eine bewusst weite Auslegung des Begriffs des „Herrührens" verfolgte[363], so dass eine „auf erster Stufe" anzunehmende weite Inkriminierung von Gegenständen in Einklang mit dem Willen des Gesetzgebers steht. Zudem greift dessen Ansatz auf eine in der Strafrechtslehre bekannte Rechtsfigur zurück, was grundsätzlich vorzugswürdiger erscheint. Weiterhin bietet die „positive Begriffsbestimmung" kein einheitliches Konzept, in das alle Abwägungen schematisch eingeordnet werden können[364].

Andererseits kann der geäußerte Vorwurf hinsichtlich eines Verstoßes gegen den Grundsatz „in dubio pro reo" nicht unberücksichtigt bleiben[365]. Auch wenn sich die objektive Zurechnung einer Handlung und die Begriffsbestimmung des „Herrührens" strukturell ähneln und daher eine Übertragung der Wertungen der Erfolgszurechnung – nach der hier vertretenen Auffassung[366] – grundsätzlich möglich ist, sind die einschränkenden Kriterien der „Lehre von der objektiven Zurechnung" doch auf bestimmte Fallkonstellationen begrenzt[367]. Würde man folglich einzig und allein eine Beschränkung des Tatbestandsmerkmals „Herrühren" über *Bartons* Ansatz verfolgen, dann wäre der potentielle Täter tatsächlich einem sehr hohen Strafbarkeitsrisiko ausgesetzt. Er müsste das Risiko der Unvollständigkeit der normativen Einschränkungskriterien tragen. Mit anderen Worten: Soweit normative Einschränkungskriterien der Erfolgszurechnung nicht eingriffen, müsste das Vorliegen des Tatbestandsmerkmals „Herrühren" aufgrund weitreichender Kausalitätserwägungen angenommen werden. Eine solche Begriffsbestimmung ist mit dem Grundsatz „in dubio pro reo" nur schwer vereinbar. *Bartons* Ansatz über die „Lehre der objektiven Zurechnung" kann somit als allgemeingültiger und abschließender Lösungsansatz zur Einschränkung des Tatbestandsmerkmals des „Herrührens" nicht überzeugen.

---

[361] *ebd.*

[362] *Leip*, S. 93; *Großwieser*, S. 72, 77.

[363] So auch *BGH* NStZ 2001, S. 535 (537); *Lackner/Kühl*, § 261 Rn. 5; *Mehlhorn*, S. 75; *Fischer*, § 261 Rn. 7; *Winkler*, S. 196.

[364] So auch: *Dionyssopoulou*, S. 102.

[365] *Leip*, S. 93.

[366] Vgl. die Ausführungen unter: 2. Kapitel) B.) III.) 3.) b) aa).

[367] Vgl. hierzu die einzelnen Fallkonstellationen unter: 2. Kapitel) B.) III.) 2.) a) aa). Problematisch ist folglich also nicht, dass *Barton* seine Ausführungen auf vier problematische Fallkonstellationen begrenzt (vgl. hierzu die Ausführungen unter 2. Kapitel) B.) III.) 3.) b) bb)), sondern dass die „Lehre von der objektiven Zurechnung" an sich nur eine beschränkte Anzahl von Einschränkungskriterien liefern kann.

c) Zusammenfassung und Stellungnahme

*Bartons* Lösungsansatz über die Grundsätze der Zurechnungsdogmatik ist in zweifacher Hinsicht Kritik ausgesetzt. Zum einen kann der von ihm vorgenommene Rückgriff auf Kriterien der „rechtlichen Signifikanz" nicht überzeugen[368]. Weiterhin kann durch seinen Ansatz über die Erfolgszurechnung keine allgemeingültige, abschließende Einschränkung des weiten Begriffs des „Herrührens" gewonnen werden[369]. Nur so kann dem strafrechtlichen Grundsatz „in dubio pro reo" Rechnung getragen werden. Grundsätzlich muss ein „Herrühren" aus der Vortat somit „positiv" mit oben genannten Erwägungen wirtschaftlicher und rechtlicher Art im konkreten Fall begründet werden. Ein schematischer Lösungsansatz über die Erfolgszurechnung ist daher abzulehnen.

[368] Auf die Kriterien der „rechtlichen Signifikanz" wird im Rahmen der nachfolgenden Ausführungen zu einzelnen problematischen Fallgruppen des „Herrührens" nochmals Bezug genommen.

[369] Nichtsdestotrotz soll im Rahmen der nachfolgenden Darstellungen problematischer Fallkonstellationen auch auf *Bartons* Ansatz der Erfolgszurechnung eingegangen werden. Nur hierdurch kann abschließend beurteilt werden, ob dessen Auffassung – freilich unter Zurückstellen der verfassungsrechtlichen Bedenken – in sich konsequent ist.

## C. Zusammenfassung des Kapitels

Die Zurechnungsdogmatik im weiteren Sinn ist zwar ein erster tauglicher Weg zur Beschränkung des Tatbestandsmerkmals „Herrühren". Ein abschließender Lösungsansatz kann hierdurch jedoch nicht gewonnen werden. Durch die von *Barton* umformulierte „conditio-sine–qua–non-Formel" kann eine Einschränkung des weiten Begriffs nicht erreicht werden[370]. Sein Rückgriff auf Kriterien der Adäquanzthorie liefert jedoch einen ersten brauchbaren Ansatz zur Begriffsbestimmung[371]. Bei völlig atypischen Erwerbsvorgängen entfällt der Zusammenhang zwischen Vortat und Gegenstand demnach. Auch das Hinzuziehen von Grundüberlegungen der „Lehre von der objektiven Zurechnung" ist grundsätzlich zur näheren Beschränkung des Begriffs „Herrühren" geeignet[372]. Als alleiniger und abschließender Lösungsansatz scheidet dieser aus verfassungsrechtlichen Gründen jedoch aus. Überzeugender ist es daher, den Begriff des „Herrührens" „positiv" zu bestimmen. Hierbei sind rechtliche und wirtschaftliche Aspekte ebenso mit einzubeziehen wie der Sinn und Zweck des § 261 StGB[373].

Im Anschluss werden die wichtigsten Einzelprobleme des Tatbestandsmerkmals „Herrühren" näher beleuchtet. Altbekannte Schwierigkeiten sollen ebenso Berücksichtigung finden wie Problemfelder im Bereich aktueller Erscheinungsformen der Geldwäsche. Die hierzu vertretenen Lösungsansätze sollen möglichst umfassend dargelegt werden. Bereits an dieser Stelle kann aber festgehalten werden, dass aufgrund der vorangegangenen Überlegungen eine „positive" Begriffsbestimmung des „Herrührens" geboten ist.

---

[370] Vgl. die Ausführungen unter. 2. Kapitel) B.) I.) 2.) und 3.). Im Rahmen der nachfolgenden Ausführungen im 3. Kapitel zeigt sich jedoch, dass sich bereits einige problematische Fallkonstellationen des Tatbestandsmerkmals „Herrühren" mit überwiegenden Kausalitätserwägungen ausschließen lassen, vgl. beispielsweise die *„instrumenta sceleris"* 3. Kapitel) A.) I.) 4.).

[371] Vgl. hierzu die Ausführungen unter 2. Kapitel) B.) II.) 2.).

[372] Ob *Bartons* Ansatz an sich stimmig und konsequent ist und er im Rahmen seiner Ausführungen überwiegend auf Aspekte der objektiven Zurechnung zurückgreift, kann hingegen an dieser Stelle noch nicht abschließend beurteilt werden und muss im Rahmen der Erörterung der einzelnen Problemfelder des Tatbestandsmerkmals „Herrühren" erfolgen.

[373] Vgl. hierzu die Ausführungen unter 2. Kapitel) B.) III. 2.) b) dd). Wobei natürlich auch Kausalitäts- und Zurechnungskriterien in die Bewertung der einzelnen Konstellationen miteinfließen können, vgl. beispielsweise für die „instrumenta sceleris" unter 3. Kapitel) A.) I.) 4.). Kausalitäts- und Zurechnungskriterien eignen sich zwar nicht als abschließender Lösungsansatz zur Bestimmung des Tatbestandsmerkmals des „Herrührens", können aber bei einer „positiven" Begriffsbestimmung des Tatbestandsmerkmals „Herrühren" mitberücksichtigt werden.

## 3. Kapitel: Problemfelder im Rahmen des Tatbestandsmerkmals „Herrühren"

Grundsätzlich ist zu unterscheiden zwischen unmittelbar aus der Vortat herrührenden Gegenständen und den nur mittelbar aus ihr „herrührenden" (insbesondere Nutzungen und Surrogate).

### A. Unmittelbar kontaminierte Gegenstände

#### I. Grundsätzliches

Zunächst sollen solche Gegenstände näher begutachtet werden, die unmittelbar aus der Vortat hervorgegangen sind.

##### 1. „Scelere quaesita"

Bsp.: Der Vortäter entführt das Kind einer reichen Familie und macht sich wegen einer räuberischen Erpressung gem. §§ 253, 255 StGB strafbar. Als Lösegeld erhält er 50.000 €.

Bsp.: Der Vortäter hat als Mitglied einer Bande, die sich zur fortgesetzten Begehung von Diebstählen verbunden hat, Diebesbeute in Höhe von 50.000 € erlangt.

„Rührt" die jeweils erlangte Geldsumme aus der Vortat „her"?

Unmittelbar aus der Vortat stammt typischerweise die Verbrechensbeute, sog. *„scelere quaesita"*. Der Umfang der Verbrechensbeute lässt sich anhand der gesetzlichen Vorgaben aus dem Allgemeinen Teil (§ 73 Abs. 1 StGB) bestimmen. Umfasst sind demnach sowohl die für die Vortat erlangten Gegenstände (so z.B. Lohn, Entgelt, Lösegeld) sowie die durch sie erlangten Gegenstände (z.B. Diebesbeute, Bestechungsgeld, Erlös aus Verkauf von Betäubungsmitteln).

Bezüglich dieser Gegenstände wird ein „Herrühren" aus der Vortat grundsätzlich angenommen[374]. In der Erfassung solcher Gegenstände wird gerade der eigentliche Anwendungsbereich des § 261 StGB gesehen[375]. Dieses Ergebnis lässt sich aus mehreren Erwägungen ableiten. Zum einen folgt dies aus der Nennung des Verfalles in § 261 Abs. 1 StGB[376]. Die Vereitelung oder die Gefährdung des Verfalles ist Tathandlung i. S. d. § 261 Abs. 1 StGB. Da die *„scelere quaesita"* Gegenstände des Verfalles sind, müssen sie geradezu zwingend taugliche Geldwäscheobjekte sein. Die

---

374 Vgl. hierzu nur: *Fischer*, § 261 Rn. 7a; *Lackner/Kühl*, § 261 Rn. 5; *NK/Altenhain*, § 261 Rn. 62; *Leip*, S. 93f.; *Burr*, S, 68; *Vest*, S. 417 (428); *Egger Tanner*, S. 100; *Salditt*, S. 123; *Großwieser*, S. 72; *MüKo/Neuheuser*, § 261 Rn. 44; *Mehlhorn*, S. 75; *Balzer*, S. 243; *Bottke*, S. 87 (91).

375 Allgemeine Ansicht: vgl. beipielsweise. *Leip*, S. 94; *Großwieser*, S. 72.

376 So auch: *NK/Altenhain*, § 261 Rn. 61.

entsprechende Tatbestandsalternative des § 261 Abs. 1 StGB stünde anderenfalls nicht in Einklang mit den Vorschriften des Allgemeinen Teils. Gleiches Ergebnis ist erst Recht geboten, wenn man § 261 StGB als „Blankettgesetz" auffasst und den gesamten Geldwäschetatbestand mittelbar durch Verfalls- und Einziehungsvorschriften ausfüllen möchte[377]. Die *„scelere quaesita"* unterliegen gem. § 73 Abs. 1 StGB dem Verfall. Auch bei Abstellen auf Kausalitäts- und Zurechnungsaspekte zur Bestimmung des Tatbestandsmerkmals[378] „rühren" die *„scelere quaesita"* aus der Vortat „her". Wertende Aspekte, die einen Zurechnungszusammenhang zur Vortat entfallen lassen könnten, sind nicht ersichtlich. Die Aspekte einer Rückverfolgung der „Papierspur" zum Vortäter und dessen wirtschaftliche Isolierung lassen ebenfalls kein anderes Ergebnis zu. Auch der hier angenommene Sinn und Zweck des § 261 StGB, die Sicherstellung einer effektiven Strafverfolgung[379], gebietet ein Erfassen der *„scelere quaesita"* vom Begriff des „Herrührens". Ohne das Erfassen von Lohn, Entgelt und Beute aus der Vortat wäre eine effektive Strafverfolgung schon im Grundsatz nicht möglich.

Zweifel äußert die Literatur lediglich hinsichtlich der Geldwäschetauglichkeit von solchen Tatentgelten, die als Vorschuss oder Vorleistung gezahlt werden, es zur eigentlichen Ausführung der Tat aber noch nicht gekommen ist[380]. Bei einem Rückgriff auf Verfalls- und Einziehungsvorschriften[381] zur Begriffseinschränkung müsste ein „Herrühren" auch für solche Entgelte angenommen werden. Nach den Vorschriften des Verfalls ist es nämlich unerheblich, ob das Tatentgelt vor oder erst nach Begehung der Straftat geleistet wird[382]. Maßgeblich ist im Rahmen der Verfallsvorschriften nur, dass das Tatentgelt nicht gelegentlich einer Straftat, sondern als Gegenleistung für die Tatbegehung erlangt wird[383]. Das Tatentgelt wäre also, unabhängig von der Begehung der Vortat, taugliches Geldwäscheobjekt[384].

Die Strafbarkeit der Geldwäsche würde hierdurch aber sehr weit vorgelagert, so dass eine solche Auslegung bedenklich ist[385]. Bereits aus dem Wortlaut des § 261 StGB lässt sich entnehmen, dass die Geldwäsche an die Begehung der Vortat anknüpft. Dies muss erst recht gelten, wenn man eine Tatbestandskonkretisierung anhand von Kausalitäts- bzw. Zurechnungskriterien verfolgt[386]. Insofern kommt ein Vorschuss oder eine Vorleistung erst dann als geldwäschetauglicher Gegenstand in Betracht, wenn die Vortat zumindest ins Versuchsstadium gelangt ist[387]. Erst ab diesem Zeit-

---

377 Vgl. hierzu die ablehnenden Ausführungen unter: 1. Kapitel) B.) IV.) 1.) c) aa). So konsequent: *Arzt*, JZ 1993, S. 913 (914).

378 Vgl. hierzu die Ausführungen des 2. Kapitels.

379 Vgl. hierzu die Ausführungen unter: 1. Kapitel) B.) IV.) 1.) c) ii).

380 Vgl. *Höreth*, S. 115; *NK/Altenhain*, § 261 Rn. 61.

381 Vgl. hierzu die ablehnenden Ausführungen unter: 1. Kapitel) B.) IV.) 1.) c) aa).

382 *Eser* in *Schönke/Schröder*, § 73 Rn. 8.

383 *Eser* in *Schönke/Schröder*, § 73 Rn. 8; *BGH* NStZ-RR 2002, S. 366.

384 *Höreth*, S. 115.

385 Dies kann ebenfalls als ein weiteres Argument gegen die von *Arzt* vertretene Bestimmung des Tatbestandsmerkmals „Herrühren" anhand Verfalls- und Einziehungsvorschriften hervorgebracht werden, vgl. hierzu: 1. Kapitel) B.) IV.) 1.) c) aa).

386 Vgl. hierzu das 2. Kapitel.

387 *Höreth*, S. 115; *Graber*, S. 129.

punkt besteht ein Anknüpfungspunkt für eine Kausalkette zwischen Vortat und Gegenstand. Auch der im Rahmen dieser Ausführungen verfolgte Sinn und Zweck der Geldwäsche erfordert einen solchen Lösungsansatz. Eine effektive Strafverfolgung kann nur dann schutzbedürftig sein, wenn überhaupt eine strafbare Vortathandlung vorliegt. Letztlich spricht für diese Lösung auch der allgemeine Grundsatz, dass sog. Vorbereitungshandlungen, also solche, die nur der Vorbereitung einer Straftat dienen, straflos bleiben müssen[388].

*„Scelere quaesita"* „rühren" somit aus der Vortat „her", wenn die Vortat zumindest ins Versuchsstadium gelangt ist.

### 2. „Producta sceleris"

Bsp.: Der Vortäter stellt gewerbsmäßig gefälschte Urkunden her. „Rühren" diese aus der Vortat „her"?

Bereits weniger klar stellt sich die Rechtslage für solche Gegenstände dar, die aus der Vortat hervorgebracht wurden, sog. *„producta sceleris"*. Der Umfang der hierunter fallenden Gegenstände wird im Sinne des § 74 StGB bestimmt[389]. Folglich sind solche Gegenstände als *„producta sceleris"* anzusehen, die entweder ihre Entstehung oder ihre gegenwärtige Beschaffenheit der Tat verdanken, so z.B. die immer wiederkehrenden Beispiele der gefälschten Münzen oder Urkunden[390]. Es kommt hier insbesondere auf das unmittelbare Hervorbringen aus der Vortat an. Nicht ausreichend ist hingegen, dass die Gegenstände durch die Straftat lediglich erlangt worden sind.

Ob die aus der Vortat hervorgebrachten Produkte aus der Vortat „herrühren" ist in der Literatur umstritten[391]. Der Annahme eines „Herrührens" der *„producta sceleris"* aus der Vortat wird entgegengesetzt, dass diese Gegenstände zu keinem Zeitpunkt Bestandteil des legalen Wirtschaftsverkehrs gewesen seien[392]. Vielmehr seien sie durch eine rechtswidrige Tat erst entstanden. Da es bei der Geldwäsche jedoch um die Rückführung deliktisch erlangter Vermögenswerte in den legalen Wirtschaftsverkehr gehe, könnten die *„producta sceleris"* insgesamt als nicht als aus einer Straftat „herrührend" angesehen werden. Es könne nur etwas in den legalen Wirtschaftsverkehr zurückgeführt werden, was überhaupt jemals Bestandteil dessen gewesen sei[393]. Dieser Argumentation kann jedoch der Sinn und Zweck des Geldwäschedeliktes entgegengesetzt werden. Eine effektive Strafverfolgung wäre geradezu ausgeschlossen, wenn der Gegenstand, der aus der Vortat an sich hervorgegangen und somit in besonders engem Verhältnis zu dieser steht, schon nicht geldwäschetauglich

---

388 So auch *Höreth*, S. 115.

389 *Leip*, S. 95.

390 *Eser* in *Schönke/Schröder*, § 74 Rn. 8.

391 Für ein „Herrühren" der „producta sceleris" aus der Vortat vergleiche: *Lackner/Kühl*, § 261 Rn. 5; *Fischer*, § 261 Rn. 7a; *NK/Altenhain*, § 261 Rdnr. 62; *MüKo/Neuheuser*, § 261 Rn. 44; *Burr*, S. 68; *Egger Tanner*, S. 100; *Mehlhorn*, S. 76; *Balzer*, S. 243; *Winkler*, S. 196. Dagegen: *Leip*, S. 95; *Dionyssopoulu*, S. 106f.

392 *Leip*, S. 95.

393 *ebd.*

wäre. Zudem überzeugt das genannte Argument nicht. Entscheidend für die Strafbarkeit der Geldwäsche ist, dass ein Gegenstand in den legalen Wirtschaftsverkehr einfließt, obwohl er deliktisch erlangt wurde. Ob der Gegenstand zuvor bereits Gegenstand des legalen Wirtschaftsverkehrs gewesen ist oder aber durch rechtswidriges Handeln erst entstanden ist, kann keinen Unterschied machen. In beiden Konstellationen wird ein Gegenstand, der an sich nicht Bestandteil des legalen Wirtschaftsverkehrs sein kann und darf, als legales Wirtschaftsobjekt in diesen eingeführt. Gerade darin liegt der besondere Unrechtsgehalt der Geldwäsche. Dieser ist aber auch gerade bei den *„producta sceleris"* erfüllt.

Die Einbeziehung der *„producta sceleris"* in den Kreis geldwäschetauglicher Tatobjekte wird weiterhin mit dem Argument abgelehnt, dass ansonsten schwer lösbare Konkurrenzprobleme entstünden[394]. So sei bei einer Einbeziehung der *„producta sceleris"* in den Kreis geldwäschetauglicher Tatobjekte bereits beispielsweise der Handel mit Betäubungsmitteln sowie das Inverkehrbringen von Falschgeld eine tatbestandsmäßige Geldwäsche[395]. Der vorsätzliche Umgang mit einem *„productum sceleris"* unterfalle aber regelmäßig einem speziellen Straftatbestand[396]. Würde man daher für die *„producta sceleris"* ein „Herrühren" aus der Vortat annehmen, dann würde dies zu „unnötigen Abgrenzungsschwierigkeiten auf Konkurrenzebene" führen[397]. Bei diesem Argument handelt es sich jedoch um eine rein pragmatische Erwägung. Zudem verkennt diese Auffassung, dass der Umgang mit den *„producta sceleris"* nicht in jedem Fall einem speziellen Straftatbestand unterfällt. So ist beispielsweise die Strafbarkeit wegen Geldfälschung gem. § 146 Abs. 1 Nr. 3 StGB an die strengen Voraussetzungen der Nr. 1 und 2 des § 146 Abs. 1 StGB gekoppelt. Insbesondere greift der Straftatbestand des § 146 StGB nur bei Absicht hinsichtlich des „Inverkehrbringens" und einer auch ansonsten vorsätzlichen Begehungsweise ein, während die Geldwäsche auch das „leichtfertige" Handeln unter Strafe gem. § 261 Abs. 5 StGB stellt. Somit unterfällt der Umgang mit *„producta sceleris"* nicht zwingend einem speziellen Straftatbestand. Der Eintritt von Konkurrenzproblemen kann daher kein durchschlagendes Argument für eine abzulehnende Einbeziehung der *„producta sceleris"* in den Kreis geldwäschetauglicher Objekte sein.

Für eine Einbeziehung der *„producta sceleris"* spricht weiterhin auch die ausdrücklich in § 261 Abs. 1 StGB normierte Einziehungsvereitelung bzw. Einziehungsgefährdung[398]. Ohne ein Erfassen der *„producta sceleris"* liefe die Tatmodalität doch weitgehend leer, da die ebenfalls der Einziehung unterliegenden *„instrumenta sceleris"* offensichtlich nicht als geldwäschetaugliche Gegenstände in Betracht kommen[399]. Dieser Überlegung wird seitens der Gegenauffassung entgegengesetzt, dass immerhin die *sog. Beziehungsgegenstände* einer Einziehung unterlägen. Von einem Leerlauf der Einziehungsvereitelung bzw. -gefährdung könne daher nicht gesprochen

---

[394] *Leip,* S. 96.

[395] *ebd.*

[396] So beispielsweise: § 146 Abs. 1 Nr. 3 StGB bzw. § 147 StGB, § 267 Abs. 1 3. Alt. StGB.

[397] *Leip,* S. 96.

[398] *Lackner/Kühl,* § 261 Rn. 5.

[399] Vgl. hierzu die nachfolgenden Ausführungen zu den *„instrumenta sceleris"* unter: 3. Kapitel) A.) I.) 4.).

werden[400]. Aber selbst wenn man – was im Rahmen der nachfolgenden Ausführungen abgelehnt wird[401] – die *sog. Beziehungsgegenstände* dem Kreis geldwäschetauglicher Gegenstände zuordnet, kann dieses Gegenargument nicht überzeugen. Bei den *sog. Beziehungsgegenständen* handelt es sich nämlich um notwendige Gegenstände der Tat selbst (sog. passive Objekte der Tat)[402]. Die Verwendung des Gegenstandes erschöpft sich jeweils in dem Gebrauch, auf dessen Verhinderung der betreffende Tatbestand abzielt. Ihm kommt sozusagen eine reine „Tatobjekt"–Funktion zu[403]. Wenn man jedoch für die *sog. Beziehungsgegenstände* ein „Herrühren" aus der Vortat bejahen möchte, so muss dies erst Recht für die *„producta sceleris"* gelten. Während die *sog. Beziehungsgegenstände* nämlich gewissermaßen „Voraussetzungen" für eine Verwirklichung der Vortat sind, sind die *„producta sceleris"* zumindest „Resultat" der Vortat, so dass bereits begrifflich für diese ein „Herrühren" aus der Vortat näher liegt als für die *sog. Beziehungsgegenstände*[404]. Auch bei einem Abstellen auf Kausalitäts- bzw. Zurechnungskriterien[405] ist dieses Ergebnis überzeugend. Ein Kausalzusammenhang zwischen Vortat und *„producta sceleris"* besteht bei diesen eher als bei *sog. Beziehungsgegenständen.*

Zusammenfassend kann somit festgehalten werden, dass aufgrund der voranstehenden Erwägungen die stichhaltigeren Argumente dafür sprechen, die *„producta sceleris"* in den Kreis geldwäschetauglicher Gegenstände mit einzubeziehen.

### 3. Beziehungsgegenstände

Fraglich ist, ob *sog. Beziehungsgegenstände* geldwäschetauglich sind. Wie bereits im Rahmen der Darstellung der *„producta sceleris"* dargelegt[406], handelt es sich bei *Beziehungsgegenständen* um notwendige Gegenstände der Tat selbst (auch sog. passive Objekte der Tat)[407]. Sie beinhalten gerade solche Sachen und Rechte nicht, die Werkzeuge für oder Produkte der Tat sind[408]. Die Verwendung des *Beziehungsgegenstandes* erschöpft sich vielmehr jeweils in dem Gebrauch, auf dessen Verhinderung der betreffende Tatbestand abzielt. Beispiele hierfür sind unbefugt besessene Sprengstoffe und Waffen, geschmuggelte Waren oder das Betäubungsmittel nach § 33 BtMG. Weiterhin ist auch das Kraftfahrzeug beim Fahren ohne Fahrerlaubnis ein *Beziehungsgegenstand*[409] oder der versteckte Gegenstand zum Zwecke des Versicherungsbetruges[410].

---

400 *Leip*, S. 97; *Großwieser*, S. 73, 77.

401 Vgl. hierzu die nachfolgenden Ausführungen zu den *„Beziehungsgegenständen"* unter: 3. Kapitel) A.) I.) 3.).

402 *Fischer*, § 74 Rn. 10.

403 *MüKo/Neuheuser*, § 261 Rn. 44.

404 Aus diesem Grund wird unter: 3. Kapitel) A.) I.) 3.) für die *sog. Beziehungsgegenstände* ein „Herrühren" abgelehnt.

405 Vgl. hierzu die Ausführungen des 2. Kapitels.

406 Vgl. hierzu die Ausführungen unter: 3. Kapitel) A.) I.) 2.).

407 *Fischer*, § 74 Rn. 10.

408 Vgl. auch zur Definition unter: 3. Kapitel) A.) I.) 2.).

409 *BGHSt* 10, S. 28.

410 *Fischer*, § 74 Rn. 10.

Ein Teil der Literatur vertritt die Ansicht, dass *Beziehungsgegenstände* dem Kreis geldwäschetauglicher Gegenstände unterfallen müssen[411]. Begründet wird dies einerseits mit der Vorschrift des § 261 Abs. 7 StGB[412]. Diese Regelung verweise ausdrücklich auf § 74 StGB und erwähne die *Beziehungsgegenstände*. Wegen des weiten Anwendungsbereichs der Geldwäsche könne § 261 Abs. 7 StGB daher so verstanden werden, dass sich der Geldwäschetatbestand auch auf *Beziehungsgegenstände* der Vortat beziehe[413]. § 261 Abs. 7 StGB ermöglicht aber nur die Einziehung der *Beziehungsgegenstände* der Geldwäsche. Diese Vorschrift war erforderlich, weil *Beziehungsgegenstände* nur dann eingezogen werden können, wenn gesetzliche Vorschriften dies bestimmen (§ 74 Abs. 4 StGB)[414]. Die Regelung lässt aber nicht den Schluss zu, dass zu den *Beziehungsgegenständen* der Geldwäsche auch die *Beziehungsgegenstände* der Vortaten gehören[415]. *Beziehungsgegenstände* der Vortat und solche der Geldwäsche sind vielmehr streng voneinander zu unterscheiden.

Aufgeführt wird auch, dass es anderenfalls zu kaum überwindbaren Abgrenzungsproblemen zwischen *„scelere quaesita"* und den *Beziehungsgegenständen* käme[416]. Durch das für das im Verfallsrecht neu eingeführte Bruttoprinzip[417] seien die Abgrenzungsschwierigkeiten zu den *„scelere quaesita"* nämlich zusätzlich verstärkt worden[418]. *Beziehungsgegenstände* müssten daher aufgrund ihrer Nähe zu den Tatgewinnen dem Kreis geldwäschetauglicher Gegenstände ebenso wie die *„scelere quaesita"* unterfallen. Diese allein pragmatische Erwägung kann aber ebenfalls nicht überzeugen[419]. Bestehende Abgrenzungsprobleme stellen kein überzeugendes Argument dafür dar, eine Abgrenzung gänzlich zu unterlassen.

Gegen die Annahme eines „Herrührens" der *Beziehungsgegenstände* aus der Vortat spricht zum einen der Wortlaut. Der mögliche Wortsinn des Tatbestandsmerkmals „Herrühren" lässt als äußerste Grenze zulässiger Interpretation ein Erfassen dieser von § 261 StGB nicht mehr zu[420]. Auch bei einem Abstellen auf Kausalitäts- und Zurechnungskriterien[421] kann kein anderes Ergebnis gewonnen werden[422]. Als „pas-

---

[411] So auch: *Burger/Peglau*, S. 854 (857); *Dionyssopoulou*, S. 107; *Fischer*, § 261 Rn. 7a; *Spiske*, S. 112; *Leip*, S. 97; *Winkler*, S. 196f.

[412] Vgl. *Dionyssopoulou*, S. 107.

[413] *ebd.*

[414] Vgl. hierzu auch: 1. Kapitel) B.) IV.) 1.) c) aa) (1).

[415] So auch: *NK/Altenhain*, § 261 Rn. 67.

[416] *Leip*, S. 97.

[417] Nach dem Bruttoprinzip sind die zur Erlangung des Vermögenszuwachses gemachten Aufwendungen – abweichend vom früheren Recht – nicht mehr abziehbar, vgl. *BFH* NJW 2000, S. 3085.

[418] Folgendes Beispiel von *Arzt*, JZ 1993, S. 914 (915), zeigt, wie schwer eine solche Abgrenzung fallen kann: Anwalt A legt in Kenntnis der Herkunft von Drogengeldern des Drogendealers D im eigenen Namen, wirtschaftlich aber für D, das Drogengeld beim ahnungslosen Bankier B an. Zwischen der den Gewinn umfassenden Verbrechensbeute *(scelere quaesita)* in Höhe des Zinsen bringenden Drogengeldes und dem Beziehungsgegenstand der Geldwäsche des A kann hier kaum sauber getrennt werden.

[419] Ebenso: *NK/Altenhain*, § 261 Rn. 64.

[420] *Burr*, S. 68; *Mehlhorn*, S. 76.

[421] Vgl. hierzu die Ausführungen im 2. Kapitel.

[422] *Höreth*, S. 125.

sives Tatobjekt" der Vortat wird der *Beziehungsgegenstand* gerade nicht durch die Vortat „hervorgebracht", sondern ist für deren Verwirklichung vielmehr notwendige Voraussetzung. Eine Bestätigung für die Verneinung der Geldwäschetauglichkeit ergibt sich zudem aus der Fassung des § 261 Abs. 1 Satz 3 StGB. Die durch Steuerhinterziehung ersparten Aufwendungen und unrechtmäßig erlangten Steuererstattungen und -vergütungen sind hier als typische *Beziehungsgegenstände* explizit in den Kreis geldwäschetauglicher Gegenstände mit aufgenommen worden. Würde man *Beziehungsgegenständen* somit generell Geldwäschetauglichkeit zusprechen, dann wäre die spezielle Regelung des § 261 Abs. 1 Satz 3 StGB überflüssig[423]. Es ist somit überzeugender, die *Beziehungsgegenstände* als nicht taugliche Geldwäscheobjekte zu qualifizieren[424].

### 4. „Instrumenta sceleris"

Weit weniger diskutiert wird die Frage, ob die *„instrumenta sceleris"* aus der Vortat „herrühren". Es handelt sich bei diesen um Tatwerkzeuge der Vortat.

Vereinzelte Vertreter der Literatur möchten auch die *„instrumenta sceleris"* in den Kreis geldwäschetauglicher Gegenstände mit aufnehmen[425]. Auch wenn diese Ansicht bereits mit dem Wortlaut des Tatbestandsmerkmals nur schwer zu vereinbaren ist, da die *„instrumenta sceleris"* zur Begehung der Vortat eingesetzt werden und es somit an der Ursächlichkeit zur Vortat fehlt[426], ist diese in sich doch konsequent. Qualifiziert man den Geldwäschetatbestand nämlich – wie ein Teil der Vertreter dieser Auffassung – als Blankettgesetz der Verfalls- und Einziehungsvorschriften[427], müssen die *„instrumenta sceleris"* beinahe zwingend geldwäschetauglich sein, da diese der Einziehung unterliegen. Um den Anspruch auf Einziehung der *„instrumenta sceleris"* erfolgreich schützen zu können, müsse es daher für die Annahme der Geldwäschetauglichkeit der *„instrumenta sceleris"* ausreichen, dass die Eigenschaft, Anspruchsgegenstand zu sein, erst mit der Begehung der Katalogtat entstehe. Ein Kausalzusammenhang bestehe dann zumindest zwischen begangener Katalogtat und entstandenem Anspruch, auch wenn es an einem solchen zwischen Vortat und dem konkreten *„instrumentum sceleris"* fehle[428].

Unter Bezugnahme auf den Wortlaut sowie Kausalitäts- und Zurechnungskriterien müssen die *„instrumenta sceleris"* aus dem Kreis geldwäschetauglicher Gegenstände ausscheiden[429]. Die *„instrumenta sceleris"* ermöglichen das Begehen der Vortat gerade erst, so dass bereits aufgrund einfacher Kausalitätserwägungen ein „Herrühren"

---

423 *NK/Altenhain*, § 261 Rn. 64; *Egger Tanner*, S. 101.

424 So auch: *Burr*, S. 68; *Mehlhorn*, S. 76; *Höreth*, S. 125; *MüKo/Neuheuser*, § 261 Rn. 44; *NK/Altenhain*, § 261 Rn. 64.

425 *SK/Hoyer*, § 261 Rn. 11; *Arzt/Weber*, § 29 Rn. 11; *Körner*, § 29 Rn. 1859; *Haft*, Strafrecht, Besonderer Teil, S. 196.

426 So auch: *NK/Altenhain*, § 261 Rn. 63; *Egger Tanner*, S. 101.

427 Vgl. hierzu die ablehnenden Ausführungen unter: 1. Kapitel) B.) IV.) 1.) c) aa) (1).

428 *SK/Hoyer*, § 261 Rn. 11.

429 So im Ergebnis die ganz h.M., vgl. nur: *Leip*, S. 94f.; *Burr*, S. 68; *Dionyssopoulou*, S. 106f.; *Höreth*, S. 125; *MüKo/Neuheuser*, § 261 Rn. 44; *Vest*, S. 417 (428).

aus der Vortat abzulehnen ist. Eine Einbeziehung der *„instrumenta sceleris"* ist auch nicht aufgrund der teleologischer Erwägungen erforderlich. Auch ein wirtschaftlicher Zusammenhang besteht zwischen Vortat und *„instrumentum sceleris"* nicht[430].

### 5. Ergebnis

*„Scelere quaesita"* sind als geldwäschetaugliche Gegenstände einzustufen. Problematisch ist lediglich die Konstellation, in der das Tatentgelt vor der tatsächlichen Tatbegehung erlangt wird. Die Vortat muss dann zumindest ins Versuchsstadium gelangt sein. Anderenfalls kann ein „Herrühren" aus der Vortat nicht angenommen werden. Die *„producta sceleris"* stellen nach der hier vertretenen Auffassung taugliche Geldwäscheobjekte dar. Anders verhält es sich bei den *sog. Beziehungsgegenständen.* Bereits der Wortlaut als auch Kausalitäts- und Zurechnungsaspekte sprechen gegen die Geldwäschetauglichkeit dieser.
Ebenso verhält es sich nach der hier vertretenen Ansicht auch bei den *„instrumenta sceleris"*.

## II. Besonderheiten und Probleme beim unmittelbar erlangten Ursprungsgegenstand

Im Rahmen des unmittelbar aus der Vortat stammenden Ursprungsgegenstandes sind jedoch auch einige Probleme und Besonderheiten ersichtlich. Die Bejahung des Tatbestandsmerkmals „Herrühren" ist in diesen Fällen zweifelhaft. Die sich stellenden Besonderheiten sind daher Gegenstand der nachfolgenden Überlegungen.

### 1. Wertverlust des unmittelbar erlangten Ursprungsgegenstandes

Fraglich ist zunächst, wie es sich auf die Geldwäschetauglichkeit des unmittelbar aus der Vortat erlangten Ursprungsgegenstand auswirkt, wenn sich dieser später wertmäßig verschlechtert. Denkbar sind in diesem Zusammenhang sowohl die Extremfälle, in denen der Ursprungsgegenstand völlig zerstört wird und somit einen völligen Wertverlust erleidet[431]. Die weitaus häufigere Variante ist hingegen, dass der Ursprungsgegenstand einem natürlichen Verschleiß durch Abnutzung oder Schadenseintritt unterliegt, woraus sich der Wertverlust ergibt[432].

---

[430] *Leip,* S. 94f.

[431] So zum Beispiel der Fall, dass der gestohlene PKW zur Gewinnung von Ersatzteilen „ausgeschlachtet" und somit völlig zerstört wird oder eine Maschine, die noch in ihren Einzelteilen vorhanden ist, aber dennoch ihren Zweck nicht mehr erfüllen kann.

[432] So zum Beispiel der Fall, dass der gestohlene Luxuswagen nach mehreren Jahren der Benutzung und Eigentümerwechsel schrottreif aufgrund erheblicher Abnutzung geworden ist.

a) Völliger Wertverlust des unmittelbar aus der Vortat erlangten Ursprungsgegenstandes

Bsp.: Mit dem aus der Vortat erlangten PKW gerät der Vortäter in einen schweren Verkehrsunfall. Der PKW besitzt keinen wirtschaftlichen Wert mehr. Ist der PKW noch geldwäschetauglich?

aa) Bereits im Rahmen der obigen Ausführungen zu *Bartons* Ansatz über die Grundsätze der objektiven Zurechnung wurde auf die Fallkonstellation eingegangen, dass ein Wertverlust des aus der Vortat erlangten Gegenstandes eintritt[433]. Ruft man sich *Bartons* Überlegung[434] in Erinnerung, so soll ein „Herrühren" eines völlig wertlos gewordenen Gegenstandes aufgrund der Grundsätze der objektiven Zurechnung deshalb ausscheiden, weil ein solcher nicht mehr als „rechtlich signifikant" aus der Vortat „herrührend" angesehen werden könne. Der zunächst bestehende Kausalzusammenhang zwischen Vortat und Gegenstand müsse aufgrund zu übertragender Wertungen der objektiven Zurechnung ausnahmsweise entfallen. Ein Objekt, das aufgrund des Wertverlustes handels- und steuerrechtlich sowie auch betriebswirtschaftlich-kalkulatorisch „abgeschrieben" sei, „rühre" daher nicht mehr aus der Straftat „her". Der Ursprungsgegenstand habe sich durch den Wertverlust vielmehr in ein *Aliud* gewandelt. Daher sei ein ehemaliger Luxuswagen, der zum Schrottplatz gebracht werde, auf Grundlage der weiten Äquivalenztheorie zwar noch als geldwäschetauglicher Gegenstand anzusehen, unter dem Aspekt des fehlenden relevanten Gebrauchs- bzw. Tauschwertes entfalle diese Eignung jedoch[435]. Offen lässt *Barton*, ab wann exakt ein relevanter Tausch- oder Gebrauchswert abzulehnen ist[436]. Im Rahmen der hier problematischen Konstellation des völligen Wertverlustes des Ursprungsgegenstandes kann dies jedoch unberücksichtigt bleiben. Ein relevanter Tausch- oder Gebrauchswert des Gegenstandes liegt hier zweifelsfrei nicht mehr vor[437].

bb) Fraglich ist jedoch, ob die Problematik eines völlig wertlos gewordenen Ursprungsgegenstandes tatsächlich dem Tatbestandsmerkmal des „Herrührens" zuzuordnen ist. Bevor sich die Frage nach einem bestehenden Zusammenhang zwischen Vortat und Gegenstand überhaupt stellen kann, ist zuvor doch zwingende Voraussetzung, dass überhaupt ein „Gegenstand" i. S. d. § 261 StGB vorliegt. Einem völlig wertlos gewordenen Ursprungsgegenstand könnte aber bereits die Eigenschaft als tauglicher Geldwäschegegenstand per se abgesprochen werden[438].

---

[433] Vgl. hierzu die Ausführungen unter: 2. Kapitel) B.) III.) 3.) a) Ziffer 3.

[434] *Barton,* NStZ 1993, S. 159 (164).

[435] *ebd.*

[436] *Barton,* NStZ 1993, S. 159 (164) Fn. 50.

[437] Relevant ist die Frage aber im Rahmen der nachfolgenden Ausführungen zum nicht völligen Wertverlust des Ursprungsgegenstandes, vgl. 3. Kapitel) A.) II.) 1.) b).

[438] So ausdrücklich: *Leip,* S. 89f.; *Großwieser*, S. 69; *Egger Tanner*, S. 111 Fn. 388; *Lampe*, S. 123 (126); *Fischer*, § 261 Rn. 6; *Wessels/Hillenkamp*, § 20 VIII 2 a), Rn. 895; *Arzt*, JZ 1993, S. 913 (913); *Burr*, S. 56; *Salditt*, S. 121 (123); *Körner/Dach*, S. 15 Rn. 12; *Bottke*, S. 87 (90); *Hund*, ZRP 1996, S. 163 (164). Der völlige Wertverlust kann jedoch auch im Rahmen des Austauschgeschäftes vom ursprünglichen Gegenstand zum Surrogat stattfinden. Zum Teil soll diese Problematik jedoch im Rahmen des Tatbestandsmerkmals „Herrühren" zu problematisieren sein, vgl.: *Egger Tanner*, S. 112

Hiergegen spricht auf den ersten Blick der Wortlaut des Geldwäschedeliktes. Der Wortlaut des Gesetzes fordert nur einen „Gegenstand[439]". Das Vorliegen eines „vermögenswerten" Gegenstandes wird gerade nicht vorausgesetzt. Allein der Wortlaut kann aber nicht entscheidungserheblich sein. So enthielt die ursprüngliche Fassung des Gesetzesentwurfes noch den Begriff des „Vermögensgegenstandes"[440], der erst nach erfolgter Stellungnahme der Bundesregierung durch den Begriff des „Gegenstandes" ersetzt wurde. Der Grund für diese nachträgliche Begriffsänderung lag jedoch nicht darin, dass der Gesetzgeber von der Notwendigkeit des Vorliegens eines „vermögenswerten" Gegenstandes Abstand nehmen wollte. Vielmehr wollte man durch die Gesetzesänderung der Gebräuchlichkeit des Begriffs im StGB sowie auch der StPO gerecht werden. Einen sachlichen Unterschied sollte der Begriffswechsel nicht zum Ausdruck bringen[441]. Eine Beschränkung der Vorschrift auf „vermögenswerte" Gegenstände war vom Gesetzgeber vielmehr schon seit Einführung der Vorschrift gewollt.

Für das Erfordernis eines „vermögenswerten" Gegenstandes sprechen aber weitere Aspekte. Zum einen setzt die amtliche Überschrift des Geldwäschedeliktes gerade eine „Verschleierung unrechtmäßig erlangter *Vermögens*werte" voraus[442]. Des Weiteren erfordert jedoch auch der Sinn und Zweck der Geldwäsche einen solchen „Vermögensgegenstand". Als primär dem Schutz verfahrensrechtlicher Ermittlungsaufgaben der Strafverfolgungsorgane dienendes Delikt[443] bezweckt § 261 StGB ein Aufrechterhalten der Papierspur. Die Verkehrsunfähigkeit des aus der Vortat Erlangten soll faktisch erreicht werden. Dies setzt aber voraus, dass jedenfalls eine theoretische Verkehrsfähigkeit des Gegenstandes besteht. Eine solche erfordert jedoch einen auch noch so geringen Marktwert der Gegenstände[444]. Um der Intention der Vorschrift gerecht zu werden, ist der Begriff „Gegenstand" daher auf wirtschaftlich wertvolle Sachen und Rechte zu beschränken[445].

cc) Abschließend kann somit festgehalten werden, dass für einen wertlos gewordenen Ursprungsgegenstand bereits die Eigenschaft als taugliches Geldwäscheobjekt

---

Fn. 389; a.A. aber *Gentzik*, S. 115, der auch im Falle des völligen Wertverlustes beim Austauschgeschäft überzeugend die Problematik an der Tatobjektseigenschaft festmachen möchte. Wobei in diesem Zusammenhang die Geldwäschetauglichkeit eines wertlosen Gegenstandes nicht mit der Argumentation *Lampes* abgelehnt werden kann, dass ein vermögensloser Gegenstand weder für den Wirtschafts- und den Finanzkreislauf noch für die inländische Rechtspflege gefährlich sein könne, vgl. *Lampe*, S. 123 (126). Im Rahmen der vorangegangenen Ausführungen wurde unter 1. Kapitel) B.) I.) D.) 3.) f) nämlich die Ansicht vertreten, dass der legale Finanz- und Wirtschaftskreislauf nicht geschütztes Rechtsgut des § 261 StGB sein könne.

439 Der Begriff des „Gegenstandes" umfasst nach allgemeiner Ansicht Sachen und Rechte jeglicher Art, vgl. *Fischer*, § 74 Rn. 3.

440 Bei dem Begriff des „Vermögensgegenstandes" muss es sich um Sachen und Rechte als Vermögensbestandteile handeln, vgl. *Leip*, S. 65. Vgl. BT-Drucksache 12/989, S. 26 (27) sowie auch den Gesetzesentwurf des Bundesrates v. 10.08.1990, der noch die Formulierung „Geldmittel oder andere Vermögenswerte" enthielt, BT-Drucksache 11/7663, S. 7.

441 Vgl. BT-Drucksache 12/989, S. 26 (53) (Anl. 2).

442 ebd.

443 Vgl. hierzu die Ausführungen unter: 1. Kapitel) B.) IV.) 1.) c) ii) und 1. Kapitel) B.) IV.) 2.) b).

444 Vgl. ebenso: *Leip*, S. 66.

445 *ebd.*

per se abzulehnen ist[446]. Der Lösungsansatz *Bartons* ist somit weiterer Kritik ausgesetzt. Soweit im Rahmen der obigen Ausführungen die Frage offen blieb, ob der Rückgriff *Bartons* auf die „Lehre der objektiven Zurechnung" in den von ihm dargelegten Fallkonstellationen[447] in sich überzeugend und konsequent ist[448], kann diese bezüglich der hier vorliegenden Konstellation des wertlos gewordenen Ursprungsgegenstandes nunmehr verneint werden. Unabhängig von den verfassungsrechtlichen Bedenken[449] ist auch seine These bedenklich, dass bei einem wertlos gewordenen Ursprungsgegenstand der Kausalzusammenhang zur Vortat entfalle.

b) Wertverlust des unmittelbar erlangten Ursprungsgegenstandes durch Verschleiß/Abnutzung

Bsp.: Der im Rahmen der Vortat (z.B. Raub) erlangte Luxuswagen, der ursprünglich 100.000 € wert war, ist nach mehrjähriger intensiver Benutzung nur noch 15.000 € wert. Ist der PKW noch inkriminiert?

Schwieriger ist zu beantworten, ob eine Inkriminierung des unmittelbar aus der Vortat erlangten Ursprungsgegenstandes auch schon dann abzulehnen ist, wenn dieser aufgrund von Verschleiß- und Abnutzungserscheinungen an Wert verliert. Solange der Gegenstand noch über einen – wenn auch noch so geringen – Marktwert verfügt, muss seine Tauglichkeit als Geldwäscheobjekt grundsätzlich bejaht werden[450]. Ob er aufgrund des eingetretenen Wertverlustes aber noch aus der Vortat „herrührt", ist bedenklich.

aa) Das Fortbestehen der Bemakelung des Ursprungsgegenstandes könnte vom jeweiligen Verhältnis des Restwertes zu dem ursprünglichen Wert des Gegenstandes abhängig gemacht werden. Ebenso wie in der Konstellation des eingetretenen völligen Wertverlustes des Gegenstandes will *Barton*[451] auch hier – in Anlehnung an die Grundsätze der objektiven Zurechnung – den Zusammenhang zwischen Vortat und Gegenstand entfallen lassen, wenn der Sache kein relevanter Gebrauchs- oder Tauschwert mehr zukommt[452]. Hinsichtlich der Frage, ab wann ein solcher relevanter Gebrauchs- oder Tauschwert nicht mehr anzunehmen sei, verweist *Barton* auf seine generellen Ausführungen zur „rechtlichen Signifikanz"[453]. Insofern ist davon auszugehen, dass dieser ein „Herrühren" des Ursprungsgegenstandes aus der Vortat dann annehmen möchte, wenn der Restwert der Sache im Vergleich zum ursprünglichen Wert oberhalb des „Signifikanzniveaus" liegt. Ein „Herrühren" wäre hingegen dann

---

446 Hierfür spricht letztlich auch, dass Art. 305bis des dem deutschen StGB beinahe gleich lautenden Schweizerischen StGB den Begriff der „Vermögenswerte" anstelle des Begriffs des „Gegenstandes" verwendet.

447 Vgl. zu den Fallkonstellationen: 2. Kapitel) B.) III.) 3.) b) bb).

448 Vgl. Fn. 396.

449 Vgl. die Ausführungen unter: 2. Kapitel) B.) III.) 3.) b) dd).

450 Vgl. hingegen zur fehlenden Tauglichkeit als Geldwäscheobjekt bei eingetretenem völligen Wertverlust des Ursprungsgegenstandes unter: 3. Kapitel) A.) II.) 1.) a).

451 *Barton,* NStZ 1993, S. 159 (164).

452 Dieser Ansicht *Bartons* bei nicht völligem Wertverlust des Gegenstandes folgt auch: *Großwieser,* S. 69.

453 *Barton,* NStZ 1993, S. 159 (164) Fn. 50.

abzulehnen, wenn das „Signifikanzniveau“ unterschritten wird. Das „Signifikanzniveau“ wäre wiederum bei einem juristisch relevanten Bereich von 1 Promille bis 5 % anzusetzen[454].

bb) Unabhängig von den bestehenden Einwänden gegen das Kriterium der „rechtlichen Signifikanz“[455] ist das Vorgehen *Bartons* aber auch insoweit bedenklich, als in der vorliegenden Konstellation das Verhältnis zwischen Ausgangswert und Restwert entscheidend sein soll. Anders als beispielsweise in den Fällen der Korrelation legaler und illegaler Vermögenswerte[456] geht es hier gerade nicht um das Verhältnis von legalen und illegalen Wertfaktoren, sondern um die bloße Reduktion illegaler Vermögenswerte. Der dem Wertverlust unterliegende Gegenstand stammt vielmehr trotz Verschleiß bzw. Abnutzung zu 100 % aus der Vortat[457]. In wirtschaftlicher Hinsicht ist der Unterschied zum Ausgangsobjekt nur ein quantitativer und kein qualitativer[458]. Neben diesem wirtschaftlichen Aspekt spricht auch der Sinn und Zweck der Geldwäsche für einen fortbestehenden Kausalzusammenhang zwischen Vortat und wertgemindertem Ursprungsgegenstand. Wenn im Vordergrund das Gewährleisten einer effektiven Strafverfolgung steht, kann der eingetretene Wertverlust nicht zur Dekontamination des Gegenstandes führen. Dieser besteht weiterhin vollumfänglich aus illegalen Vermögenswerten, so dass dessen Isolation vom Wirtschaftsverkehr geboten ist. Anders als bei einem Einwirken legaler Wertfaktoren auf den Gegenstand müssen hier keine entgegenstehenden Aspekte des freien Wirtschaftsverkehrs mitberücksichtigt werden.

cc) Der eingetretene Wertverlust am Ursprungsgegenstand lässt den Zusammenhang zur Vortat nicht entfallen[459]. Ein „Herrühren“ aus der Vortat ist weiterhin anzunehmen. *Bartons* Auffassung kann auch hier nicht überzeugen, da er unberücksichtigt lässt, dass der aus der Vortat unmittelbar hervorgegangene Gegenstand trotz des eingetretenen Wertverlustes zu 100 % aus illegalen Vermögenswerten besteht.

### 2. Wertsteigerung sowie erwirtschaftete Erträge des unmittelbar erlangten Ursprungsgegenstandes

Bsp. 1: Dem im Wege einer räuberischen Erpressung erlangte PKW im Wert von zunächst 10.000 € wird später aufgrund seiner Seltenheit ein Sammlerwert von 15.000 € zugeschrieben. „Rührt“ der PKW weiterhin aus der Vortat „her“?

Bsp. 2: Der genannte PKW wird aufgrund seiner Seltenheit tageweise an Autoliebhaber vermietet und bringt dem Vortäter hierdurch Mieteinnahmen von 150 € pro Vermietungstag ein. „Rühren“ die Mieteinnahmen aus der Vortat „her“?

---

454 Vgl. hierzu die Ausführungen unter: 2. Kapitel) B.) III.) 3.) b) cc).

455 Vgl. ebd.

456 Vgl. hierzu die Ausführungen unter besonderer Berücksichtigung *Bartons* Ansatzes unter: 2. Kapitel) B.) III.) 3.) a) Ziff.1).

457 So auch *Leip,* S. 89f.

458 So auch *Leip,* S. 90.

459 So auch: *Egger Tanner,* S. 111.

Fraglich ist weiterhin, ob der Kausalzusammenhang zwischen Vortat und Gegenstand auch dann bestehen bleibt, wenn der Ursprungsgegenstand an Wert gewinnt. Zudem ist auch zweifelhaft, ob dessen erwirtschaftete Erträge noch aus der Vortat „herrühren“[460].

a) Ganz in der Nähe der besprochenen Fallkonstellation des eingetretenen Wertverlustes des Ursprungsgegenstandes[461] stehen die Fälle, in denen dieser an Wert gewinnt. Trotz der eingetretenen Wertsteigerung setzt sich der Gegenstand weiterhin zu 100 % aus illegalen Vermögenswerten zusammen. Auch in diesem Fall besteht also zwischen dem Ursprungsgegenstand und dem werterhöhten Objekt lediglich ein quantitativer, nicht jedoch ein qualitativer Unterschied. Zudem spricht auch der Grundsatz, dass sich Straftaten nicht lohnen sollen, für die Annahme eines „Herrührens“ aus der Vortat[462]. Folglich „rührt“ in Bsp. 1 der PKW auch trotz der eingetretenen Wertsteigerung noch aus der der räuberischen Erpressung „her“. Durch eingetretene Wertsteigerung des Ursprungsgegenstandes wird der Zusammenhang zur Vortat nicht unterbrochen[463].

b) Auch hinsichtlich der erwirtschafteten Erträge des Ursprungsgegenstandes, d.h. Zinsen, Aktivdividenden, Miet- und Pachteinnahmen etc.[464] kann nichts anderes gelten[465]. Sieht man als primär geschütztes Rechtsgut der Geldwäsche den Schutz materiellrechtlicher Ansprüche Dritter an[466], dann ergibt sich dies aus der Überlegung, dass es sich bei den Erträgen des Ursprungsobjektes um Rechtsfrüchte gem. § 99 Abs. 2 BGB handelt, auf welche das Vortatopfer selbst bei einem wirksamen Übereignungsgeschäft einen Anspruch gem. § 818 Abs. 1 BGB behält[467]. Darüber hinaus müssen diese aber auch deshalb mit dem Makel der Katalogtat „behaftet“ bleiben, um der Isolierungsfunktion des Geldwäschetatbestandes gerecht zu werden[468]. Bei den erwirtschafteten Erträgen geht es im Ergebnis zudem um Gewinnrealisierungen, die durch den Einsatz schmutziger Vermögenswerte erst möglich wurden[469]. Sie gehen somit ebenfalls zu 100 % aus illegalen Vermögenswerten hervor. Das Ziel einer effektiven Strafverfolgung der Vortat erfordert daher auch eine anzunehmende Be-

---

460 An dieser Stelle sollen nicht die Konstellationen besprochen werden, in denen durch Surrogation des Ursprungsgegenstandes eine Wertsteigerung eintritt, sondern die Fälle, in denen durch die im Objekt selbst innewohnenden Eigenschaften eine Wertsteigerung erreicht wird. Eine klare Trennung beider Konstellationen wird in der Literatur zumeist nicht vorgenommen, vgl. z.B. *Egger Tanner,* S. 112; zum Teil wird die Frage einer Wertsteigerung des Ursprungsgegenstandes auch gar nicht diskutiert, sondern nur auf die besondere Konstellation der Wertsteigerung durch erfolgte sachliche Surrogation eingegangen, vgl. beispielsweise: *Leip,* S. 104; *NK/Altenhain,* § 261 Rn. 69.

461 Vgl. hierzu die vorangegangenen Ausführungen unter: 3. Kapitel) A.) II.) 1.) b).

462 *Egger Tanner,* S. 112.

463 So auch für das österreichische Recht: *Klippl,* S. 159.

464 Vgl. beispielsweise: *Egger Tanner,* S. 113.

465 So auch: *Burr,* S. 74; *Leip,* S. 105; *Egger Tanner,* S. 113; *MüKo/Neuheuser,* § 261 Rn. 67; *Graber,* S. 127, für das schweizerische Recht.

466 Vgl. die Ausführungen unter: 1. Kapitel) B.) IV.) 1.) c) ee).

467 *SK/Hoyer,* § 261 Rn. 14.

468 *Leip,* S. 105.

469 *ebd.*

makelung der Erträge des Ursprungsgegenstandes. In Bsp. 2 „rühren" daher die Einnahmen der Vermietung des PKW aus der Vortat „her".

### 3. Die strafrechtliche Verjährung der Katalogtat bzw. etwaiger Geldwäschehandlungen

Diskutiert wird zudem, ob mit eintretender Verjährung der Vortat eine Bemakelung des unmittelbar aus der Vortat erlangten Gegenstandes entfällt[470].

Bsp. 1: Durch Drogendelikt i.S.d. § 29 Abs. 1 Nr. 1 BtMG vom 30.09.2002 erlangt der Drogendealer 10.000 €. Gem. § 29 Abs. 1 Nr. 1 BtMG i. V. m. § 78 Abs. 3 Nr. 4 StGB tritt Verjährung mit Ablauf des 30.09.2007 ein. Fraglich ist, ob mit Ablauf dieses Tages das aus dem Drogengeschäft erlangte Geld noch aus der Vortat „herrührt".

Bsp. 2: Durch Drogenhandel, der am 30.09.2002 beendet wurde, sind insgesamt 10.000 € erlangt worden. Mit dem Geld entrichtet der Drogenhändler einen Teil des Kaufpreises für ein Kraftfahrzeug im Juni 2004. Aufgrund der durch den Autokauf verwirklichten Geldwäschehandlung ist in diesem Fall die Verjährung noch nicht gem. § 29 Abs. 1 Nr. 1 BtMG i. V. m. § 78 Abs. 3 Nr. 4 StGB mit Ablauf des 30.09.2007 eingetreten, da die Geldwäschehandlung vom Juni 2004 den Lauf einer neuen Verjährungsfrist in Gang gesetzt hat. „Rührt" das Geld auch nach dem 30.09.2007 noch aus der Vortat „her"?

a) Für ein Entfallen der Bemakelung des Ursprungsgegenstandes mit Verjährungseintritt könnte zunächst sprechen, dass bei eingetretener Verjährung der Vortat gem. § 78 Abs. 1 Satz 1 StGB keine Anordnung von Verfall und Einziehung mehr in Betracht kommt. Dem potentiellen Täter ist es dann mit Verjährungseintritt faktisch nicht mehr möglich, den Verfall bzw. die Einziehung i. S. d. § 261 Abs. 1 StGB zu vereiteln bzw. zu gefährden[471]. Charakterisiert man den Geldwäschetatbestand – entgegen der hier vertretenen Auffassung – als „Blankettgesetz" der Verfalls- und Einziehungsvorschriften[472], kann diesem Argument nur wenig entgegengesetzt werden. Der demzufolge alleinige Schutzzweck der Geldwäsche kann in diesem Fall aufgrund der eingetretenen Verjährung nicht mehr verletzt werden. Die Strafbedürftigkeit ist daher abzulehnen. Bei Verfolgung eines anderen primären Schutzgutes der Geldwäsche stellen sich diesbezüglich jedoch Bedenken ein. Soweit in dem erfolgten Ausschluss von Verfall und Einziehung bei Vortatverjährung der zum Ausdruck ge-

---

[470] So etwa Barton, NStZ 1993, S. 159 (164f.). Die von ihm vertretene Ausnahme für den Fall, dass eine vorangegangene Geldwäschehandlung vor Ablauf der Verjährungsfrist erfolgt war, die eine neue Verjährungsfrist in Gang setze, während die Bemakelung aufrecht erhalten bleibe, erscheint dabei deshalb nicht überzeugend, weil Geldwäsche als solche keine taugliche Vortat von § 261 StGB ist. Für ein Entfallen der Bemakelung aufgrund eingetretener Verjährung der Vortat weiterhin: *NK/Altenhain* § 261 Rn. 33, 66; *Höreth*, S. 114; *Dionyssopoulou*, S. 109; *Körner/Dach*, Rn. 27, 77; *Geurts*, S. 250 (253); *SK/Hoyer*, § 261 Rn. 6; gegen ein Entfallen der Bemakelung aber: *Leip*, S. 90f., S. 123; *Stree* in *Schönke/Schröder*, § 261 Rn. 9; *MüKo/Neuheuser*, § 261 Rn. 59; *Burr*, S. 66.

[471] So: *SK/Hoyer*, § 261 Rn. 6; *Höreth*, S. 114.

[472] Vgl. hierzu die ablehnenden Ausführungen unter: 1. Kapitel) B.) IV.) 1.) c) aa).

brachte Wille des Gesetzgebers gesehen wird, dass auf eine Bestrafung verzichtet werden sollte[473], wird übersehen, dass die Vorschrift des § 261 StGB einen weiten Zugriff auf Verbrechensgewinne über § 261 Abs. 7 StGB erreicht und nicht über das Aufrechterhalten bestehender Verfallsansprüche[474]. Zumindest bei Verwirklichung anderer Tathandlungen des § 261 StGB kann daher mit dem Ausscheiden als Verfalls- bzw. Einziehungsgegenstand nicht zwingend ein Ausscheiden als geeignetes Objekt einer Geldwäsche verbunden sein[475]. Der Tabuisierungs- und Isolierungszweck des § 261 StGB lässt es vielmehr als angebracht erscheinen, dessen Reichweite unabhängig von der Verjährung der Vortat zu bestimmen[476]. Anders wäre es zudem kaum verständlich, inwiefern verjährungsunterbrechende Handlungen nach § 78 c StGB für die Tatobjektseigenschaft des Gegenstandes maßgebend sein sollten[477].

b) Gegen eine makelauflösende Wirkung der Verjährung der Vortat spricht zudem aber auch der Vergleich mit den Anschlusstaten der Begünstigung und der Hehlerei[478]. Bei den Vorschriften der Begünstigung und der Hehlerei kommt es nach allgemeiner Auffassung für die Strafbarkeit nicht darauf an, ob die Vortat noch verfolgt werden kann[479]. Soweit die Bedeutungslosigkeit der Vortatverjährung für die Strafbarkeit aus Begünstigung und Hehlerei – im Unterschied zur Geldwäsche – mit dem Argument begründet wird, dass diese Delikte über taugliche Mechanismen zur frühzeitigen Unterbrechung des Ableitungszusammenhangs zwischen Vortat und Anschlusstat verfügten[480], ist dies nicht überzeugend. Die Argumentation ist vielmehr rein ergebnisorientiert. Einen überzeugenden Aspekt für eine makelauflösende Wirkung bei eintretender Vortatverjährung bei der Geldwäsche liefert sie hingegen nicht. Vielmehr sprechen auch die im Rahmen der systematischen Auslegung der Geldwäsche gemachten Feststellungen eher gegen eine makelauflösende Wirkung der Vortatverjährung. So fordert doch sowohl der Tatbestand der Begünstigung[481] als auch der der Hehlerei[482] einen unmittelbaren Zusammenhang zwischen Vortat und konkretem Tatobjekt. Da aber der Kausalzusammenhang zwischen Vortat und Tatobjekt bei der Geldwäsche weiter gefasst ist, ist im Wege eines Umkehrschlusses gerade gegensätzliches Ergebnis überzeugender. Gerade für Konstellationen, in denen selbst im Rahmen des § 257 StGB sowie § 259 StGB ein Kausalzusammenhang fortbestehen soll, kann solcher erst recht für die Geldwäsche angenommen werden[483]. Mit anderen Worten: Wenn selbst im Rahmen der Begünstigung und der Hehlerei bei erforderli-

---

473 So: *Barton,* NStZ 1993, S. 159 (165).

474 *Leip,* S. 91.

475 So auch: *Stree* in *Schönke/Schröder,* § 261 Rn. 9; *MüKo/Neuheuser,* § 261 Rn. 59; anders: *Dionyssopoulou,* S. 109.

476 *Stree* in *Schönke/Schröder,* § 261 Rn. 9.

477 ebd.

478 So auch: *MüKo/Neuheuser,* § 261 Rn. 59; *Burr,* S. 66.

479 *Stree* in *Schönke/Schröder,* § 257 Rn. 10; *ders.* § 259 Rn.11; *MüKo/Lauer,* § 259 Rn. 20; *MüKo/Cramer,* § 257 Rn. 8.

480 So: *Barton,* NStZ 1993, S. 159 (164).

481 Vgl. die Ausführungen unter: 1. Kapitel) B.) III.) 1.) b) aa).

482 Vgl. die Ausführungen unter: 1. Kapitel) B.) III.) 1.) b) bb).

483 Vgl. zu dieser Überlegung bereits oben im Rahmen der systematischen Auslegung unter: 1. Kapitel) B.) III.) 1.) b) cc).

cher Unmittelbarkeit zwischen Vortat und Gegenstand eine Vortatverjährung keine Auswirkungen auf den Kausalzusammenhang haben soll, dann muss dies erst recht für den weiter ausgestalteten Geldwäschetatbestand gelten.

Zusammenfassend ist festzustellen, dass die Verjährung der Vortat keine Auswirkungen auf das Tatbestandsmerkmals des „Herrührens" haben kann. Hauptargument ist, dass § 261 StGB nicht primär dem Schutz von Einziehungs- und Verfallsvorschriften dient[484]. Sowohl in Bsp. 1) als auch in Bsp. 2) „rührt" das Geld somit trotz eingetretener Vortatverjährung noch aus der Vortat „her".

#### 4. Erhebliche wirtschaftliche Verarbeitung des Ursprungsgegenstandes durch einen Dritten

Bsp.: Ein im Wege einer Vortat nach § 261 StGB erlangter Rohstoff, z.B. Edelmetall, Edelstein wird zu einem Schmuckstück vom Vortäter/von einem Dritten verarbeitet. „Rührt" das Schmuckstück noch aus der Vortat „her"?

Inwieweit eine erhebliche wirtschaftliche Verarbeitung des Ursprungsgegenstandes dazu führt, dass dieser als nicht mehr als aus der Vortat „herrührend" angesehen werden kann, gehört zu den meist diskutierten Problemfeldern im Bereich des Straftatbestandes der Geldwäsche. Auch der ansonsten hinsichtlich der Begriffskonkretisierung sehr zurückhaltende Gesetzgeber[485] hat sich zu diesem Problemfeld des Tatbestandsmerkmals „Herrühren" geäußert. So soll nach den Vorgaben des Gesetzgebers der im Wege der Verarbeitung entstandene Gegenstand dann nicht mehr aus der Vortat „herrühren", wenn der Wert des Gegenstandes im Wesentlichen auf die selbständige Leistung des Dritten zurückzuführen ist[486]. Ab wann eine solche „im wesentlichen selbständige" Leistung eines Dritten vorliegen soll, lassen die Gesetzesmaterialien jedoch offen.

Weiterhin fällt auf, dass der Gesetzgeber sich nicht zu der Konstellation geäußert hat, dass der Vortäter selbst die Verarbeitung des Ursprungsgegenstandes vornimmt. Zwar scheint es auf den ersten Blick nicht von Bedeutung, wer die Verarbeitung durchführt, da das Ergebnis – der verarbeitete Gegenstand – in beiden Konstellationen das gleiche ist. Ruft man sich jedoch den Sinn und Zweck der Geldwäschestrafbarkeit in Erinnerung, treten bereits Zweifel an einer Gleichbehandlung beider Fälle auf. Weist man dem Geldwäschetatbestand primär das Ziel einer effektiven Vortatverfolgung zu[487], dann muss in die Bewertung doch mit einfließen, dass durch einen erheblichen Verarbeitungsvorgang eines Dritten die „Papierspur" zum Vortäter bereits so gestört ist, dass eine effektive Strafverfolgung auch bei der Annahme einer weiter bestehenden Inkriminierung des Ursprungsgegenstandes kaum mehr garantiert werden könnte. Aus diesem Grund soll hier eine Differenzierung danach vorgenom-

---

484 Vgl. hierzu die ablehnenden Ausführungen unter: 1. Kapitel) B.) IV.) 1.) c) aa).

485 Vgl. hierzu die Ausführungen in der Einleitung 1. Kapitel) A.).

486 BT-Drucksache 12/989, S. (26) 27; gleich lautend auch BR-Drucksache 507/92, S. 27f.

487 Wie dies hier im Rahmen der Arbeit erfolgt: vgl. 1. Kapitel) B.) IV.) 1.) c) ii).

men werden, ob der Vortäter oder aber ein Dritter die Verarbeitung an dem Ursprungsobjekt vornimmt[488].

Ausgangspunkt der Überlegungen sollen die in der Literatur vertretenen Ansätze zur Lösung der Problematik bilden. Ausgehend von den Gesetzesbegründungen[489] haben sich hier im Detail recht unterschiedliche Auffassungen entwickelt, die nunmehr näher beleuchtet werden sollen. Da diese Konstellation im Rahmen der Darstellung *Bartons* Lösungsansatzes über Grundsätze der objektiven Zurechnung bereits skizziert wurde[490], soll dessen Auffassung den Einstieg bilden.

a) *Bartons* Lösungsansatz über Kriterien der objektiven Zurechnung

aa) Darstellung der Ansicht

*Barton*[491] versucht die Problematik der Verarbeitung des Ursprungsgegenstandes durch die Leistung eines Dritten anhand der Regelung des § 950 BGB näher zu konkretisieren. Ausgehend von dem Grundgedanken des § 950 BGB stellt *Barton* fest, dass der Ursprungsgegenstand durch Verarbeitung so verändert werden könne, dass er als ein *Aliud* angesehen werden müsse und somit nicht mehr bemakelt sei. Dieses Ergebnis könne aus einer Wertung des § 950 BGB gezogen werden, wonach bei erheblicher Verarbeitung eines Stoffes ein Eigentumswechsel stattfinde[492]. Unter Modifizierung der Abwägungsrichtlinie des § 950 BGB sei hier aber nicht ein Vergleich des Wertes der Verarbeitung mit dem Wert des Stoffes geboten. Es sollte vielmehr unter eine „Umkehrung der Proportionen" einerseits der in den Gegenstand tatsächlich eingegangene wirtschaftliche Erlös aus der ursprünglichen Katalogtat und andererseits der wirtschaftliche Wert der Verarbeitung in Relation gesetzt werden. Wenn der Wert des bemakelten Teils des Gegenstandes erheblich geringer als der Wert der Verarbeitung sei, führe dies dazu, dass der verarbeitete Gegenstand nicht mehr als signifikant aus der Straftat „herrührend" angesehen werden könne. Zur Verdeutlichung führt *Barton* folgendes Beispiel an:

Bsp. 1: Jemand erwirbt eine Uhr für 1.000 DM. Der Wert der handwerklichen Herstellung der Uhr beträgt 500 DM; der aus der Vortat stammende Goldanteil hat nur einen Wert von 50 DM. 450 DM des Goldanteils hingegen stammen aus legalen Quellen.

---

[488] Ein Großteil der Vertreter der Literatur differenziert jedoch nicht klar zwischen der Verarbeitung des Ursprungsgegenstandes durch den Vortäter und durch den Dritten, vgl. z.B. *NK/Altenhain*, § 261 Rn. 78, der zwar grundsätzlich eine Differenzierung vornimmt, aber zu keinem unterschiedlichen Ergebnis gelangt. Andere gehen lediglich auf die Verarbeitung durch einen Dritten ein, vgl. zum Beispiel *Barton*, NStZ 1993, S. 159 (163f.); *Lackner/Kühl*, § 261 Rn. 5; *Spiske*, S. 123; einige differenzieren jedoch überzeugend, vgl. *Stree* in *Schönke/Schröder*, § 261 Rn. 9; *MüKo/Neuheuser*, § 261 Rn. 50; *Gentzik*, S. 113.

[489] BT-Drucksache 12/989, S. 26 (27); gleich lautend auch BR-Drucksache 507/92, S. 27f.

[490] Vgl. die Ausführungen unter: 2. Kapitel) B.) III.) 3.) a) Ziffer 2).

[491] *Barton*, NStZ 1993, S. 159 (163f.).

[492] Womit jedoch nach *Barton* nicht gesagt werden soll, dass ein Eigentumsübergang automatisch dazu führe, den Gegenstand nicht mehr als aus der Vortat „herrührend" anzusehen, vgl. *Barton*, NStZ 1993, S. 159 (164).

Aufgrund des erheblich geringeren Goldwertes der Uhr (50 DM) gegenüber den Herstellungskosten (500 DM), soll der verarbeitete Gegenstand nicht mehr als „rechtlich signifikant" aus der Vortat „herrührend" anzusehen sein. Anders hingegen soll die rechtliche Situation in folgendem Fall zu bewerten sein:

Bsp. 2: Das durch die Vortat erlangte Gold wird durch Verformung in eine andere Gestalt gebracht (Goldbarren in Goldringe). Der Wert der Verarbeitung liegt bei 10.000 DM, der Metallwert ebenfalls bei 10.000 DM.

Da der Wert der Verarbeitung hier nicht wesentlich höher als der Stoffwert sei, müsse hier ein „Herrühren" der Goldringe aus der Vortat weiterhin angenommen werden.

bb) Diskussion *Bartons* Lösungsansatzes

Zunächst ist *Bartons* Ansatz hier zugute zu halten, dass die Frage nach den rechtlichen Auswirkungen einer erfolgten Verarbeitung – anders als die Konstellation des völligen Wertverlustes des Gegenstandes[493] – dogmatisch richtig den Zusammenhang zwischen Vortat und Gegenstand betrifft. Insofern ist der verfolgte Lösungsansatz über Kriterien der objektiven Zurechnung grundsätzlich nachvollziehbar[494]. Nahe liegend ist es auch, auf die Wertung des § 950 BGB zurückzugreifen[495]. Wenn zivilrechtlich aufgrund einer vorgenommenen Verarbeitung ein gesetzlicher Eigentumswechsel stattfinden kann, so kann diese Wertung doch zumindest bei der Bestimmung des „Herrührens" Mitberücksichtigung finden. Zur Bestimmung des Wertverhältnisses zwischen bemakeltem Anteil und Gesamtwert des Gegenstandes greift *Barton* aber wiederum auf die Aspekte der rechtlichen Signifikanz zurück[496]. Der nach *Barton* juristisch relevante Bereich von 1 Promille bis etwa 5 % als Grenze des Bestimmens des „Herrührens" aus der Vortat ist jedoch willkürlich gewählt[497]. Selbst in den Sozialwissenschaften ist der relevante Maßstab umstritten. Zudem sind Zielsetzung des sozialwissenschaftlichen Signifikanzniveaus und der Auslegung des Tatbestandsmerkmals „Herrühren" nicht vergleichbar[498].

---

[493] Vgl. hierzu: 3. Kapitel) A.) II.) 1.) a) bb).

[494] So wurde unter 2. Kapitel) C.) dargelegt, dass grundsätzlich die Hinzuziehung von Wertungen der „Lehre von der objektiven Zurechnung" möglich ist, sie jedoch als allgemeiner, abschließender Lösungsansatz nicht geeignet ist.

[495] Wobei dieser Rückgriff auf die Norm des § 950 BGB wohl dem Zurechnungskriterium des „Schutzzweckes der Norm" im Rahmen der „Lehre der objektiven Zurechnung" wertungsmäßig entspricht, vgl. hierzu: 2. Kapitel) B.) III.) 2.) a) aa) (1).

[496] Dies ergibt sich aus der von ihm gewählten Überschrift „Fehlende rechtliche Signifikanz der Vortat wegen nachfolgender wirtschaftlicher erheblicher Verarbeitung des Gegenstandes", vgl. *Barton*, NStZ 1993, S. 159 (163).

[497] Vgl. Ausführungen unter: 2. Kapitel) B.) III.) 3.) b) cc).

[498] Vgl. Ausführungen ebd.

cc) Ergebnis

Abgesehen von den allgemeinen Bedenken gegen *Bartons* Lösungsansatz[499] ist seine Auffassung in dem hier konkreten Fall der erheblichen wirtschaftlichen Verarbeitung des Gegenstandes durch einen Dritten weiterer Kritik ausgesetzt. Das rechtliche Signifikanzniveau stellt auf ein willkürlich gewähltes Wertverhältnis ab. Zudem konkretisiert *Barton* nicht näher, welche Rolle die Art des Gegenstandes und der absolute Wert des Gegenstandes spielen soll[500].

b) Rückgriff auf Legaldefinition des § 74 Abs. 2 AO

aa) Darstellung der Ansicht *Leips*

Ausgehend von den Vorgaben des Gesetzgebers[501] sowie in Anlehnung an den § 950 BGB wird von Vertretern in der Literatur weiterhin vorgeschlagen, das Merkmal der „wesentlichen Leistung eines Dritten" anhand gesetzlicher Regelungen zu konkretisieren[502]. In Betracht gezogen werden könnte daher eine Bestimmung der „wesentlichen Leistung eines Dritten" anhand einer Vorschrift der Abgabenordnung (AO). Nach § 74 Abs. 1 AO haftet eine Person für die Steuerschulden eines Unternehmens, wenn sie an dem Unternehmen „wesentlich" beteiligt ist. Für die Frage, wann die Schwelle der „Wesentlichkeit" überschritten ist, enthält § 74 Abs. 2 AO eine Legaldefinition, die darauf abstellt, ob der unmittelbar oder mittelbar gehaltene Kapitalanteil sich auf mehr als ein Viertel des Gesamtkapitals erstreckt. Entscheidend für die Annahme der „Wesentlichkeit" sei daher die 25-%-Grenze. Dementsprechend solle eine Dekontamination des Ursprungsobjekts dann in Betracht kommen, wenn die Arbeitsleistung 25 % oder mehr des entstehenden Vermögenswertes ausmache[503]. Im Unterschied zu der Ansicht *Bartons*[504] ist für das Überschreiten des „Schwellenbetrages" also das Verhältnis zwischen Arbeitsleistung und entstehendem Gegenstand entscheidend. Ruft man sich daher das Bsp. 1) *Bartons* in Erinnerung, dann müsste eine Bemakelung der Uhr abgelehnt werden, da der Wert der Arbeitsleistung (500 DM) im Vergleich zum Gesamtwert der Uhr (1.000 DM) 50 % beträgt. Der „Schwellenbetrag" in Höhe von 25 % wäre aufgrund der konkret aufgebrachten Arbeitsleistung somit überschritten und eine Dekontamination des aus der Vortat stammenden Goldes die Folge.

bb) Diskussion der Ansicht

Fraglich ist jedoch, ob diese Auffassung überzeugen kann. Zunächst ist festzustellen, dass die Ansicht zu Recht auf die Abwägungsrichtlinie des § 950 BGB abstellt und das Verhältnis zwischen Verarbeitungswert und Gesamtwert des Gegenstandes für entscheidungserheblich hält. Zudem ist auch ein Rückgriff auf gesetzliche Regelun-

---

499 Vgl. hierzu die Ausführungen unter: 2. Kapitel) B.) III.) 3.) b) dd).

500 Vgl. Ausführungen unter: 2. Kapitel) B.) III.) 3.) b.) cc).

501 BT-Drucksache 12/989, S. 26 (27); gleich lautend auch BR-Drucksache 507/92, S. 27f.

502 *Leip*, S. 122f.; *Großwieser*, S. 77.

503 *Leip*, S. 123.

504 Vgl. hierzu die Ausführungen unter: 3. Kapitel) A.) II.) 4.) a) aa).

gen grundsätzlich gegenüber einem Rückgriff auf außerrechtliche Wertungen wie beispielsweise der „rechtlichen Signifikanz“ vorzugswürdig. Die hier herangezogene Vorschrift der AO müsste aber zumindest einen vergleichbaren Interessenkonflikt wie im Falle der Verarbeitung regeln. Nur so wäre ein Rückgriff auf die Wertungen der AO überzeugend. Zu untersuchen ist daher, ob eine solche vergleichbare Interessenlage besteht. § 74 AO soll den Ausfall von Betriebssteuerschulden des Unternehmers für den Fall verhindern, dass wichtige pfändbare, dem Unternehmen dienende Gegenstände einem anderen, am Unternehmen wesentlich Beteiligten, gehören und der Unternehmer selbst kein ausreichendes vollstreckbares Vermögen besitzt[505]. Die Grenze für die Annahme einer „wesentlichen Beteiligung“ i. S. d. § 74 Abs. 2 AO von 25 % Beteiligung am Unternehmen ist jedoch nicht willkürlich gewählt, sondern hat ihre Grundlage im Kapitalgesellschaftsrecht. Derjenige, der eine Beteiligung von mehr als 25 % hat, verfügt aufgrund der Bestimmungen zur Sperrminorität über Einflussmöglichkeiten auf das Unternehmen[506]. Da dem Haftenden somit Mitwirkungsrechte an Unternehmensentscheidungen zustehen, wird eine Haftung seinerseits als zulässig angesehen. Die Vorschrift dient also primär der Betreibung der Gewerbesteuerschuld, die anderenfalls oftmals nicht erfolgreich eingezogen werden könnte, da in der Unternehmenspraxis ein Wirtschaften mit gepachteten Betriebsmitteln üblich ist. Die Vorschrift des § 74 AO hat somit weniger einen steuerstrafrechtlichen Bezug als vielmehr eine im Kapitalgesellschaftsrecht liegende Grundlage. Eine mit der Problematik der Verarbeitung vergleichbare Interessenlage besteht somit aber nicht. Ein ausreichender Zusammenhang zwischen der 25-%-Grenze, die ihre Wurzeln in den Regelungen zur Sperrminorität hat, und der Bemakelungsquote beim Verarbeitungsvorgang liegt daher nicht vor.

cc) Ergebnis

Positiv ist zu vermerken, dass die Ansicht auf die Abwägung des § 950 BGB zurückgreift und das Verhältnis zwischen Verarbeitungswert und Gesamtwert des Gegenstandes für entscheidungserheblich hält. Ein Rückgriff auf den Wertquotienten des § 74 AO ist aber zur Bestimmung einer „wesentlichen Arbeitsleistung des Dritten“ nicht überzeugend. Die Vorschrift ist vielmehr dem Kapitalgesellschaftsrecht als dem Steuerstrafrecht zuzuordnen. Eine vergleichbare Interessenlage zur Verarbeitungsproblematik ist nicht gegeben. Eine Wertungsübertragung ist daher nicht stichhaltig.

---

505 *Hübschmann/Hepp/Spitaler*, § 74 AO Rn. 6.

506 Durch die Regelungen der Sperrminorität hat eine Minderheit die Möglichkeit, bei Abstimmungen mit grundsätzlich erforderlicher qualifizierter Mehrheit einen bestimmten Beschluss zu verhindern. Im deutschen Aktienrecht existieren für bestimmte Hauptversamlungsabschlüsse Sperrminoritäten, wenn eine Gruppe mehr als 25 % und weniger als 50 % der Aktien besitzt: vgl. Liquidation eines Unternehmens (§ 262 AktG) und Satzungsänderung (§ 179 AktG).

c) Die generell fortbestehende Kontamination des verarbeiteten Gegenstandes

aa) Darstellung der Ansicht

In der Literatur wird zum Teil auch die Auffassung vertreten, dass ein verarbeiteter Gegenstand auch dann noch aus der Vortat „herrühren" müsse, wenn er auf eine „wesentliche Arbeitsleistung eines Dritten" zurückzuführen sei[507]. Während zur Begründung zum Teil pauschal darauf abgestellt wird, dass hinsichtlich einer „Wesentlichkeitsgrenze" zu große Abgrenzungsschwierigkeiten bestünden[508], führen andere auf, dass anderenfalls eine zu hohe Missbrauchsanfälligkeit gegeben sei[509]. So läge doch gerade nichts näher, als dass der Vortäter schmutzige Vermögenswerte durch einen Dritten verarbeiten lasse, um so wieder zu „sauberen" Gegenständen zu kommen. Eine solche Missbrauchsmöglichkeit könne gerade dadurch vermieden werden, indem trotz „wesentlicher Arbeitsleistung eines Dritten" eine Bemakelung des verarbeiteten Gegenstandes weiterhin bestehen bleibe. Die Konsequenzen dieser Ansicht seien auch „nicht so drastisch", weil Surrogate, die selbst wieder ersetzt würden, nicht mehr geldwäschetauglich seien[510]. Dies sei oftmals gerade in Fällen der Verarbeitung durch Dritte der Fall, wenn der Verarbeitung bereits ein „Verschaffen" vorausgegangen sei, wie beispielsweise bei Erwerb von bemakeltem Gold durch einen bösgläubigen Goldschmied, der dies zu Schmuck verarbeite. Die Verarbeitung erfolge dann nämlich schon nicht mehr an einem geldwäschetauglichen Gegenstand[511]. Aber selbst wenn der Gegenstand an sich noch geldwäschetauglich sei, dann erfülle nur der Verarbeitende den Tatbestand der Geldwäsche, nicht aber derjenige, der im Anschluss das Produkt der Verarbeitung erwerbe[512].

bb) Diskussion der Ansicht

Fraglich ist, ob diese Ansicht überzeugen kann.

(1) Zunächst kann gegen diese Ansicht hervorgebracht werden, dass die Gesetzesmaterialien gerade bei einer gegebenen „wesentlichen Arbeitsleistung eines Dritten" ein „Herrühren" aus der Vortat ablehnen möchten[513]. Wie im Rahmen der Einleitung[514] dargelegt wurde, hat der Gesetzgeber sich hinsichtlich der Konkretisierung des Begriffs des „Herrührens" äußerst bedeckt gehalten. Umso mehr sollten doch gerade die Vorgaben, die der Gesetzgeber gemacht hat, bei der Bestimmung des Tatbestandsmerkmals Berücksichtigung finden.

---

[507] *NK/Altenhain,* § 261 Rn. 78; *Bottermann,* S. 27; *Egger Tanner,* S. 116. Wobei *Egger Tanner*, S. 116 davon ausgeht, dass die Bemakelung des Produktes nach dessen erfolgter Verarbeitung nur in Höhe des schmutzigen Materialwertes besteht. Der durch die Verarbeitung entstandene Mehrwert hingegen müsse als „sauber" angesehen werden.

[508] *Bottermann*, S. 27.

[509] *Egger Tanner,* S. 116.

[510] *NK/Altenhain,* § 261 Rn. 78.

[511] ebd.

[512] ebd.

[513] BT-Drucksache 12/989, S. 26 (27); gleich lautend auch BR-Drucksache 507/92, S. 27f.

[514] Vgl. 1. Kapitel) A.).

(2) Des Weiteren ist auch fraglich, inwieweit in Fällen, in denen der Vortäter eine dritte Person zur Verarbeitung einsetzt, überhaupt eine „wesentliche Arbeitsleistung eines *Dritten*“ im Sinne der Gesetzesmaterialien anzunehmen wäre. Es ist nämlich andererseits auch denkbar, den Begriff des „Dritten“ so aufzufassen, dass nur der eigenständig und nicht weisungsgebunden Tätigwerdende erfasst werden soll[515]. Wenn der Vortäter hingegen gezielt dritte Personen in den Verarbeitungsvorgang mit einbezieht, dann werden diese sozusagen als „Stellvertreter“ des Vortäters tätig, so dass der Verarbeitungsvorgang dem Vortäter zugerechnet werden kann. Versteht man das Erfordernis einer „wesentlichen Arbeitsleistung eines Dritten“ in diesem Sinn, dann besteht die dargelegte Gefahr, dass der Vortäter durch die Arbeitsleistung dritter Personen ein „Wasch“-Unternehmen großen Stils aufbaut, nicht[516]. Das Missbrauchsrisiko eines gezielten „Waschvorgangs“ kann somit auch durch die restriktive Auslegung des Begriffs des „Dritten“ minimiert werden, ohne die „wesentliche Arbeitsleistung eines Dritten“ entgegen den Vorgaben des Gesetzgebers bestimmen zu müssen. Der Gesetzgeber erfordert zudem selbst eine „selbständige“ Arbeitsleistung eines Dritten.

(3) Der Argumentation, dass die Folgen einer anzunehmenden Bemakelung des auf die wesentliche Verarbeitung eines Dritten zurückzuführenden Gegenstandes nicht „so drastisch“ seien, kann Folgendes entgegengesetzt werden: Zum einen beruht der Ansatz einzig und allein auf kriminalpolitischen Erwägungen und ist rein ergebnisorientiert. Zudem ist er aber auch in rechtlicher Hinsicht bedenklich. Den Ausführungen, dass bei einer Verarbeitung durch einen Dritten zumeist schon gar kein geldwäschetauglicher Gegenstand mehr vorliege (Beispiel des bösgläubigen Goldschmiedes), kann nicht gefolgt werden. Erwirbt der Goldschmied nämlich unmittelbar aus der Vortat stammendes Gold, dann geht durch diesen Erwerb bereits aufgrund des Umkehrschlusses zu § 261 Abs. 6 StGB die Geldwäschetauglichkeit des Goldes nicht verloren[517]. Der Goldschmied würde vielmehr an einem geldwäschetauglichen Gegenstand die Verarbeitung vornehmen und die Bemakelungskette fortsetzen. Auch die weitere Aussage, dass selbst dann, wenn ein geldwäschetauglicher Gegenstand verarbeitet werde, nur der Verarbeitende den Tatbestand der Geldwäsche erfüllen könne, nicht aber derjenige, der das Produkt der Verarbeitung erwerbe[518], ist bedenklich. Schließlich ist das verarbeitete Produkt nach dieser Auffassung bemakelt und „rührt“ aus der Vortat „her“[519]. Wieso der Erwerb dieses Produktes bereits rein objektiv keine Strafbarkeit wegen Geldwäsche mehr auslösen können soll, erscheint nicht einleuchtend.

---

515 So auch *Gentzik,* S. 114, der annimmt, dass bei weisungsgebundener Tätigkeit keine selbständige Arbeitsleistung eines Dritten vorliege und somit die Bemakelungskette nicht unterbrochen werde. Nach seiner Auffassung stellt derjenige Vorbesitzer, der illegale Vermögenswerte in den Produktionsprozess lenkt, selbst die Gegenstände her und nicht der ausführende Arbeiter.

516 *Gentzik,* S. 113.

517 Vgl. hierzu bereits die Ausführungen unter: 1. Kapitel) A.).

518 So: *NK/Altenhain,* § 261 Rn. 78.

519 Eine abschließende Beurteilung dieser Problematik kann hier allerdings noch nicht erfolgen, da es sich um eine Frage der sachlichen Surrogation handelt, die an dieser Stelle noch nicht im Detail besprochen wurde.

cc) Ergebnis

Nicht überzeugen kann die Auffassung, dass trotz einer „wesentlichen Arbeitsleistung eines Dritten“ die Bemakelung des verarbeiteten Gegenstandes grundsätzlich bestehen bleibt. Zum einen ist diese Ansicht aufgrund der Gesetzesmaterialien bedenklich. Des Weiteren ist diese auch unter dem Blickwinkel eines möglichst zu vermeidenden Missbrauchsrisikos durch den Vortäter nicht notwendig, da in den Fällen eines auf den Vortäter zurückgehenden Verarbeitungsvorganges schon bereits eine „Verarbeitung durch einen Dritten“ zu verneinen wäre.

d) Bestimmung der „wesentlichen Arbeitsleistung eines Dritten“ anhand der jeweiligen Verkehrsauffassung

aa) Darstellung der Ansicht

Aufgrund der bestehenden Schwierigkeiten des Bestimmens einer „wesentlichen Arbeitsleistung eines Dritten“ anhand eines konkreten Schwellenbetrages[520] wird zum Teil auf dieses Erfordernis gänzlich verzichtet und der Begriff der „Wesentlichkeit“ allein nach der jeweiligen Verkehrsauffassung beurteilt[521]. So soll eine „wesentliche Arbeitsleistung“ zumindest dann vorliegen, wenn der aus der Vortat unmittelbar stammende Gegenstand keine ausschlaggebende Bedeutung mehr für den nunmehr vorliegenden Ersatzgegenstand aufweist. Erforderlich ist, dass der Ursprungsgegenstand bei objektiver Betrachtung völlig in den Hintergrund tritt und er bei vernünftiger Würdigung den Schutzzweck des § 261 StGB nicht mehr tangiert[522]. Dabei soll insbesondere auch von Bedeutung sein, ob der Ersatzgegenstand in seiner neuen Form, die er durch Weiterverarbeitung gefunden hat, überhaupt noch die Position des Vortäters verfestigt oder ob mittlerweile eine derartige Loslösung von dem Ursprungsgegenstand stattgefunden hat, die eine weitere Aufrechterhaltung der Inkriminierungskette für mit dem Schutzzweck des § 261 StGB unvereinbar erscheinen lässt[523].

bb) Diskussion der Auffassung

Begrüßenswert ist zunächst, dass durch das Bestimmen der „wesentlichen Arbeitsleistung eines Dritten“ anhand Kriterien der allgemeinen Verkehrsauffassung der Rückgriff auf die bisher untersuchten Schwellenbeträge entbehrlich wird. Wie die vorangegangenen Ausführungen zeigen, ist weder ein Hinzuziehen eines Grenzwertes aus der „rechtlichen Signifikanz“[524] noch aus der Norm des § 74 AO[525] überzeugend.

---

[520] Vgl. hierzu insbesondere die Ausführungen unter: 3. Kapitel) A.) II.) 4.) a) b).

[521] So ausdrücklich auch für die Fälle der Verarbeitung durch einen Dritten: *Spiske*, S. 122f.

[522] *Spiske*, S. 123.

[523] ebd.

[524] Vgl. hierzu die Ausführungen unter: 3. Kapitel) A.) II.) 4.) a).

[525] Vgl. hierzu die Ausführungen unter: 3. Kapitel) A.) II. 4.) b).

Fraglich ist jedoch, ob durch die konkret vorgeschlagenen Kriterien eine Abgrenzung gelingt. Der Zielsetzung der Auffassung, hierdurch Handlungen entgegenzutreten, die darauf abzielen, illegale Gewinne durch Verarbeitung zu waschen, ist zunächst zuzustimmen. Fraglich ist aber insbesondere, ob sich die Überlegung, ob der durch Verarbeitung entstandene Gegenstand überhaupt noch die Position des Vortäters verfestigt oder mittlerweile eine Loslösung vom Ursprungsgegenstand stattgefunden hat, zur Bestimmung einer „*wesentlichen* Arbeitsleistung eines Dritten“ eignet. Wie oben dargestellt[526] ist aus Gründen eines zu vermeidenden Missbrauchsrisikos eine „Arbeitsleistung eines *Dritten*“ nur anzunehmen, wenn dieser selbständig und weisungsfrei vom Vortäter die Verarbeitung des Ursprungsgegenstandes vornimmt. Anderenfalls bestünde nämlich das Risiko, dass der Vortäter den Dritten faktisch als „Werkzeug“ eines gezielten Umwandlungsvorganges missbraucht. Wenn nun aber bereits für die Annahme einer „Arbeitsleistung eines *Dritten*“ ein selbständiges Handeln des Dritten erforderlich ist, dann wird in diesen Fällen auch niemals mehr eine Verfestigung der Position des Vortäters angenommen werden können. Mit anderen Worten heißt dies, dass bereits für die Annahme der „Arbeitsleistung eines *Dritten*“ eine Unabhängigkeit vom Vortäter notwendig ist. Dem Kriterium der „Wesentlichkeit“ kommt nach dieser Auffassung dann keine eigenständige Bedeutung gegenüber dem Merkmal der „Arbeitsleistung eines Dritten“ zu. Letztlich greift *Spiske* zur Bestimmung der „Wesentlichkeit“ der Arbeitsleistung auf Kriterien zurück, die bereits zur Konkretisierung des Verarbeitenden von Relevanz sind. Immer dann, wenn eine „Arbeitsleistung eines *Dritten*“ anzunehmen ist, wäre nach dieser Auffassung somit zugleich auch eine *„wesentliche“* Arbeitsleistung verwirklicht.

cc) Ergebnis

Die Bestimmung der „wesentlichen Arbeitsleistung eines Dritten“ anhand der Verkehrsauffassung ist generell zu begrüßen. Die hier von *Spiske* entwickelten Kriterien sind jedoch zur Konkretisierung der „wesentlichen Arbeitsleistung eines Dritten“ nach der hier vertretenen Ansicht[527] nicht ausreichend, da diese Aspekte das zusätzliche Erfordernis der „Wesentlichkeit“ der Arbeitsleistung nicht hinreichend berücksichtigen.

e) Die eigene Auffassung: Bestimmung der „wesentlichen Arbeitsleistung eines Dritten“ aufgrund eines Rückgriffs auf § 950 BGB

Im Rahmen der obigen Ausführungen wurde bereits dargelegt, dass der Begriff des „Herrührens“ anhand einer „positiven Begriffsbestimmung“ näher zu konkretisieren ist[528]. Im Rahmen dieser „positiven Begriffsbestimmung“ ist es auch möglich, auf Strukturen anderer Rechtsgebiete zur Tatbestandskonkretisierung zurückzugreifen[529]. Aus diesem Grund liegt bezüglich der Problematik einer wesentlichen Verarbeitung

[526] Vgl. die Ausführungen unter: 3. Kapitel) A.) II.) 4.) c).

[527] Aufgrund der zu stellenden Anforderungen an die Arbeitsleistung eines *„Dritten“*, vgl. die Ausführungen unter: 3. Kapitel) A.) II.) 4.) c).

[528] Vgl. hierzu die Ausführungen unter: 2. Kapitel) B.) III.) 3.) c).

[529] Vgl. hierzu die Ausführungen unter: 2. Kapitel) B.) III.) 3.) b) dd).

des Ursprungsgegenstandes ein Rückgriff auf die zivilrechtliche Norm des § 950 BGB nahe[530], die die zivilrechtlichen Rechtsfolgen einer Verarbeitung regelt. Eine sachnähere Vorschrift als die des § 950 BGB ist für die Problematik der „wesentlichen Arbeitsleistung eines Dritten“ nicht ersichtlich.

In die gleiche Richtung geht auf den ersten Blick die Auffassung *Hoyers*[531]. Auch er greift die Regelung des § 950 BGB auf. Ausgehend von seinem Ansatz, dass der Sinn und Zweck des § 261 StGB im Schutz materiellrechtlicher Ansprüche zu sehen sei[532], hält er fest, dass sich auf einen Gegenstand, der durch Verarbeitung nach § 950 BGB entstanden sei, ein Anspruch des Verletzten nicht mehr erstrecken könne. Insofern könne der Umgang mit dem Verarbeitungsprodukt auch keine Geldwäsche mehr darstellen, während der Verarbeitungsvorgang an sich den Anspruch des Verletzten zum Erlöschen bringe und daher eine Geldwäschestrafbarkeit nach § 261 Abs. 1 StGB auslöse[533]. Bereits an dieser Stelle wird aber deutlich, dass *Hoyer* letztlich allein auf den von ihm zugrunde gelegten – wenig überzeugenden[534] – Schutzzweck der Geldwäsche zur Lösung zurückgreift. Er greift nicht abstrakt den Grundgedanken des § 950 BGB als Lösungsansatz auf. Vielmehr stellt er den erfolgten materiellrechtlichen gesetzlichen Eigentumserwerb seiner Überlegung über die eintretenden Rechtsfolgen voran. Aufgrund der seinen Ausführungen zugrunde liegenden – hier abgelehnten - Schutzgutbestimmung der Geldwäsche[535], soll hier aber ein anderer Weg eingeschlagen werden. Es wird auf die abstrakten Wertungen des § 950 BGB zurückgegriffen.

Im Hinblick auf die hier angestrebte „positive Begriffsbestimmung“ bietet es sich an, § 950 BGB als *abstrakten* Wertungsgedanken möglichst regelungsnah zur Lösung der Verarbeitungsproblematik heranzuziehen. Gemäß § 950 BGB bedingt die Verarbeitung grundsätzlich einen gesetzlichen Eigentumserwerb. Nur wenn der Verarbeitungswert gegenüber dem Wert des Ausgangsstoffes erheblich geringer ist, bleibt es bei den ursprünglichen Eigentumsverhältnissen (§ 950 Abs. 1 Satz 1 2. Hs. BGB). Wie oben bereits dargelegt, findet ein gesetzlicher Eigentumserwerb nach der Rechtsprechung nur dann nicht statt, wenn die Arbeitsleistung einen prozentualen Anteil von 37,5 % des Gesamtwertes des verarbeiteten Gegenstandes unterschreitet[536]. Überträgt man diese Wertungen auf die Konstellation einer möglichen Entmakelung des Ursprungsgegenstandes aufgrund der Arbeitsleistung eines Dritten, dann „rührt“ der verarbeitete Gegenstand nicht mehr aus der Vortat „her“, wenn der Wert der Arbeitsleistung mindestens 37,5 % des Gesamtwertes beträgt[537]. Für das von *Barton* gebildete Beispiel 1)[538] würde dies bedeuten, dass die hergestellte Uhr nicht mehr aus

530 So auch grundsätzlich *Leip*, S. 122.

531 *SK/Hoyer*, § 261 Rn. 13.

532 Vgl. hierzu die Ausführungen unter: 1. Kapitel) B.) IV.) 1.) c) ee).

533 *SK/Hoyer*, § 261 Rn. 13.

534 Vgl. hierzu die Ausführungen unter: 1. Kapitel) B.) IV.) 1.) c) ee).

535 Vgl. ebd.

536 Vgl. hierzu die Ausführungen unter: 3. Kapitel) A.) II.) 4.) a) bb) (1).

537 Hierauf stellt auch *Leip*, S. 122, zunächst ab, hält aber letztlich den 25-%-Schwellenbetrag aus § 74 AO für überzeugender.

538 Vgl. hierzu die Ausführungen unter: 3. Kapitel) A.) II.) 4.) a) aa).

der Vortat „herrühren“ würde, weil der Verarbeitungswert in Höhe von 500 DM im Vergleich zum Gesamtwert (1.000 DM) der Uhr 50 % beträgt. Ebenso verhielte es sich bei einem Rückgriff auf die Wertungen des § 950 BGB in dem ebenfalls von *Barton* gebildeten Beispiel 2)[539]. Hier betragen die Verarbeitungskosten (10.000 DM) gegenüber dem Gesamtwert des Ringes (20.000 DM, Summe aus Verarbeitungskosten und Materialkosten in Höhe von ebenfalls 10.000 DM) ebenfalls 50 %, so dass der durch die Verarbeitung entstandene Ring ebenfalls nicht mehr aus der Vortat „herrührt“.

Zu bedenken ist an dieser Stelle zusätzlich noch, dass der Begriff des „Dritten“ restriktiv in der Art und Weise ausgelegt werden muss, dass nur der selbständig und weisungsfrei vom Vortäter handelnde Dritte die Entmakelung des Ursprungsgegenstandes durch Verarbeitung hervorrufen kann[540]. Insofern kann in den genannten Beispielen 1) und 2) nur dann eine Entmakelung angenommen werden, wenn der Verarbeitende auch unabhängig vom Vortäter tätig geworden ist.

Folglich ist ein „Herrühren“ aus der Vortat für den verarbeiteten Gegenstand m. E. abzulehnen, wenn der Wert der Arbeitsleistung des selbständig und weisungsfrei handelnden „Dritten“ mindestens 37,5 % des Gesamtwertes des entstandenen Gegenstandes beträgt. Eine solche Auslegung der „wesentlichen Arbeitsleistung eines Dritten“ steht in Einklang mit der Regelung des § 950 BGB, welche auch der Gesetzgeber berücksichtigen zu wollen scheint.

#### f) Zusammenfassung

Nach der hier vertretenen Auffassung ist ein „Herrühren“ aus der Vortat für einen verarbeiteten Gegenstand abzulehnen, wenn der Wert der von einem weisungsfrei und selbständig handelnden Dritten durchgeführten Verarbeitung mindestens 37,5 % des Gesamtwertes des Objektes beträgt. Nicht überzeugend ist eine Ansicht, die generell auch im Falle einer „wesentlichen Arbeitsleistung eines Dritten“ eine fortbestehende Bemakelung des Gegenstandes annehmen möchte. Hinsichtlich der von *Barton* vorgeschlagenen Lösung ist die Willkürlichkeit des dabei zu berücksichtigenden „Signifikanzniveaus“ zu kritisieren. Der von *Leip* vorgenommene Rückgriff auf Wertungen des § 74 AO zur Bestimmung eines Schwellenbetrages für die „wesentliche Arbeitsleistung eines Dritten“ ist nicht überzeugend, da die Vorschrift keine vergleichbare Interessenlage wie die Verarbeitung regelt. Die Auffassung, die die „Wesentlichkeit“ der Arbeitsleistung anhand der Verkehrsanschauung bestimmen möchte, ist zudem zu allgemein formuliert und berücksichtigt das Erfordernis einer *„wesentlichen“* Arbeitsleistung eines Dritten nicht.

---

539 Vgl. ebd.

540 Vgl. hierzu die Ausführungen unter: 3. Kapitel) A.) II.) 4.) c) bb) (2).

### 5. Erhebliche wirtschaftliche Verarbeitung durch den Vortäter selbst

Bsp.: Der Vortäter stellt aus dem aus vorangegangenem Raub erlangten Gold eine Uhr her. „Rührt“ die Uhr noch aus der Vortat „her“?

Die Problematik der erfolgten Verarbeitung des Ursprungsgegenstandes durch den Vortäter selbst wird in der Literatur zumeist nicht berücksichtigt[541]. Ursache für diese mangelnde Berücksichtigung ist aber wohl weniger die fehlende Relevanz in der Praxis, als vielmehr die Tatsache, dass sich der Gesetzgeber in seinen Gesetzesmaterialien lediglich mit der „Verarbeitung durch einen Dritten“ auseinandergesetzt hat.

a) Die Auffassung der Literatur

Nach Auffassung der Literatur soll die Verarbeitung und Umgestaltung durch den Vortäter selbst keine „reinwaschende“ Wirkung haben. Die Inkriminierung des Ursprungsgegenstandes soll vielmehr bestehen bleiben[542]. Zur Begründung wird ausgeführt, dass im Falle der Verarbeitung durch den Vortäter kein Grund bestehe, diesen aus dem Anwendungsbereich des § 261 StGB herauszunehmen[543]. Anderenfalls würde dem Vortäter zugestanden werden, Illegales in Legales umzuwandeln[544]. In dem hier genannten Beispiel würde die durch den Vortäter hergestellte Uhr somit weiterhin aus dem Raub „herrühren“ und wäre mithin bemakelt.

b) Die eigene Ansicht

Der Auffassung der Literatur ist zuzustimmen. Bei einer Verarbeitung durch den Vortäter kann eine Dekontamination des Gegenstandes unabhängig vom Wert des verarbeitenden Vorganges nicht in Betracht gezogen werden. Soweit bereits im Rahmen der Problematik der Verarbeitung durch einen Dritten festgestellt wurde, dass bei einer weisungsabhängigen Tätigkeit des Handelnden eine andere Wertung geboten ist[545], muss dies erst recht gelten, wenn der Vortäter in Person die Verarbeitung selbst vornimmt. Der Vortäter könnte ansonsten auf legalem Wege seine eingetretene Isolierung beseitigen und sich für neue kriminelle Tätigkeiten frisches Startkapital erarbeiten. Eine effektive Strafverfolgung der Vortat könnte bei eingetretener Dekontamination nicht mehr gewährleistet werden. Es läge selbst in der Hand des Vortäters, die „Papierspur“ zu beseitigen.

Dieser Lösung stehen auch insoweit keine Bedenken entgegen, als dass der Vortäter Gefahr laufen würde, sich einer Doppelbestrafung zum einen aus der Vortat und der Geldwäsche auszusetzen. Zwar setzt der Geldwäschetatbestand in seiner heutigen

---

541 Vgl. hierzu die Ausführungen unter: 3. Kapitel) A.) II.) 4.).

542 *Stree* in *Schönke/Schröder*, § 261 Rn. 9; *MüKo/Neuheuser*, § 261 Rn. 50; *Gentzik*, S. 113; *NK/Altenhain*, § 261 Rn. 78.

543 *NK/Altenhain*, § 261 Rn. 78.

544 *Stree* in *Schönke/Schröder*, § 261 Rn. 9.

545 Vgl. hierzu die Ausführungen unter: 3. Kapitel) A.) II.) 4.) c) bb) (2).

Fassung nicht mehr voraus, dass der Vortäter „ein anderer“ gewesen ist[546]. § 261 Abs. 9 Satz 2 StGB stellt aber die Straflosigkeit von Selbstbegünstigungshandlungen klar. Die Geldwäsche ist insoweit mitbestrafte Nachtat[547]. Die Geldwäsche bleibt neben der Vortat nur dann strafbar, wenn ihr Unrechtsgehalt durch die Bestrafung der primär strafwürdigen Haupttat ausnahmsweise nicht abgegolten werden kann[548]. Dies liegt dann vor, wenn die Vortat nicht nachgewiesen werden kann oder ein Verschulden bei der Vortat nicht vorliegt[549]. Folglich führt die Annahme des Fortbestehens der Bemakelungskette für den durch die Verarbeitung des Vortäters entstandenen Gegenstand nicht zu einer Gefahr der gem. Art. 103 Abs. 3 GG ausgeschlossenen Doppelbestrafung des Verarbeitenden.

c) Ergebnis

Zusammenfassend ist festzuhalten, dass die Verarbeitung eines unmittelbar aus der Vortat stammenden Gegenstandes durch den Vortäter dessen Bemakelung nicht entfallen lässt. Auch nach der Verarbeitung „rührt“ der Gegenstand, unabhängig vom Wert des verarbeitenden Vorganges, aus der Vortat „her“. Anderenfalls könnte der Vortäter die auf ihn zurückgehende „Papierspur“ zur Vortat abreißen lassen und damit einer effektiven Strafverfolgung gezielt entgegenwirken.

### 6. Verjährung zivilrechtlicher Rückgewähransprüche

Bsp.: Der Vortäter A erlangt aus einem vorangegangenen Raub eine Uhr. Der Raub findet im Jahre 2005 statt. „Rührt“ die Uhr im Jahre 2036 immer noch aus dem Raub „her“?

Wie im Rahmen der obigen Ausführungen bereits festgestellt wurde, hat die eintretende strafrechtliche Verjährung der Vortaten keine Auswirkungen auf die Bemakelung des unmittelbar aus der Katalogtat „herrührenden“ Ursprungsgegenstandes[550]. Überlegenswert ist aber zudem, wie sich die Verjährung zivilrechtlicher Rückgewähransprüche auf die Inkriminierung des Ursprungsobjektes auswirkt. In der Literatur wird diese Problematik zwar nur wenig diskutiert[551]. Die hierzu vertretenen Ansichten weichen jedoch stark voneinander ab.

a) Vertretene Auffassungen in der Literatur

aa) Ruft man sich in Erinnerung, dass der Sinn und Zweck der Geldwäsche nach Teilen der Literatur im Schutze materiellrechtlicher Ansprüche auf den Ursprungsge-

---

[546] Geändert durch das Gesetz zur Verbesserung der Bekämpfung der organisierten Kriminalität v. 04.05.1998, vgl. § 261 Abs. 9 Satz 2 StGB.

[547] *Stree* in *Schönke/Schröder*, § 261 Rn. 5.

[548] *Stree/Sternberg-Lieben* in *Schönke/Schröder*, Vorbem. §§ 52ff. Rn. 135.

[549] *Stree* in *Schönke/Schröder*, § 261 Rn. 5.

[550] Vgl. hierzu die Ausführungen unter: 3. Kapitel) A.) II.) 3.) b) c).

[551] So bei *Leip*, S. 123; *SK/Hoyer*, § 261 Rn. 6; *Dionyssopoulou*, S. 109.

genstand zu sehen ist[552], wird bereits auf den ersten Blick deutlich, dass bei Verfolgung dieser Rechtsgutbestimmung die Verjährung des zivilrechtlichen Rückgriffsanspruches nicht unberücksichtigt bleiben kann[553]. Wenn bereits die Rechtsordnung nicht mehr die Erfüllung dieses Rückgewähranspruches aufgrund eingetretener Verjährung garantiert, dann erscheint es nach dieser Ansicht geradezu widersprüchlich, den Anspruchsgegner über § 261 StGB weiterhin zur Bereithaltung des Anspruchsgegenstandes veranlassen zu wollen[554]. Der Rückgewähranspruch ist vielmehr bereits aufgrund der eingetretenen Verjährung nicht mehr durchsetzbar. Aus diesem Grund ist es auch nicht mehr sinnvoll, den zivilrechtlichen Anspruch dem Schutz des § 261 StGB zu unterstellen. Eine solche Protektion würde geradezu „leer laufen".

Aber auch unter Zugrundelegen eines anderen Schutzzweckes der Geldwäsche wird eine Dekontamination des Ursprungsgegenstandes aufgrund eingetretener zivilrechtlicher Verjährung angenommen. Ausgehend von der früher bestehenden dreißigjährigen Regelverjährung im Zivilrecht lehnt *Leip* ein „Herrühren" aus der Vortat nach eingetretener Verjährung ab[555]. Nur so könne ein Rechtsfrieden im Bereich des § 261 StGB erreicht werden. Zudem entfalle nach Ablauf von dreißig Jahren auch das Sanktionsbedürfnis im Hinblick auf die Isolierungsfunktion des § 261 Abs. 2 StGB. Unter Mitberücksichtigung des bestehenden Interesses an einem funktionierenden Wirtschaftsverkehr solle nach Ablauf der zivilrechtlichen Verjährungsfrist der Rückgewähransprüche ein „Herrühren" des Gegenstandes aus der Vortat somit abzulehnen sein.

bb) Dieser Argumentation wird zum Teil jedoch entgegengesetzt, dass die zivilrechtliche Verjährung von Rückgewähransprüchen keine Rolle spielen dürfe[556]. Schließlich diene der Geldwäschetatbestand ausschließlich öffentlichen Interessen. Zivilrechtliche Aspekte seien daher schon im Grundsatz nicht zu berücksichtigen.

b) Diskussion der Ansichten

Die Frage nach den rechtlichen Konsequenzen einer eingetretenen Verjährung zivilrechtlicher Rückgewähransprüche für das Tatbestandsmerkmal „Herrühren" ist nicht einfach zu beantworten.

aa) Stellt man primär darauf ab, dass die Geldwäsche einer effektiven Strafverfolgung der Vortat dienen soll[557], dann darf die Verjährung der zivilrechtlichen Rückgewähransprüche nicht zu einer Vereitelung dieses öffentlichen Zweckes führen. Auf der anderen Seite ist jedoch auch zu bedenken, dass Hauptzweck der zivilrechtlichen Verjährung die Wahrung von Rechtssicherheit und Rechtsfrieden ist[558]. Der Schuldner soll nicht mehr Beweisschwierigkeiten hinsichtlich eines gegen ihn geltend ge-

---

[552] Vgl. die Ausführungen unter: 1. Kapitel) B.) IV.) 1.) c) ee).

[553] So: *SK/Hoyer*, § 261 Rn. 6.

[554] *SK/Hoyer*, § 261 Rn. 6.

[555] *Leip*, S. 123.

[556] *Dionyssopoulou*, S. 109.

[557] Vgl. die Ausführungen unter: 1. Kapitel) B.) IV.) 1.) c) ii).

[558] *Soergel/Niedenführ*, Bürgerliches Gesetzbuch, Vor § 194 Rn. 16.

machten Anspruches ausgesetzt sein, sondern den Anspruch abwehren können, ohne diesen inhaltlich bekämpfen zu müssen[559]. Würde eine Bemakelung auch nach zivilrechtlicher Verjährung der Ansprüche weiterhin bestehen bleiben, dann würde dieser Rechtsfrieden zu Lasten Gutgläubiger gestört werden. Zudem sind im Rahmen einer „positiven Begriffsbestimmung" des Tatbestandsmerkmals „Herrühren" auch wirtschaftliche Gesichtspunkte mit zu berücksichtigen[560]. Unter Beachtung eines bestehenden Interesses am funktionierenden Wirtschaftsverkehr erscheint es eher zweifelhaft, dass trotz zivilrechtlicher Verjährung der Rückgewähransprüche in strafrechtlicher Hinsicht der Rechtsfrieden noch nicht „eingekehrt" sein soll. Insofern sprechen – zumindest auf den ersten Blick – gewichtige Aspekte für eine Dekontamination des Ursprungsgegenstandes bei Verjährungseintritt zivilrechtlicher Rückgewähransprüche[561].

bb) Fraglich ist jedoch, ob ein solches Überwiegen wirtschaftlicher Interessen gegenüber einem bestehenden Sanktionsbedürfnis auch noch nach Verkürzung der Regelverjährung gem. § 195 BGB von dreißig auf drei Jahre[562] durch das Schuldrechtsmodernisierungsgesetz 2002 überzeugen kann. Die in der Literatur geäußerten Bedenken hinsichtlich einer fortdauernden Bemakelung des Ursprungsgegenstandes nach eingetretener zivilrechtlicher Verjährung der Rückgewähransprüche beziehen sich ausschließlich auf die Regelverjährung von dreißig Jahren.

Zunächst sind einige Besonderheiten der neuen Regelverjährung von drei Jahren zu beachten. Einerseits ist zu berücksichtigen, dass die zivilrechtlichen Rückgewähransprüche nicht ausschließlich in der dreijährigen Regelfrist verjähren. Die dreißigjährige Verjährungsfrist bleibt zum einen in den Fällen des § 197 Abs. 1 Nr. 1 BGB bestehen. Zudem kann der Beginn der Regelverjährung aufgrund der späten subjektiven Kenntnis des Anspruchsberechtigten nach § 199 Abs. 1 BGB erst erheblich später als die Begehung der Vortat zu laufen beginnen. Andererseits ist hinsichtlich des Sanktionsbedürfnisses zu berücksichtigen, dass nach Ablauf der dreijährigen Regelfrist die Vortat strafrechtlich oftmals noch nicht verjährt sein wird. Dies ist ein wesentlicher Unterschied gegenüber der bislang geltenden Regelverjährung von dreißig Jahren, nach deren Ablauf auch die meisten Vortaten bereits in strafrechtlicher Hin-

---

559 *Soergel/Niedenführ*, Vor § 194 Rn. 16.

560 Vgl. hierzu die Ausführungen unter: 2. Kapitel) B.) III.) 3.) b) dd).

561 Unberücksichtigt bleiben muss hierbei selbstverständlich das Argument, das sich darauf stützt, dass nach Ablauf der Verjährung zivilrechtlicher Rückgewähransprüche eine Bemakelung des Ursprungsobjektes abgelehnt werden muss, weil ein Schutz materiellrechtlicher Ansprüche dann nicht mehr gewährt werden könne. Diese Schutzgutbestimmung wurde für die Geldwäsche im Rahmen der hier erfolgten Ausführungen bereits abgelehnt, vgl. 1. Kapitel) B.) IV.) 1.) c) ee).

562 In den Fällen, in denen durch die Vortat der Gegenstand „abhanden gekommen" ist, bleibt es aufgrund der Verjährung von Herausgabeansprüchen aus Eigentum gem. § 197 Abs. 1 Nr. 1 BGB zwar bei einer dreißigjährigen Verjährungsfrist. Bei anderen Vortaten der Geldwäsche kann aber durchaus die neue Regelverjährung von drei Jahren einschlägig sein. Selbst wenn im Rahmen des ersten Erwerbsgeschäfts auch das Verfügungsgeschäft von der Unwirksamkeit nach § 134 BGB erfasst worden ist, wird oftmals anschließend ein gutgläubiger Erwerb im Rahmen personaler Transformation stattfinden und somit ein eigentumsrechtlicher Herausgabeanspruch mit 30-jähriger Verjährung ausscheiden.

sicht verjährt waren[563]. Ein Überwiegen wirtschaftlicher Interessen gegenüber einem bestehenden Sanktionsbedürfnis hinsichtlich der begangenen Vortat kann daher weitaus schwerer angenommen werden als bei einer zugrunde liegenden Regelverjährung von dreißig Jahren[564].

cc) Unter Beachtung dieser Punkte ist es nicht überzeugend, bei eingetretener zivilrechtlicher Verjährung der Rückgewähransprüche ein „Herrühren" aus der Vortat für den Ursprungsgegenstand abzulehnen. Bedenken bestehen insbesondere hinsichtlich der unterschiedlichen Verjährungsfristen der Rückgewähransprüche nach neuem Verjährungsrecht. Würde man die Frage einer eintretenden Dekontamination anhand der jeweils konkret einschlägigen Verjährungsfrist beurteilen, würde dies dem formalen Aspekt der Verjährung widersprechen. Zudem spricht der Aspekt, dass viele Vortaten nach Ablauf der dreijährigen Regelverjährung strafrechtlich noch nicht verjährt sind, dafür, dass eine zivilrechtliche Verjährung keinen Einfluss auf die Begriffsbestimmung des „Herrührens" haben kann. Dies gilt insbesondere deswegen, weil der effektiven Strafverfolgung der Vortaten im Rahmen dieser Ausführungen ein besonderer Schutz durch den Tatbestand der Geldwäsche zugesprochen wurde[565]. Somit „rührt" der unmittelbar aus der Vortat stammende Gegenstand auch noch aus der Vortat „her", wenn zivilrechtliche Rückgewähransprüche bereits verjährt sind.

dd) Überlegenswert ist jedoch, ob eine Dekontamination des Ursprungsgegenstandes nach Ablauf von dreißig Jahren – unabhängig von einer jeweiligen eingetretenen zivilrechtlichen Verjährung – angenommen werden kann. Dies erscheint insbesondere deswegen überzeugend, weil im Rahmen der früheren dreißigjährigen Regelverjährung die stichhaltigeren Argumente für eine solche Entmakelung des Ursprungsgegenstandes sprachen[566]. Ein Zeitraum von dreißig Jahren bietet sich als Anhaltspunkt zum einen an, weil nach Ablauf dieses Zeitraums die Vortat strafrechtlich regelmäßig verjährt sein wird[567] und ein Sanktionsbedürfnis somit nicht mehr besteht. Zum anderen handelt es sich bei dem Zeitraum von 30 Jahren um die maximale Verjährungsfrist in allen Rechtsgebieten[568], so dass dieser Zeitspanne ein allgemeingültiger Charakter nicht abgesprochen werden kann. Bei Abwägung des Interesses an einem freien Wirtschaftsverkehr mit dem nur noch in geringem Maße bestehenden Sanktionsbedürfnis überwiegen jedenfalls die wirtschaftlichen Aspekte. Nach Ablauf von 30 Jahren „rührt" der Ursprungsgegenstand somit nicht mehr aus der Vortat „her". Für das zu Beginn gebildete Beispiel bedeutet dies, dass die Uhr im Jahre 2036 nicht mehr aus der Vortat, dem Raub, „herrührt". Dies gilt jedoch unabhängig

---

563 Vgl. zu der Verfolgungsverjährung § 78 Abs. 2 und 3 StGB. Gem § 78 Abs. 2 StGB unterliegt lediglich Mord einer solchen Verjährung nicht.

564 Ein solches Sanktionsbedürfnis verneint *Leip* im Rahmen einer Regelverjährung von 30 Jahren, vgl. *Leip,* S. 123.

565 Vgl. hierzu die Ausführungen unter: 1. Kapitel) B.) IV.) 1.) c) ii).

566 Vgl. hierzu die Ausführungen unter: 3. Kapitel) A.) II.) 6.) b) aa).

567 Die maximale Verfolgungsverjährung im Strafrecht beträgt gem. § 78 Abs. 3 Nr. 1 StGB 30 Jahre. Nur Mord unterliegt einer solchen Verfolgungsverjährung gem. § 78 Abs. 2 StGB nicht.

568 Neben der maximalen Verfolgungsverjährung im Strafrecht gem. § 78 Abs. 3 Nr. 1 StGB beträgt auch die regelmäßige Verjährung im Öffentlichen Recht in der Regel 30 Jahre, nachdem der Verwaltungsakt bestandskräftig geworden ist, vgl. § 53 Abs. 3 VwVfG und § 52 Abs. 2 SGB X.

davon, dass zudem auch die Verjährung hinsichtlich des eigentumsrechtlichen Herausgabeanspruches gem. § 197 Abs. 1 Nr. 1 BGB eingetreten ist.

c) Ergebnis

Die zivilrechtliche Verjährung der Rückgewähransprüche hat keine Auswirkungen auf das Tatbestandsmerkmal „Herrühren". Der Ursprungsgegenstand „rührt" auch nach eingetretener zivilrechtlicher Verjährung noch aus der Vortat „her". Andererseits ist es aus Gründen eines regelmäßig entfallenden Sanktionsbedürfnisses überzeugend, generell nach Ablauf eines Zeitraumes von dreißig Jahren eine Bemakelung des Ursprungsgegenstandes entfallen zu lassen. Dies gilt aber unabhängig von der jeweiligen zivilrechtlichen Verjährung des Rückgewähranspruchs[569]. Insoweit kann im Ergebnis zwar Teilen der Literatur zugestimmt werden[570], die nach Ablauf von 30 Jahren ein „Herrühren" aus der Vortat verneinen. Insbesondere nach Einführung des neuen Verjährungsrechts durch das Schuldrechtsmodernisierungsgesetz 2002 kann die Dekontamination des Ursprungsgegenstandes nach Ablauf von 30 Jahren aber nicht mehr an dem Eintritt der zivilrechtlichen Verjährung von Rückgewähransprüchen festgemacht werden.

569 Dies gilt also nicht nur dann, wenn der zivilrechtliche Rückgewähranspruch ausnahmsweise auch nach neuem Verjährungsrecht erst nach 30 Jahren gem. § 197 Abs. 1 Nr. 1 BGB verjährt.

570 Im Ergebnis gleich: *Leip*, S. 123.

## B. Transformationen

Die bisherigen Ausführungen haben sich auf die Betrachtung solcher Gegenstände beschränkt, die unmittelbar aus der Vortat hervorgegangen sind. Zudem wurde bislang vorausgesetzt, dass der jeweilige Gegenstand sich noch in den Händen des Vortäters befindet. Wie die vorangegangenen Ausführungen zeigen, ist bereits die Frage, ob das unmittelbar aus der Vortat hervorgegangene Objekt noch aus der Katalogtat „herrührt" in vielen Fällen umstritten. Umso fraglicher erscheint es, wie sich sog. Transformationen des Ursprungsgegenstandes auf dessen Geldwäschetauglichkeit auswirken. Grundsätzlich kann der Vortäter mit dem Ursprungsgegenstand auf verschiedenste Art und Weise verfahren. Zum einen kann er den ursprünglichen Gegenstand in die Hände eines anderen Besitzers weiterreichen (sog. personale Transformation). Auf der anderen Seite kann der kontaminierte Ursprungsgegenstand vom Vortäter auch in einen anderen Gegenstand, ein sogenanntes Surrogat, ausgetauscht werden (sog. sachliche Transformation). In beiden Fällen stellt sich die Frage, wie sich die Transformation auf die Bemakelung des aus der Vortat „herrührenden" Ursprungsgegenstandes auswirkt. Geht die Bemakelung unter? Setzt sie sich fort bzw. setzt sie sich sogar am Surrogat fort? Wo ist die Grenze einer entstehenden weit reichenden Bemakelungskette zu ziehen?

### I. Die personale Transformation

Bsp. 1: Der Vortäter A gibt die aus einer räuberischen Erpressung erlangte Uhr an den befreundeten B weiter. „Rührt" die Uhr noch aus dem Raub „her"?

1.) Ausgangspunkt ist die Vorschrift des § 261 Abs. 6 StGB. Wird der ursprüngliche, bemakelte Gegenstand in die Hände eines Dritten gegeben, dann bleibt dessen Bemakelung auch dann bestehen, wenn der Erwerb des Gegenstandes im Rahmen der personalen Transformation straflos bleibt. Dies lässt sich mittelbar aus dieser Regelung entnehmen, da diese ansonsten obsolet wäre. Würde nämlich bereits die Bemakelung des Gegenstandes mit der Weitergabe entfallen, dann müsste die Strafbarkeit gem. § 261 Abs. 2 StGB gerade nicht ausdrücklich ausgeschlossen werden. Darüber hinaus gibt das Gesetz aber keine weiteren Vorgaben zur personalen Transformation. Die Frage der Reichweite einer möglichen Bemakelung des ursprünglichen Ausgangsgegenstandes in den Händen Dritter bleibt im Gesetz weitgehend unbeantwortet.

2.) Fraglich ist darüber hinaus aber, ob eine Dauerbemakelung des Ursprungsgegenstandes durch einen gutgläubigen Zwischenerwerb unterbrochen wird. Für das genannte Beispiel würde dies bedeuten, dass eine Bemakelung der Uhr davon abhinge, ob der B diese zwischenzeitlich gutgläubig erworben hätte. Mit der Argumentation, dass kein Widerspruch zu den Regelungen des Bürgerlichen Gesetzbuches entstehen dürfe, wird in der Literatur daher zum Teil angenommen, dass ein schmutziger Gegenstand, der einmal von einem Gutgläubigen erworben worden sei, nicht mehr Tatobjekt einer Geldwäsche sein könne[571]. Ein gutgläubiger Erwerb der Uhr durch B würde daher bewirken, dass die Geldwäschetauglichkeit der Uhr auch für die Zukunft verloren wäre. Selbst wenn B die Uhr also im Anschluss an einen Dritten, den bösgläubigen C, weitergeben würde, könnte dieser sich mangels tauglichen Tatobjektes somit wegen Geldwäsche nicht mehr strafbar machen.

Im Hinblick auf die bereits im Rahmen der systematischen Auslegung gemachten Ausführungen zu § 261 Abs. 6 StGB[572] kann eine solche Einschränkung des Tatbestandsmerkmals „Herrühren" bei gutgläubigen Zwischenerwerb eines Dritten jedoch nicht überzeugen[573]. Schon im Rahmen der obigen Diskussion wurde festgestellt, dass sich aus der Vorschrift des § 261 Abs. 6 StGB nicht entnehmen lässt, dass bei einem gutgläubigen Zwischenerwerb eines Dritten der Tatgegenstand nicht mehr aus der Vortat „herrührt". Die Vorschrift des § 261 Abs. 6 StGB gewährleistet lediglich auf der Ebene der Strafbarkeit eine Beschränkung, nicht hingegen jedoch auf der Ebene des Tatbestandes. Neben den bereits im Rahmen der systematischen Auslegung dargelegten Erwägungen[574] spricht hierfür auch Folgendes: Bereits der Gesetzgeber hat sich ausdrücklich dahingehend geäußert, dass § 261 Abs. 6 StGB zum Schutze des allgemeinen Rechts- und Wirtschaftsverkehrs eine *Strafbarkeitsbeschränkung* vornehme[575], weil derjenige, der gutgläubig zwischenerworben habe, das Sanktionsbedürfnis für den nach § 261 Abs. 2 StGB Handelnden habe entfallen lassen. Dies steht in Einklang mit der Zielsetzung der Vorschrift. Die Regelung des § 261 Abs. 2 StGB soll nämlich verhindern, dass der Vortäter die kriminellen Gewinne „reinigen" kann, um sodann wieder neue Straftaten begehen zu können[576]. Die Norm bezweckt gerade, dass der Straftäter auf den Erlösen der Katalogtaten „sitzen bleibt" und die Rückführung in den legalen Wirtschaftsverkehr verhindert wird[577]. Wenn aber ein Dritter bereits gutgläubig zwischenerworben hat, dann sind die kriminellen Erlöse doch bereits wieder in den legalen Wirtschaftskreislauf zurückgeflossen. Die Gefahr einer Nutzung der Erlöse für neue kriminelle Tätigkeiten besteht in einem solchen Fall nicht mehr. Aufgrund dessen ist kein Raum mehr für eine Strafbarkeit nach § 261 Abs. 2 StGB. Berücksichtigt man diesen Aspekt des § 261 Abs. 6 StGB, dann erscheint es nur sinnvoll, dass dieser ausnahmsweise die Strafbarkeit für den nach § 261 Abs. 2 StGB Handelnden entfallen lässt. Warum diese Regelung darüber hinausgehend Auswirkungen auf eine Inkriminierung des Ursprungsgegenstandes bei fortgesetzter personaler Transformation haben soll, erscheint hingegen nicht einleuchtend[578]. Dies entspricht weder dem Wortlaut des § 261 Abs. 6 StGB[579] noch seinem Sinn und Zweck im Hinblick auf die gerade dargelegte Verbindung zu

---

571 So ausdrücklich: *Höreth,* S. 120f.; *Rengier,* Strafrecht BT 1, § 23 III 2 Rn. 14; *Lackner/Kühl,* § 261
Rn. 5; *Wessels/Hillenkamp,* § 20 III 3 Rn. 901; *Gentzik,* S. 123f.

572 Vgl. die Ausführungen unter: 1. Kapitel) C.) II.) 2.).

573 Vgl. hierzu die Ausführungen unter: 1. Kapitel) B.) III.) 2.) b).

574 Vgl. hierzu die Ausführungen unter: 1. Kapitel) B.) III.) 2.).

575 BT-Drucksache 12/989, S. 26 (28); BR-Drucksache 507/92, S. 23 (35).

576 *Leip,* S. 100.

577 BR-Drucksache 507/92, S. 23 (24); ausführlich hierzu auch: *Leip,* S. 54.

578 So auch: *Tiedemann,* S. 129 Rn. 281.

579 Vgl. die Ausführungen unter: 1. Kapitel) B.) III.) 2.) b).

§ 261 Abs. 2 StGB. § 261 Abs. 6 StGB privilegiert den gem. § 261 Abs. 2 StGB Handelnden, nicht aber generell jeden nach gutgläubigem Erwerb Erwerbenden.

3.) Folglich kann der gutgläubige Zwischenerwerb eines Dritten zwar die Strafbarkeit eines nach § 261 Abs. 2 StGB Handelnden ausschließen. Die grundsätzliche Bemakelung des unmittelbar aus der Vortat stammenden Gegenstandes bleibt jedoch bestehen. Wird somit im Rahmen einer weiteren personalen Transformation der Tatbestand der § 261 Abs. 1 StGB erfüllt, kann sich dieser Dritte wegen Geldwäsche strafbar machen. Der Ursprungsgegenstand ist nach der hier vertretenen Auffassung weiterhin inkriminiert und „rührt“ aus der Vortat „her“, auch wenn zuvor ein gutgläubiger Zwischenerwerb stattgefunden hat. Dieses Ergebnis soll nochmals durch folgendes Beispiel verdeutlicht werden:

Bsp. 2: Der Drogendealer D hat den Erlös aus dem Drogengeschäft an den gutgläubig erwerbenden A weitergegeben. Im Wege des § 261 Abs. 2 StGB erwirbt B von A den Erlös. Er macht sich hierbei aber nach § 261 Abs. 6 StGB nicht strafbar. Wenn nun aber C den Drogenerlös von B durch eine von § 261 Abs. 1 StGB erfasste Handlung erlangt, dann „rührt“ dieser immer noch aus der Vortat her und C ist strafbar.

4.) Als Ergebnis ist festzuhalten, dass die Inkriminierung des Ursprungsgegenstandes durch die personale Transformation nicht berührt wird[580]. Dies gilt auch dann, wenn zwischenzeitlich ein gutgläubiger Erwerb des Ursprungsgegenstandes stattgefunden hat. Ob ein entsprechendes Ergebnis auch für eine personale Transformation der vom Vortäter erlangten Surrogate gilt, soll an dieser Stelle noch offen bleiben. Dies wird im Rahmen der weiteren Ausführungen noch näher beleuchtet werden müssen.

## II. Die sachliche Transformation

### 1. Grundsätzliches

Bsp.: Der Vortäter A verkauft die aus dem Raub erlangte Golduhr an B und erhält hierfür 1.000 €, was auch dem objektiven Wert der Uhr entspricht. Dass die Golduhr auch in den Händen des B weiterhin bemakelt ist, wurde im Rahmen der gerade erfolgten Ausführungen festgestellt[581]. Fraglich ist jedoch, ob die für die Uhr erlangten 1.000 € noch aus der Vortat „herrühren“.

Problematischer als die personale Transformation ist die Konstellation der sachlichen Transformation des unmittelbar aus der Vortat „herrührenden“ Ursprungsgegenstandes. Wird der Ursprungsgegenstand weitergegeben und der Vorbesitzer erhält hierfür einen Gegenwert, stellt sich zwangsläufig die Frage, ob und unter welchen Bedin-

---

580 So die ganz h.M., statt vieler: *MüKo/Neuheuser*, § 261 Rn. 44; *Großwieser*, § 261, S. 73f.; *Vest*, S. 417 (428f.); *Burr*, S. 71; *Leip*, S. 99f.; *Leip/Hardtke*, S. 281 (282); *OLG Karlsruhe* NJW 2005, S. 767 (769).

581 Vgl. die Ausführungen unter: 3. Kapitel) B.) I.).

gungen dieser Gegenwert geldwäschetauglich ist. Zu untersuchen ist zunächst, ob ein sachliches Surrogat in den Händen des Vortäters noch aus der Vortat „herrührt“.

a) Denkbar ist als Extremposition, nur für „unmittelbar“ aus der Vortat hervorgegangene Gegenstände ein „Herrühren“ aus der Vortat anzunehmen[582]. Konsequenz hieraus wäre, dass sachliche Surrogate niemals bemakelt wären. Für das hier gebildete Beispiel müsste somit die Geldwäschetauglichkeit der erlangten 1.000 € abgelehnt werden.

aa) Von *Bottermann* wird zur Begründung dieser Lösung aufgeführt, dass zwingend eine Anlehnung an die Delikte der Hehlerei und Begünstigung geboten sei[583]. Im Rahmen dieser Anschlussdelikte sei anerkannt, dass nur unmittelbare Tatvorteile erfasst seien[584]. Anderes dürfe auch für den Tatbestand der Geldwäsche aus Gründen notwendiger Rechtssicherheit nicht gelten. Die Bediensteten im Finanzmarkt und die Akteure im Wirtschaftsverkehr müssten genau wissen und abgrenzen können, welche Vermögenswerte noch im Sinne des § 261 StGB aus der Vortat „herrührten“. Anderenfalls wären sie mit einer unannehmbaren Rechtsunsicherheit belastet[585]. Bereits bei der Hehlerei sei dies der Grund, warum eine Ersatzhehlerei nicht strafbar sei. Da aber bei der Hehlerei die Ausgangssituation für den potentiellen Hehler noch relativ übersichtlich sei, da er zum einen oftmals irgendeinen Bezug zum Vortäter und dessen Hintergrund habe, dürfe dieser Aspekt erst recht nicht bei einem potentiellen Geldwäscher vernachlässigt werden. Bei Geldwäscheaktionen sei die Situation nämlich unvergleichbar unübersichtlicher und damit schwieriger, da bei den Bediensteten im Finanzmarkt zum Großteil anonyme Personen als Kunden auftauchten[586]. Zudem seien auch die jeweiligen Vermögenswerte ungleich abstrakter als bei Hehlerei und Begünstigung. Es handele sich hier im Wesentlichen um komplexe Geldgeschäfte und Forderungsverrechnungen. Aus diesen Gründen sei es zwingend geboten, nur unmittelbar aus der Vortat hervorgegangene Gegenstände als taugliche Geldwäscheobjekte zu qualifizieren[587].

bb) Bedenklich ist bei einer Beschränkung des Tatbestandsmerkmals „Herrühren“ auf unmittelbar aus der Vortat stammende Gegenstände aber zum einen, dass diese der gesetzgeberischen Intention, mit der Geldwäsche eine Kette von Verwertungshandlungen zu erfassen[588], widerspricht[589]. Bereits nach einmaliger sachlicher Surrogation des Vortäters wäre die Bemakelungskette abgerissen. Weiterhin ist die Anlehnung an die anderen Anschlusstaten unvereinbar mit den obigen Ausführungen zur

582 So ausdrücklich: *Bottermann,* S. 23.

583 ebd.

584 Vgl. hierzu auch die Ausführungen im Bereich der systematischen Auslegung: 1. Kapitel) B.) III.) 1.) b) aa) (2).

585 *Bottermann*, S. 21f.

586 *Bottermann,* S. 22.

587 *Bottermann* bestimmt den Begriff der „Unmittelbarkeit“ jedoch kaum. Er verweist insbesondere darauf, dass es der richterlichen Klärung überlassen bleiben solle, was unter dem Begriff der „Unmittelbarkeit“ zu verstehen sei. Richtungsweisend solle insbesondere die Judikatur des BGH zur Auslegung des „Vorteils“ i.S.d. Begünstigung sein, vgl. *Bottermann,* S. 25.

588 Hierzu bereits S. 1 und 2 der Einleitung; BR-Drucksache 507/92, S. 23 (27).

589 Dies erkennt auch *Bottermann,* S. 23, nimmt diesen Widerspruch jedoch hin.

systematischen Auslegung[590]. Der Gesetzgeber hat sich bei dem Begriff des „Herrührens“ einer völlig neuen Begrifflichkeit bedient und keinen Rückgriff auf bereits verwendete Formulierungen anderer Anschlusstaten genommen. Das Argument, auch die anderen Anschlusstaten forderten eine „Unmittelbarkeit“, ist daher nicht überzeugend[591]. Zuletzt ist aber auch noch zu bedenken, dass *Bottermann* auf eine Beschränkung auf „unmittelbar“ aus der Vortat hervorgegangene Gegenstände insbesondere deswegen abzielt, um die Bediensteten der Finanzwirtschaft vor einem hohen Strafbarkeitsrisiko zu schützen. Berücksichtigt man, dass *Bottermann* primär das Finanzgewerbe als geschütztes Rechtsgut der Geldwäsche ansieht[592], erscheint seine restriktive Auslegung des Tatbestandsmerkmals „Herrühren“ nachvollziehbar. Durch eine Beschränkung auf „unmittelbar“ aus der Vortat hervorgegangene Gegenstände wird die Anzahl geldwäschetauglicher Gegenstände stark eingeschränkt, was zwangsläufig auch das Strafbarkeitsrisiko von Beschäftigten im Finanzgewerbe mindert. Das Schutzgut des legalen Finanz- und Geldkreislaufes wurde im Rahmen der vorliegenden Ausführungen jedoch abgelehnt[593]. Die Argumentation *Bottermanns* kann daher nicht überzeugen.

b) Als Konsequenz ist somit denkbar, für sachliche Surrogate in den Händen des Vortäters generell ein „Herrühren“ aus der Vortat anzunehmen. Die 1.000 € aus dem Beispiel wären dann inkriminiert. Fraglich ist, ob dieser Lösungsansatz stichhaltig ist.

aa) Nahezu unstreitig ist, dass jedenfalls solche Ersatzwerte in den Händen des Vortäters als inkriminiert anzusehen sind, die als Ergebnis eines Austauschvorganges wertmäßig dem Ursprungsgegenstand entsprechen[594]. Da in dem genannten Beispiel die Uhr auch objektiv einen Wert von 1.000 € besitzt, wäre demnach für dieses Geld ein „Herrühren“ aus der Vortat anzunehmen.

(1) Zur Begründung wird von Teilen der Literatur aufgeführt, dass in den Fällen der Wertidentität des Surrogates eine „wirtschaftliche Betrachtungsweise“ geboten sei[595]. Es könne diesbezüglich auf die Rechtsprechung des BGH zum „Tatvorteil“ in § 257 StGB zurückgegriffen werden[596]. Das Gericht habe für die Begünstigung entschieden, dass der unmittelbare „Tatvorteil“ allein anhand einer „wirtschaftlichen Betrachtungsweise“ zu bestimmen sei. So solle es aufgrund einer solchen ökonomischen Betrachtung für den „Tatvorteil“ i. S. d. § 257 StGB unerheblich sein, in wel-

---

[590] Vgl. die Ausführungen unter: 1. Kapitel) B.) III.) 1.) b) aa) (2).

[591] Davon abgesehen wird auch für die anderen Anschlusstaten das Erfordernis der „Unmittelbarkeit“ „wirtschaftlich“ bestimmt, vgl. die Ausführungen unter. 1. Kapitel) B.) III.) 1.) b) aa) (2).

[592] Vgl. die Ausführungen unter: 1. Kapitel) B.) IV.) 1.) c) ff) (1).

[593] Vgl. die Ausführungen unter: 1. Kapitel) B.) IV.) 1.) c) ff) (2).

[594] Statt vieler: *Leip*, S. 102; *NK/Altenhain*, § 261 Rn. 67; *Vest*, S. 417 (429); *OLG Karlsruhe* NJW 2005, S. 767 (769); *Großwieser*, S. 77f.; *Egger Tanner*, S. 101; *Lackner/Kühl*, § 261 Rn. 5; *Fischer*, § 261 Rdnr. 7; *Stree* in *Schönke/Schröder,* § 261 Rn. 7.

[595] Auf eine wirtschaftliche Betrachtungsweise abstellend: *NK/Altenhain*, § 261 Rn. 67; *OLG Karlsruhe* NJW 2005, S. 767 (768); *Flatten*, S. 76; *Otto*, Jura 1993, S. 329 (331); *Stree* in *Schönke/Schröder*, § 261 Rn. 8; *MüKo/Neuheuser*, § 261 Rn. 46.

[596] Insbesondere: *BGH* NJW 1990, S. 918 = JR 1990, S. 478.

cher Weise oder Verkörperung der geldwerte Vorteil vorhanden sei[597]. Entscheidend für die „Unmittelbarkeit“ sei nur, dass der geldwerte Vorteil noch im Vermögen des Vortäters bleibe und dessen alleinigem Zugriff zur Verfügung stehe[598]. Wenn nun aber sogar nach der Rechtsprechung der restriktiv zu bestimmende „Tatvorteil“ einer solchen „wirtschaftlichen Betrachtungsweise“ unterliege, dann müsse dies erst recht für den Begriff des „Herrührens“ gelten. Für ein Surrogat – zumindest wenn es wertmäßig dem Ursprungsobjekt entspreche – sei daher ein „Herrühren“ aus der Vortat anzunehmen.

(2) Hiergegen wird teilweise eingewendet, dass im Rahmen des § 257 StGB eine wirtschaftliche Betrachtung abhängig von der Rechtsnatur der Vortat sei und daraus resultiere, dass an mehreren Stellen die Akzessorietät zur Vortat offen zum Vorschein trete[599]. Im Rahmen der Bestimmung des „Tatvorteils“ i. S. d. § 257 StGB nehme die Rechtsprechung nur dann eine „wirtschaftliche Betrachtungsweise“ an, wenn eine solche Zuordnung mit der Rechtsnatur der Vortat korrespondiere[600]. Die „wirtschaftliche Betrachtungsweise“ der Judikatur zu § 257 StGB sei daher abhängig von der Betrachtung des konkreten Einzelfalles[601]. Eine solche Abhängigkeit von der Vortat kenne die Geldwäsche jedoch nicht, so dass eine ökonomische Sichtweise nicht aus der Rechtsprechung zu § 257 StGB schlussgefolgert werden könne[602]. Eine solche lasse sich vielmehr aus Sinn und Zweck des Geldwäschetatbestandes entnehmen. Der Telos der Norm erfordere nämlich, dass der Nerv bestimmter Kriminalitätsformen getroffen werde, was über eine Verkehrsunfähigkeit finanzieller Grundlagen zu schaffen sei, die zu einer Isolierung des Vortäters führe[603]. Somit sei im Ergebnis zwar richtig, dass solche Ersatzgegenstände in den Kreis geldwäschetauglicher Gegenstände mit einzubeziehen seien, soweit sie wertmäßig dem Ursprungsgegenstand entsprechen[604]. Dies könne aber nicht mit der Rechtsprechung zu § 257 StGB begründet werden. Grundlage dieser gebotenen „wirtschaftlichen Betrachtungsweise“ sei vielmehr Sinn und Zweck des Geldwäschetatbestandes selbst.

bb) Für einen Rückgriff auf die Rechtsprechung zu § 257 StGB spricht zunächst die bereits im Rahmen der systematischen Auslegung angestellte Überlegung[605], dass eine den Kausalitätszusammenhang zur Vortat bejahende Judikatur zu § 257 StGB erst recht für die Geldwäsche gelten müsse. Wenn die Rechtsprechung selbst bei erforderlicher „Unmittelbarkeit“ des Tatvorteils bei Wertidentität des Surrogates den

---

597 Der BGH nahm einen „unmittelbaren Vorteil“ i.S.d.§ 257 StGB in der genannten Entscheidung auch dann an, wenn die unmittelbar erlangten Schecks in Bankguthaben und weiter in Wertpapiere umgesetzt werden, vgl. *BGH* NJW 1990, S. 918.

598 *BGH* NJW 1990, S. 918 (919f.).

599 *Leip*, S. 101; *Leip/Hardtke*, S. 281 (282).

600 In der Entscheidung *BGH* JR 1990, S. 478, handelte es sich bei der Vortat der Begünstigung um einen Betrug, so dass die Auslegung des Begriffs „Vorteil“ anhand einer wirtschaftlichen Betrachtungsweise geboten war.

601 Die enge Verbundenheit zur Vortat zeige sich insbesondere bei § 257 StGB anhand der Regelungen des Abs. 2 und Abs. 3.

602 *Leip*, S. 101.

603 ebd.

604 *Leip*, S. 102.

605 Vgl. die Ausführungen unter: 1. Kapitel) B.) III.) 1.) b) aa).

Kausalzusammenhang zur Vortat bejaht, dann erscheint es doch beinahe zwingend, dass dies auch für die Geldwäsche gelten muss, für die eine solche Unmittelbarkeit weder vom Gesetzgeber noch der Rechtsprechung verlangt wird. Den Einwänden in der Literatur diesbezüglich[606] ist aber zuzugestehen, dass die Rechtsprechung zu § 257 StGB die „wirtschaftliche Betrachtungsweise" nur dann wählt, wenn die konkrete Vortat der Begünstigung eine solche gebietet. Da die Geldwäsche eine solche Abhängigkeit von der Vortat aber nicht kennt, kann eine detailgetreue Übertragung der Rechtsprechung zu § 257 StGB nicht überzeugen[607]. Die Frage, ob ein Surrogat in den Händen des Vortäters noch aus der Vortat „herrührt", wäre anderenfalls davon abhängig, welche Vortat begangen wurde. Eine solche Akzessorietät zur Vortat ist im Geldwäschetatbestand jedoch nicht vorgesehen.

Folglich ist fraglich, ob sich ein „Herrühren" aus der Vortat für ein wertmäßig dem Ursprungsobjekt entsprechendes Surrogat auch aus anderen Erwägungen entnehmen lässt. Stellt man primär darauf ab, dass die Geldwäsche der effektiven Strafverfolgung der Vortat[608] dienen soll, dann ist die Annahme einer Inkriminierung des Surrogates in den Händen des Vortäters beinahe zwingend. Anderenfalls könnte der Vortäter dieses Surrogat auf legale Art und Weise wieder in den Wirtschaftsverkehr zurückführen. Bereits durch einfaches Austauschgeschäft könnte der Katalogtäter wieder als „integeres" Wirtschaftssubjekt am Wirtschaftsverkehr teilnehmen. Das Ziel der Geldwäsche, den Vortäter zu isolieren, würde nicht einmal im Ansatz erfüllt werden. Vielmehr wären die Spuren der Vortat bereits durch den kleinsten Umtauschvorgang verwischt. Aber auch wenn der Schutzzweck der Norm somit für eine Bemakelung des Surrogates in den Händen des Vortäters spricht, müssen im Rahmen einer „positiven Begriffsbestimmung" des Tatbestandsmerkmals „Herrühren"[609] weitere Aspekte mitberücksichtigt werden. So dürfen insbesondere auch wirtschaftliche Aspekte wie die Funktionsfähigkeit des Wirtschaftsverkehrs nicht vernachlässigt werden. In der Konstellation, dass sich das wertmäßig identische Surrogat in den Händen des Vortäters befindet, kann aber auch eine „wirtschaftliche Betrachtungsweise" zu keinem anderen Ergebnis führen. Zum einen besteht zwischen Ursprungsgegenstand und Surrogat Wertidentität, so dass in wirtschaftlicher Hinsicht keine Vermögensänderung gegenüber dem Ursprungsgegenstand stattgefunden hat. Zudem besteht die Gefahr einer eintretenden Funktionsunfähigkeit des Wirtschaftsverkehrs nicht. Das Surrogat befindet sich ausschließlich in der „internen Sphäre" des Vortäters und ist noch gar nicht in den freien Wirtschaftsverkehr gelangt. Solange das Surrogat also Bestandteil der Sphäre des Vortäters ist, kann es keinen Einfluss auf den Wirtschaftsverkehr nehmen. Somit sprechen sowohl der Schutzzweck der Geldwäsche als auch die zu berücksichtigenden wirtschaftlichen Erwägungen für eine Bemakelung des sachlichen Surrogates.

---

606 *Leip*, S. 101.

607 Aus diesem Grund führt wohl auch *MüKo/Neuheuser*, § 261 Rn. 46 an, dass die zum Begünstigungstatbestand entwickelten Grundsätze Anwendung finden müssten, allerdings unter Zurückstellung des konkreten Vortatbezuges.

608 Vgl. hierzu die Ausführungen unter: 1. Kapitel) B.) IV.) 1.) c) ii).

609 Vgl. hierzu die Ausführungen unter: 2. Kapitel) B.) III.) 3.) c).

c) Als Ergebnis ist mithin festzuhalten, dass ein sachliches Surrogat in den Händen des Vortäters noch aus der Vortat „herrührt". Dies gilt zumindest dann, wenn – wie in dem hier vorliegenden Beispiel – sachliches Surrogat und Ursprungsgegenstand wertidentisch sind.

## 2. Besonderheiten bei der sachlichen Surrogation – „Grenzfälle"

Ausgehend von der Feststellung, dass das sachliche Surrogat in den Händen des Vortäters grundsätzlich geldwäschetauglich ist, stellt sich im Anschluss die Frage, ob „Grenzfälle" denkbar sind, in denen die Annahme eines „Herrührens" nicht überzeugend ist[610].

Bislang wurde eine fortbestehende Bemakelung des sachlichen Surrogates nur unter der Voraussetzung einer bestehenden Wertidentität bejaht[611]. Fraglich ist somit, ob ein „Herrühren" aus der Vortat auch noch dann angenommen werden kann, wenn zwischen Ursprungsgegenstand und Surrogat keine wertmäßige Identität vorliegt.

a) Beschaffenheit des Surrogates: Erforderliche Wertidentität zum Ursprungsgegenstand?

Im Rahmen der Ausführungen zur eintretenden Wertveränderung des unmittelbar aus der Vortat stammenden Gegenstandes[612] wurde bereits festgestellt, dass sich Wertsteigerungen bzw. Wertverluste des Ursprungsgegenstandes nicht auf seine Bemakelung auswirken können. Der Gegenstand besteht weiterhin zu 100 % aus illegalen Mitteln. Weniger klar ist die Lage jedoch bei einer Wertveränderung des Surrogates. In diesem Fall ist nicht nur eine quantitative Änderung eingetreten, sondern gleichzeitig werden die illegalen Vermögenswerte in einem neuem Objekt verkörpert. Gegenstand der Untersuchung ist zunächst, ob die Bemakelung bei eintretender Wertsteigerung des Surrogates gegenüber dem Ursprungsgegenstand entfällt.

aa) Eintretende Gewinnrealisierung

Bsp. 1): Der Vortäter A erwirbt mit Geld aus vorangegangenem Raub ein Los. Mit dem Los erzielt A einen hohen Gewinn. „Rührt" der Gewinn noch aus der Vortat „her"?

Bsp. 2): Der Vortäter A erwirbt mit 10.000 € aus vorangegangenem Raub einen PKW, der rein objektiv jedoch einen Wert in Höhe von 13.000 € hat. „Rührt" der PKW noch aus dem vorangegangen Raub „her"?

(1) In der Literatur wird zum Teil allgemein vertreten, dass das Surrogat in den Händen des Vortäters nur dann noch aus der Vortat „herrühren" könne, wenn es unter

---

610 Auch für den unmittelbar aus der Vortat hervorgegangenen Gegenstand wurden solche Besonderheiten untersucht, vgl. unter: 3. Kapitel) A.) II.).

611 Vgl. die Ausführungen unter: 3. Kapitel) B.) II.) 1.).

612 Vgl. die Ausführungen unter: 3. Kapitel) A.) II.) 1.) 2.).

Beibehaltung des Wertes an die Stelle des ausgetauschten Gegenstandes getreten sei[613]. Zumindest eine wesentliche Wertsteigerung solle demnach die Inkriminierung des Surrogates entfallen lassen. Sowohl für den Losgewinn als auch für den PKW wäre demnach ein „Herrühren" aus der Vortat abzulehnen. Zur Begründung wird angeführt, dass bereits die Gesetzesmaterialien eine solche Wertidentität zwischen Ursprungsgegenstand und Surrogat forderten[614].

(2) Fraglich ist jedoch, ob dieser restriktiven Auffassung gefolgt werden kann.

Hinsichtlich des durch Glücksspiel erlangten Gewinns in Bsp. 1) kann auf den Ansatz *Bartons* über Kriterien der Adäquanztheorie zurückgegriffen werden[615]. Die Adäquanztheorie ist ein erster tauglicher Ansatz zur Beschränkung des Tatbestandsmerkmals „Herrühren"[616]. Da es sich bei der Gewinnrealisierung in Bsp. 1) um einen völlig atypischen Kausalverlauf handelt, wird der erlangte Gewinn nicht mehr vom Tatbestandsmerkmal „Herrühren" erfasst[617]. Etwas anderes kann bei Gewinnen aus „Glücksspielen" nur dann gelten, wenn diese „planmäßig" betrieben werden, da dann von einem atypischen Erwerbsvorgang nicht mehr gesprochen werden kann[618]. Folglich muss für einen Spiel- und Wettgewinn ein „Herrühren" aus der Vortat verneint werden.

Anders verhält es sich jedoch für reine Geschäftsgewinne wie in Bsp. 2). Stellt man hier auf Kriterien der Adäquanztheorie ab, dann müsste ein „Herrühren" aus der Vortat angenommen werden, weil keine atypische Gewinnrealisierung vorliegt[619]. Da sich der Begriff des „Herrührens" aber nicht abschließend anhand von Kausal- und Zurechnungskriterien bestimmen lässt[620], stellt sich die Frage, ob nach einer vorzunehmenden „positiven" Begriffsbestimmung ein „Herrühren" aus der Vortat für solche reinen Geschäftsgewinne anzunehmen ist. Stellt man den Schutzzweck einer effektiven Strafverfolgung[621] in den Vordergrund der Betrachtung, dann ist eine Bemakelung des Surrogates sicherlich geboten. Allein die Tatsache, dass das Surrogat nunmehr einen höheren Wert besitzt als das Ursprungsobjekt, kann für eine anzustrebende effektive Strafverfolgung keine Auswirkungen haben. Jedes erfolgreiche Wirtschaften mit dem unrechtmäßig Erlangten soll unterbunden werden und die „Papierspur" gesichert werden. Aber auch der freie Wirtschaftsverkehr wird durch die

---

[613] *Lackner/Kühl,* § 261 Rn. 5, der fordert, dass keine „wesentliche Wertveränderung" stattgefunden haben darf; *Bottke*, S. 87 (90); *Mitsch,* BT II/2 § 5 Rn. 19; *Oswald*, wistra 1997, S. 328 (328); *Vest,* S. 417 (431) Fn. 45, fordert, dass das Surrogat „in dem jeweils neuen Vermögenszusammenhang noch identifizierbar" sein muss.

[614] Vgl. BT-Drucksache 12/989, 26 (27); BR-Drucksache 507/92, S. 23 (27).

[615] Vgl. hierzu die Ausführungen unter: 2. Kapitel) B.) II.) 1.).

[616] Vgl. die Ausführungen unter: 2. Kapitel) B.) II.) 2.).

[617] Vgl. die Ausführungen unter: 2. Kapitel) B.) II.) 1.) a).

[618] Vgl. die Ausführungen unter: 2. Kapitel) B.) II.) 1.) b).

[619] Mit dieser Argumentation möchte *Leip,* S. 104, die „reinen Geschäftsgewinne" als bemakelt ansehen. Im Hinblick darauf, dass auch er in der Adäquanztheorie nur einen ersten Ansatz zur Einschränkung des Tatbestandsmerkmals „Herrühren" sieht (*Leip,* S. 85), erscheint ein alleiniger Rückgriff auf die Adäquanztheorie zur Begründung der fortbestehenden Bemakelung aber wenig überzeugend.

[620] Vgl. die Ausführungen unter: 2. Kapitel) C.).

[621] Vgl. hierzu die Ausführungen unter: 1. Kapitel) B.) IV.) 1.) c) ii).

Annahme einer Bemakelung nicht belastet, da das Surrogat sich weiterhin in der „internen Sphäre“ des Vortäters befindet. Somit ist nach erfolgter Abwägung zwischen der Ratio der Geldwäsche und wirtschaftlichen Aspekten ein „Herrühren“ des Surrogates anzunehmen.

(3) Surrogate, die Spiel- oder Wettgewinne darstellen, sind aufgrund des zu berücksichtigenden Adäquanzgedankens nicht mehr geldwäschetauglich. Anders verhält es sich bei reinen Geschäftsgewinnen[622]. Insbesondere der Schutzzweck der effektiven Strafverfolgung spricht dafür, ein „Herrühren“ aus der Vortat zu bejahen.

bb) Eintretender Wertverlust

Weitaus häufiger sind in der Realität hingegen die Fälle, in denen das Surrogat wirtschaftlich nicht den Wert des unmittelbar aus der Vortat erlangten Gegenstandes erreicht. Schließlich ist der Geldwaschvorgang teuer. In der Regel wird es daher eher zu Wertverlusten kommen[623]. Ebenso wie bei eintretendem Wertverlust des Ursprungsgegenstandes ist grundsätzlich zwischen völliger Wertvernichtung und eintretendem Wertverlust des Surrogates zu unterscheiden.

Bsp. 1): Der Drogendealer D kauft mit aus dem Drogengeschäft stammenden Geld einen Alfa Romeo. Diesen tauscht er gegen den unerkannt völlig schrottreifen BMW des B ein. Ist der BMW in den Händen des D inkriminiert?

Bsp. 2): Der Vortäter tauscht den aus räuberischer Erpressung erlangten Alfa im Wert von 30.000 € gegen einen BMW in Wert von 20.000 € ein.

(1) Ebenso wenig wie bei einem völligen Wertverlust des Ursprungsgegenstandes[624] kann auch bei einem völlig wertlos gewordenen Surrogat keine Strafbarkeit wegen Geldwäsche begründet werden[625]. Auch für das Surrogat ist in diesen Fällen – nach der hier vertretenen Auffassung – das Vorliegen eines „Vermögensgegenstandes“ i. S. d. § 261 StGB abzulehnen[626]. Die Argumente, mit denen das Vorliegen eines „Vermögensgegenstandes“ beim Ursprungsgegenstand abgelehnt wurde[627], sind auch im Rahmen des Surrogates überzeugend. Wenn kein Marktwert des Surrogates mehr feststellbar ist, fehlt es an dessen Verkehrsfähigkeit und eine Inkriminierung des Gegenstandes ist nicht geboten. Es handelt sich bei dem Surrogat dann vielmehr um ein „Aliud“. Folglich ist in Bsp. 1) der BMW in den Händen des D kein tauglicher „Vermögensgegenstand“ i. S. d. § 261 StGB mehr.

622 *Müller-Gugenberger/Bieneck,* § 51 Rn. 27; *NK/Altenhain,* § 261 Rn. 69.

623 *NK/Altenhain,* § 261 Rn. 69.

624 Vgl. hierzu die Ausführungen unter: 3. Kapitel) A.) I.) 1.) a).

625 *Barton,* NStZ 1993, S. 159 (164); *Gentzik,* S. 115; *Großwieser,* S. 69; *Spiske,* S. 122; *MüKo/Neuheuser,* § 261 Rn. 46; *NK/Altenhain,* § 261 Rn. 27, 69.

626 So auch ausdrücklich: *Höreth,* S. 115.

627 Vgl. die Ausführungen unter: 3. Kapitel) A.) I.) 1.) a).

(2) Ein anderes Ergebnis hingegen ist denkbar, wenn das Surrogat lediglich wertmäßig hinter dem Ursprungsgegenstand – wie in Bsp. 2) – zurückbleibt. Das Surrogat besitzt in diesen Fällen noch einen objektiven Wert.

Geht man von den Gesetzesmaterialien aus, dann erscheint es zunächst erforderlich, dass das Surrogat wertmäßig dem Ursprungsobjekt entspricht[628]. Diesem Grundsatz haben sich auch Vertreter der Literatur[629] und Teile der Rechtsprechung[630] angeschlossen. Zumindest bei einer „wesentlichen Wertveränderung" des Surrogates soll demnach ein „Herrühren" aus der Vortat abzulehnen sein[631]. In Bsp. 2) wäre eine Inkriminierung des BMW daher abzulehnen.

Im Hinblick auf den Schutzzweck der Geldwäsche erscheint diese Ansicht aber – ebenso wie bei einer eintretenden Gewinnrealisierung – bedenklich[632]. Jedes Wirtschaften – auch das verlustreiche – mit dem unrechtmäßig Erlangten soll unterbunden werden und die Abschöpfung des hinterbliebenen Rests ermöglicht werden[633]. Vielmehr ist es kriminalpolitisch geboten, auch solche Gegenstände, die gegenüber dem Ersetzten einen geringeren Wert aufweisen, in den Bereich des § 261 StGB mit einzubeziehen[634]. Schließlich findet eine Mehrzahl der Geldwäschehandlungen nur unter Wertverlust für den Vortäter statt. Der Geldwäscher ist einem hohen Strafbarkeitsrisiko ausgesetzt und wird daher in den seltensten Fällen dem Vortäter einen Ersatzgegenstand gleichen Wertes im Austausch übergeben[635]. Folglich steht ein eintretender Wertverlust des Surrogates gegenüber dem Ursprungsgegenstand der Annahme eines „Herrührens" aus der Vortat nicht entgegen[636]. In Bsp. 2) ist der BMW geldwäschetauglicher Gegenstand.

(3) Solange das sachliche Surrogat in den Händen des Vortäters noch einen wirtschaftlichen Wert besitzt, „rührt" es trotz eingetretenem Wertverlust noch aus der Vortat „her". Wenn dem Surrogat kein wirtschaftlicher Wert mehr zugeschrieben werden kann, liegt bereits kein „Vermögensgegenstand" mehr vor.

b) Besonderheiten des Erwerbes des sachlichen Surrogates

Eine eintretende Wertsteigerung bzw. Wertverlust hat keinen Einfluss auf die Inkriminierung des sachlichen Surrogates. Im Anschluss stellt sich die Frage, ob ein bestimmter Erwerbsvorgang erforderlich ist.

---

628 Vgl. BT-Drucksache 12/989, S. 26 (27); BR-Drucksache 507/92, S. 23 (27): „Beibehaltung des wirtschaftlichen Wertes".

629 *Bottke*, S. 87 (90); *Lackner/Kühl*, § 261 Rn. 5; *Mitsch*, § 5 Rn. 19.

630 *BGHSt* 47, S. 68 (79); *OLG Frankfurt* NJW 2005, S. 767 (768).

631 *Lackner/Kühl*, § 261 Rn. 5.

632 Vgl. hierzu die Ausführungen unter: 3. Kapitel) B.) II.) 2.) a) aa).

633 *NK/Altenhain*, § 261 Rn. 69.

634 *Stree* in *Schönke/Schröder*, § 261 Rn. 7.

635 *NK/Altenhain*, § 261 Rn. 69.

636 So auch: *Stree in Schönke/Schröder*, § 261 Rn. 7; *Gentzik*, S. 115; *Egger Tanner*, S. 112; *NK/Altenhain*, § 261 Rn. 69; *Müller-Gugenberger/Bieneck/Häcker*, § 51 Rn. 27.

aa) Erwerb durch synallagmatisches Austauschgeschäft

Der Vortäter kann auf unterschiedliche Art und Weise in den Besitz des Surrogates gelangen. Typischerweise wird das Surrogat allerdings im Wege eines synallagmatischen Austauschgeschäftes von ihm erworben, das durch ein Abhängigkeitsverhältnis zwischen Leistung und Gegenleistung gekennzeichnet ist. In der Regel handelt es sich hierbei um Austauschgeschäfte wie Kauf und Tausch oder aber um entgeltliche Gebrauchsüberlassung wie die Miete.

Bsp. 1): Der Vortäter kauft sich mit dem aus dem Raub erlangten Geld ein Motorrad. „Rührt" das Motorrad noch aus dem Raub „her"?

Dass die im Geschäftsverkehr typische Erwerbsform die Geldwäschetauglichkeit des Surrogates nicht entfallen lassen kann, wurde bereits vom Gesetzgeber vorausgesetzt[637]. Dieses Ergebnis entspricht zum einen der Regelung des § 73 Abs. 2 Satz 2 StGB[638] und ergibt sich zudem aus dem Zweck des § 261 StGB. Der wirtschaftliche Anreiz zur Begehung einer Katalogvortat kann nur dann beseitigt werden, wenn die Verkehrsunfähigkeit des Erlangten erreicht wird. Diesem Ziel könnte man nicht gerecht werden, wenn dem Inhaber eines unmittelbar aus der Vortat „herrührenden" Gegenstandes nach gelungenem Umtausch der Genuss des Vermögenswertes zustünde. Allein aufgrund eines einfachen Umtauschvorganges könnte der Vortäter die Bemakelung des Gegenstandes ansonsten entfallen lassen. Als Ergebnis ist somit festzuhalten, dass das aus einem synallagmatischen Austauschgeschäft erlangte Surrogat aus der Vortat „herrührt"[639].

bb) Bemakelte Gegenstände als Sicherheitsleistung

Scheinbar ganz in der Nähe der gerade besprochenen synallagmatischen Austauschgeschäfte stehen die Fälle, in denen der kontaminierte Ursprungsgegenstand als Sicherheit für das dem Vortäter zukommende Surrogat geleistet wird.

Bsp. 2): Der Vortäter verpfändet die geraubte Uhr sowie weitere Schmuckstücke und bekommt hierfür ein Darlehen ausgezahlt, mit welchem er den Kauf eines Grundstückes finanziert. Sind das Darlehen sowie das hiermit finanzierte Grundstück inkriminiert?

---

[637] BR-Drucksache 507/92, S. 23 (28).

[638] *NK/Altenhain*, § 261 Rn. 70.

[639] *Klippl*, S. 142f., hingegen problematisiert noch gesondert die Konstellation, dass die aus inkriminierten Mitteln erlangte Gegenleistung für das Surrogat vom Vortäter erst zu einem späteren Zeitpunkt erbracht wird. Nach ihrer Ansicht ist bedenklich, ob das Surrogat in diesem Fall überhaupt taugliches Geldwäscheobjekt sein kann bzw. nachträglich werden kann. Der Vortäter erbringe die spätere Leistung nämlich nicht mehr als Gegenleistung für das Surrogat, sondern zur Tilgung der Schuld. Insofern werde das Surrogat allenfalls dann geldwäschetauglich, wenn der Vortäter die Gegenleistung tatsächlich erbringe. Die Ansicht ist aber m. E. nicht überzeugend, da letztlich jede im Synallagma stehende Leistung erbracht wird, um eine Befreiung von der eigenen Schuld zu erreichen. Der Zeitpunkt des tatsächlichen Erbringens der Gegenleistung ändert an den synallagmatischen Beziehungen beider Leistungen aber nichts. Somit ist m. E. das Surrogat auch schon dann in den Händen des Vortäters inkriminiert, wenn er selbst die Gegenleistung noch nicht erbracht hat.

(1) Die Gesetzesmaterialien sehen eine Inkriminierung des für die (aus dem Ursprungsgegenstand bestehende) Sicherheitsleistung erlangten Surrogates als selbstverständlich an[640]. Demnach wäre das ausgezahlte Darlehen taugliches Geldwäscheobjekt. Auch in der Literatur[641] wird im Ergebnis ein „Herrühren" des Surrogates aus der Vortat zumeist bejaht.

(2) Dabei ist zunächst festzustellen, dass einer Bemakelung des Darlehens nicht der Aspekt fehlender Wertidentität zum Ursprungsgegenstand entgegengesetzt werden kann[642]. Auch wenn das ausgezahlte Darlehen regelmäßig objektiv einen geringeren Wert als der sicherheitshalber hingegebene Ursprungsgegenstand haben wird[643], steht dieser Wertunterschied einer Bemakelung des Surrogates – nach obigen Erwägungen[644] – nicht entgegen.

(a) Fraglich ist jedoch, ob das Darlehen als Gegenleistung für die hingegebene Sicherheit angesehen werden kann. Im Unterschied zu den „Standardfällen" sachlicher Surrogation[645] stehen das ausgezahlte Darlehen und die Sicherheitsleistung nicht in einem synallagmatischen Austauschverhältnis. Ein solches besteht vielmehr zwischen der Zahlung der Darlehenssumme und der Abnahme der vereinbarten Geldsumme bzw. der Zahlung der Darlehenszinsen[646]. Die Sicherung der Rückzahlung der Darlehenssumme – wie hier durch die Einräumung eines Pfandrechts an einer beweglichen Sache – stellt ein hiervon unabhängiges, selbständiges Rechtsgeschäft dar. Zwar werden regelmäßig der Abschluss des Darlehensvertrages und die Hingabe der Sicherheitsleistung zusammen einhergehen. Dies ändert aber nichts daran, dass es sich um zwei selbständige Rechtsgeschäfte handelt.

Ob eine solche rein faktische Verbundenheit beider Rechtsgeschäfte zueinander ausreichend ist, erscheint zweifelhaft. Denkbar ist es zunächst, zwischen Sicherheitsleistung und ausgezahltem Darlehen eine „wirtschaftliche Verbundenheit" anzunehmen. So stellt insbesondere *Leip* darauf ab, dass diese regelmäßige Verbundenheit von Darlehen und Sicherheitsleistung trotz der zivilrechtlichen Trennung beider Rechtsgeschäfte voneinander zu einer Bemakelung der Darlehenssumme führen müsse[647]. Bei einer „wirtschaftlichen Betrachtungsweise" bestehe zwischen Darlehen und Sicherheitsleistung nämlich ein „wirtschaftliches Synallagma". Diese wirtschaftliche „Gesetzmäßigkeit" überlagere die zivilrechtliche Trennung beider Rechtsgeschäfte[648]. Unterstützt werde diese „wirtschaftliche Verbundenheit" auch durch Wer-

---

640 BR- Drucksache 507/92, S. 23 (28).

641 *Leip*, S. 104; *Möhrenschläger*, S. 281 (287) Fn. 49; *Otto*, Jura 1993, S. 329 (330); *Dionyssopoulou*, S. 108; *MüKo/Neuheuser*, § 261 Rn. 48; *NK/Altenhain*, § 261 Rn. 71; *Körner/Dach*, S. 19 Rn. 26; *Burr*, S. 68f.

642 Vgl. hierzu die Ausführungen unter: 3. Kapitel) B.) II.) 2.) a) bb).

643 Das Surrogat wird regelmäßig einen geringeren Wert haben als der Ursprungsgegenstand, da der Dritte am unmittelbar aus der Vortat herrührenden Objekt nur ein Pfandrecht erwirbt und sich somit wirtschaftlich absichern will.

644 Vgl. hierzu die Ausführungen unter: 3. Kapitel) B.) II.) 2.) a) bb).

645 Vgl. hierzu die Ausführungen unter: 3. Kapitel) B.) II.) 2.) b) aa).

646 *Palandt/Putzo,* Einf v § 488 Rn. 3.

647 *Leip*, S. 103.

648 ebd.

tungen des Zivilrechts selbst, indem insbesondere für das Pfandrecht an beweglichen Sachen und der Hypothek Akzessorietät[649] zur abzusichernden Forderung bestehen müsse[650].

Hinsichtlich eines solchen „wirtschaftlichen Synallagmas“ zwischen Sicherheitsleistung und Darlehen bestehen jedoch Bedenken. Zum einen ist der Begriff des „wirtschaftlichen Synallagma“ dem Gesetz sowie auch der Rechtswissenschaft insgesamt fremd. Da viele Sicherungsmittel wie die Sicherungsübereignung oder aber die Grundschuld keine Akzessorietät zur abzusichernden Forderung kennen[651], findet der Rechtsgedanke des „wirtschaftlichen Synallagmas“ zwischen Sicherheitsmittel und Forderung zudem keine allgemeine Stütze in dem Akzessorietätsgrundsatz. Darüber hinaus sind aber auch die Rechtsfigur des Synallagmas und der Akzessorietätsgrundsatz nicht vergleichbar. Während das Bestehen der akzessorischen Forderung Entstehungsvoraussetzung für das Sicherungsrecht ist, hat das Synallagma keine Auswirkungen auf das Recht an sich, sondern bedingt eine gegenseitige Abhängigkeit von Leistung und Gegenleistung.

(b) Unabhängig von der Kritik an der Rechtsfigur des „wirtschaftlichen Synallagmas“ ist aber zusätzlich folgender Aspekt zu berücksichtigen: Würde man für das ausgezahlte Darlehen eine Bemakelung annehmen, dann müsste in Bsp. 2) auch für das Grundstück eine solche angenommen werden. Denn die Zahlung des Kaufpreises und der Erwerb des Grundstückes stehen zweifelsfrei in rechtlichem Synallagma zueinander, so dass sich nach dem Surrogationsprinzip die Bemakelung an dem Grundstück fortsetzen würde[652]. In diesem Fall würde aber ein vollständig mit legalen Mitteln finanzierter Gegenstand zum Geldwäscheobjekt, nur weil der Kaufpreis nicht sofort gezahlt worden ist[653]. Auf illegale Mittel zur Finanzierung des Grundstückes würde der Vortäter aber vielmehr erst dann zurückgreifen, wenn der Schmuck verwertet werden müsste, um die Darlehensschuld zu tilgen[654].

(c) Auch ist nach dem Sinn und Zweck der Geldwäsche, der effektiven Strafverfolgung der Vortat, eine Bemakelung der Darlehenssumme nicht erforderlich[655]. Die „Papierspur“ zum Vortäter bleibt auch ohne eine anzunehmende Bemakelung der Darlehenssumme bestehen. Schließlich sind die unmittelbar aus der Vortat erlangten Gegenstände – im Bsp. 2) der Schmuck und die Uhr – weiterhin dem Machtbereich des Vortäters zuzuordnen. Erst wenn er diese Gegenstände weiterveräußert oder aber

649 Vgl. für das Pfandrecht an beweglichen Sachen die die Akzessorietät zum Ausdruck bringenden Regelungen des § 1250 BGB und § 1252 BGB sowie im Bereich der akzessorisch ausgestalteten Hypothek die Regelung des § 1163 BGB.

650 *Leip,* S. 104 Fn. 371.

651 So ist beispielsweise für das nicht-akzessorische Sicherungsmittel der Grundschuld die Sicherungsabrede Kausalgeschäft für die Grundschuldbestellung, vgl. *Palandt/Bassenge,* § 1191 Rn. 3, 15.

652 Das Erlangen des sachlichen Surrogates durch synallagmatisches Austauschverhältnis lässt aber den Bemakelungszusammenhang zweifelsfrei nicht entfallen, vgl. die Ausführungen unter: 3. Kapitel) B.) II.) 2.) b) aa).

653 So auch: *Fahl,* Jura 2004, S. 160 (165).

654 ebd.

655 Anders *Dionyssopoulou,* S. 108, die im Gegenteil davon ausgeht, dass eine Bemakelung des Darlehens im Hinblick auf Interessen an einer effektiven Strafverfolgung geboten ist.

eine Verwertung des Gegenstandes stattfindet, ist ein „Abreißen der Papierspur" zu befürchten.

(d) Die Fälle, in denen ein unmittelbar aus der Vortat „herrührender" Gegenstand als Sicherheitsleistung für ein Darlehen hingegeben wird, können nicht mit den synallagmatischen Austauschgeschäften gleichgesetzt werden. Eine Bemakelung der ausgezahlten Darlehenssumme sowie des Grundstückes scheidet in Bsp. 2) vielmehr aus[656].

c) Teilkontaminiertes sachliches Surrogat

Nicht immer ist das sachliche Surrogat aber ausschließlich deliktischen Ursprungs. Denkbar ist vielmehr auch, dass sich dieses zum Teil aus legalen und zum Teil aus illegalen Vermögenswerten zusammensetzt. Schließlich wird der Geldwäscher in der Praxis gerade gezielt darauf hinwirken, eine Vermischung von sauberen und schmutzigen Vermögenswerten zu erreichen, um den deliktischen Ursprung besser verschleiern zu können. Aufgrund dieser großen praktischen Relevanz hat diese Problematik umfangreiche Berücksichtigung in der Lehre gefunden und bereits auch die eher spärliche Rechtsprechung zur Auslegung des Tatbestandes der Geldwäsche beschäftigt.

Zu untersuchen sind daher als weiterer „Grenzfall" der sachlichen Surrogation die Auswirkungen von Teilkontaminationen von Surrogaten. Folgende Beispiele sind hier zu nennen:

Bsp. 1): Mischfinanzierung: Der Drogendealer finanziert sich den 40.000 € teuren Sportwagen zum Teil durch aus der Vortat erlangten Drogengelder (2.000 €). Ein Großteil des Kaufpreises entstammt aber einer Erbschaft.

Bsp. 2): Erwerb von Unternehmensanteilen: Der Vortäter erwirbt mit den geraubten 100.000 € Anteile an einem Wirtschaftsunternehmen. Das Wirtschaftsunternehmen hat insgesamt einen Gesamtwert von 2.000.000 €.

Bsp. 3): Vermischung von Giralgeld: Auf dem Girokonto des Drogendealers befinden sich 2.000 € aus Drogengeschäften, die restlichen 1.000 € hingegen stammen aus legalen Arbeitseinkünften.

Auch wenn diese Beispiele auf den ersten Blick sehr unterschiedlich erscheinen, haben sie doch einen gemeinsamen Nenner. Alle Konstellationen liegen im Problembereich der sachlichen Surrogation und alle Produkte lassen sich in legale und illegale Anteile aufsplitten. Ausgegangen werden soll von der ersten Fallkonstellation der Mischfinanzierung, da sich bei der Mischfinanzierung eines körperlichen Gegenstan-

[656] Ein Grund dafür, dass die Gesetzesbegründungen (BR-Drucksache 507/92, S. 23 (28)) von der entgegengesetzten Auffassung ausgehen, könnte darin zu sehen sein, dass diese ausschließlich auf reine Kausalitätserwägungen abstellen, so auch: *Leip,* S. 102f.

des naturgemäß nicht die Folgeproblematik einer Teilsurrogation eines teilinfizierten Surrogates stellt[657].

aa) Die Mischfinanzierung eines Surrogates

Im Hinblick auf den in Bsp. 1) vom Vortäter finanzierten Sportwagen sind mehrere Positionen denkbar.

(1) Grundsätzliche Lösungsansätze

(a) Zunächst drängt sich als möglicher Lösungsansatz auf, dass bei einer Finanzierung eines Gegenstandes teils mit legalen, teils mit illegalen Vermögensbestandteilen eine Bemakelung des sachlichen Surrogates ausscheidet. Der in Bsp. 1) genannte Sportwagen würde dann nicht mehr aus der Vortat „herrühren". Dass diese Extremposition einer effektiven Geldwäschebekämpfung zuwiderläuft, liegt auf der Hand. So könnten doch bereits durch das Hinzufügen beispielsweise eines Euro aus legalen Quellen, illegale Vermögenswerte in Millionenhöhe „rein gewaschen" werden[658]. Da zudem bereits in den Gesetzesmaterialien verankert ist, dass bei der Finanzierung eines Gegenstandes teils aus legalen, teils aus illegalen Mitteln, der Gegenstand bemakelt sein soll[659], kann bei einer Mischfinanzierung nicht generell eine Dekontamination eintreten.

(b) Als weitere Extremposition ist denkbar, dass der teilweise kontaminierte Gegenstand vollständig aus der Vortat „herrührt"[660]. Der Sportwagen aus Bsp. 1) wäre also in vollem Umfang inkriminiert. Zwar spricht für eine solche Gesamtkontamination des Surrogates, dass durch sie die Gewinnabschöpfung sichergestellt und die „Papierspur" aufrechterhalten werden kann[661]. Andererseits darf aber auch nicht ver-

---

[657] Es sei denn, der Sportwagen aus Beispiel 1) wird in Einzelteile zerlegt und weiterveräußert, was jedoch eher eine lebensfremde Vorgehensweise darstellt. Eine solche Zerlegung in Einzelteile kommt doch vielmehr nur dann in Betracht, wenn der Sportwagen nur noch Schrottwert besitzt und er als „Ersatzteillager" dient. Dann wird ihm aber oftmals schon die Geldwäschetauglichkeit deshalb abgesprochen werden müssen, weil er aufgrund der Wertlosigkeit keinen „Vermögensgegenstand" mehr darstellt, vgl. 3. Kapitel) B.) II.) 2.) a) bb).

[658] *Egger Tanner,* S. 106.

[659] BR-Drucksache 507/92, S. 26 (28) spricht davon, dass der Gegenstand *insoweit* aus der Vortat herrührt.

[660] *Barton*, NStZ 1993, S. 159 (163); *Carl/Klos,* S.158f., während in der 2. Auflage dieser Ansatz von *Hoyer/Klos,* S. 292 ff., nicht mehr ausdrücklich vertreten wird; *Gentzik*, S.119; *Fahl*, S. 160 (164); *Wessels/Hillenkamp,* § 20 VIII 3 Rn. 901; *Rengier*, Strafrecht BT I, § 23 II Rn. 9, der sich aber wiederum in nicht überzeugender Weise auf die Gesetzesmaterialien beruft; *NK/Altenhain*, § 261 Rn. 76; *Kindhäuser*, *LPK*, § 261 Rn. 9; *Balzer*, S. 243. Diese Ansicht wird zumeist als die *Lehre von der Gesamtkontamination* bezeichnet. Allerdings ist darauf hinzuweisen, dass der Begriff zum Teil bereits für die *Tauglichkeit vermischter Vermögenswerte* als Tatobjekt des § 261 StGB verwendet wird. Der Begriff der *Gesamtkontamination* sagt dann aber nicht aus, dass der gesamte vermischte Betrag bzw. Wert der Gefahr einer Bemakelung durch § 261 StGB unterliegt, sondern lediglich, dass die gesamte Summe abstrakt dazu geeignet ist, Tatobjekt zu sein. Im Rahmen dieser Ausführungen wird der Begriff der *Gesamtkontamination* nur für die Konstellationen verwendet, in denen der gesamte vermischte Betrag kontaminiert sein soll. Die Konstellation, dass insgesamt nur ein Betrag in Höhe des ursprünglich beschmutzten Vermögenswertes der Gesamtsumme beschmutzt sein soll, wird im Rahmen der folgenden Ausführungen vielmehr als *Lehre von der Teilkontamination* bezeichnet.

[661] *NK/Altenhain*, § 261 Rn. 76.

nachlässigt werden, dass diese Lösung der gesetzgeberischen Zielsetzung der Wahrung eines freien Wirtschaftsverkehrs gerade zuwiderlaufen würde. In diesem Fall müssten innerhalb kürzester Zeit wesentliche Teile der Wirtschaft als kontaminiert angesehen werden[662]. Zudem wird gegen den Ansatz der Gesamtkontamination angeführt, dass ein solcher mit der verfassungsmäßigen Eigentumsgarantie des Art. 14 GG in Konflikt käme, da der Vortäter auch über legal erworbenes Vermögen nicht mehr verfügen könnte, ohne sich selbst und seinen Partner dem Vorwurf der Geldwäsche auszusetzen[663].

(c) Nach einer vermittelnden Ansicht hingegen rührt der Kraft Mischfinanzierung erworbene Gegenstand daher nur *insoweit* aus der Vortat her, soweit er mit illegalen Vermögensbestandteilen finanziert wurde[664]. Auch der Gesetzgeber ging in seinen Materialien wohl von diesem Grundsatz aus. Ein teils aus legalen, teils aus illegalen Mitteln finanzierter PKW soll dementsprechend *„insoweit"* aus der Vortat herrühren, als die Gelder illegaler Herkunft sind[665]. Zur Begründung wird auf die zivilrechtliche Wertung in den §§ 947f. BGB verwiesen[666]. Insofern würde der mischfinanzierte Sportwagen des Bsp. 1) zu 5 % aus der Vortat „herrühren", da er in dieser Höhe aus illegalen Geldern finanziert worden ist.

(d) Ausgehend davon, dass ein völliges Ablehnen einer eintretenden Kontamination bei erfolgter Mischfinanzierung von vornherein nicht überzeugt[667], stellt sich die Frage, ob von einer Gesamtkontamination oder einer Teilkontamination des mischfinanzierten Gegenstandes auszugehen ist.

Einerseits spricht gegen eine anzunehmende Gesamtkontamination, dass innerhalb kürzester Zeit ein Großteil des freien Wirtschaftsverkehrs inkriminiert wäre[668]. Dies liefe der Zielsetzung des Gesetzgebers zuwider, auch wirtschaftliche Aspekte wie der eines funktionierenden Wirtschaftsverkehrs bei der Bestimmung des Tatbestandsmerkmals „Herrühren" mit zu berücksichtigen. Andererseits ist aber der Hinweis der Gegenauffassung auf einen eintretenden Konflikt mit Art. 14 GG nicht stichhaltig. Soweit ausgeführt wird, dass dem Vortäter hierdurch seine freie Verfügungsmacht über legal erworbene Mittel genommen werden würde, wird übersehen, dass diesem nicht eine solche mit legal erworbenen Vermögenswerten genommen wird, sondern vielmehr nur die mit illegalen Mitteln beabsichtigte. Nicht das in die Mischfinanzie-

---

[662] *Egger Tanner*, S. 106.

[663] *Egger Tanner*, S. 106f.; *Gotzens/Schneider*, S. 121 (122) Fn. 11.

[664] *Großwieser*, S. 75; *Dionyssopoulou*, S. 108; *Lampe*, JZ 1994, S. 123 (127); *Burr*, S. 76; *Möhrenschläger*,
S. 281 (287) Fn. 50; *Salditt*, S. 121 (124); *Stree* in *Schönke/Schröder*, § 261 Rn. 9; *SK/Hoyer*, § 261 Rn. 14; *MüKo/Neuheuser*, § 261 Rn. 53; *Bauer*, S. 127 (134f.); *Maiwald*, S. 631 (641); *Egger Tanner*, S.107; wohl auch *Hombrecher*, JA 2005, S. 67 (68); wohl auch: *Lang/Schwarz*/Kipp, 2.2.2.2. Rn. 2.10 und 2.11; OLG *Karlsruhe* NJW 2005, S. 767 (769); so wohl auch *Leip*, S. 111 und 113, bei einem Abstellen auf die *Lehre der Gesamtkontamination* würden vielmehr seine Ausführungen und Überlegungen zur Teilsurrogation eines teilinfizierten Surrogates auf S. 111 überflüssig.

[665] BR-Drucksache 507/92, S. 23 (28).

[666] *MüKo/Neuheuser*, § 261 Rn. 53.

[667] Vgl. die Ausführungen unter: 3. Kapitel) B.) II.) 2.) c) aa) (1) (aa).

[668] *Egger Tanner*, S. 106.

rung einfließende legal Erworbene führt zur Kontamination des Gegenstandes, sondern die illegalen Mittel. Verfassungsrechtliche Bedenken greifen aber auch deshalb nicht, weil es sich selbst bei Annahme einer Beschränkung der Verfügungsbefugnis über legale Vermögenswerte doch allenfalls um eine Inhalts- und Schrankenbestimmung handeln würde, die der „ausgleichsfreien Sozialbindung" unterläge[669]. Über legale Vermögenswerte kann der Vortäter vielmehr völlig frei verfügen, es sei denn, er setzt sie zusammen mit inkriminierten Vermögenswerten im Rahmen einer Mischfinanzierung ein. Die Privatnützigkeit des Eigentums wird durch diese Einschränkung aber keinesfalls aufgehoben.

Auch wenn die „Lehre der Gesamtkontamination" eine extensive Inkriminierung des Wirtschaftsverkehrs zu unterbinden versucht, indem bestimmte „Mindestanteile" illegaler Vermögenswerte für einen Eintritt einer Gesamtkontamination gefordert werden[670], ist im Ergebnis der „Lehre von der Teilkontamination" der Vorrang einzuräumen.

Unabhängig davon, dass das Abstellen auf einen „Mindestanteil" illegaler Vermögenswerte keine spezifische Restriktion der „Lehre der Gesamtkontamination" ist, sondern ebenfalls für eine Teilkontamination gilt[671], überzeugt von der „Lehre von der Teilkontamination" die sachliche Nähe zu den §§ 947f. BGB. Ebenso wie sich bei der Verarbeitung eines unmittelbar aus der Vortat hervorgegangenen Gegenstandes durch einen Dritten ein Rückgriff auf den Rechtsgedanken des § 950 BGB anbot[672], sind im Rahmen der Mischfinanzierung eines Surrogates die Wertungen der §§ 947f. BGB mit zu berücksichtigen. Dies ergibt sich zum einen aus der hier vorgenommenen „positiven Begriffsbestimmung" des Tatbestandsmerkmals „Herrühren", innerhalb derer auch Wertungen aus anderen Rechtsgebieten hinzuzuziehen sind[673]. Da die Regelungen der §§ 947f. BGB sich mit den Rechtsfolgen der – mit der Mischfinanzierung vergleichbaren – Vermischung bzw. Vermengung beweglicher Sachen befassen, bietet sich eine Übertragung der Wertungen an. Dies gilt insbesondere deshalb, weil § 948 BGB potentielle Interessenkonflikte zwischen Eigentümern lösen möchte[674]. Gerade um einen solchen Interessenkonflikt geht es auch im Rahmen einer Mischfinanzierung, wenn auch um einen solchen zwischen legalen und illegalen Vermögenswerten. Ausgehend von den Wertungen der §§ 947f. BGB ist somit von

---

669 Nach *Depenheuer*, in: Mangoldt/Klein/Starck, Art. 14 Rn. 276 ist erst dann eine „ausgleichspflichtige Sozialbindung" anzunehmen, wenn die Verfügungsbefugnis in einem solchen Maße beeinträchtigt wird, dass die privatnützige Verwendungsfreiheit weitgehend aufgehoben wird. Eine „verfassungswidrige Sozialbindung" hingegen liegt sogar erst dann vor, wenn dem Eigentümer keine rechtlich zulässige Verwendungsart mehr belassen wird. Da dem Eigentümer hinsichtlich seiner Verfügungsmöglichkeit über legale Vermögenswerte aber allenfalls die Möglichkeit genommen wird, eine Mischfinanzierung mit illegalen Vermögensmitteln vorzunehmen, ist seine Verfügungsfreiheit nur wenig eingeschränkt.

670 Vgl. hierzu statt vieler: *Barton,* NStZ 1993, S. 159 (163).

671 Die Frage, ob für eine anzunehmende „Teil- bzw. Gesamtkontamination" das Überschreiten eines „Schwellenbetrages" illegaler Vermögenswerte erforderlich ist, stellt sich vielmehr für beide Lehren und ist in systematischer Hinsicht erst auf einer zweiten, nachfolgenden Ebene zu prüfen, vgl. *NK/Altenhain,* § 261 Rn. 74, 77.

672 Vgl. die Ausführungen unter: 3. Kapitel) A.) II.) 4.) e).

673 Vgl. zu den Kriterien der „positiven Begriffsbestimmung" unter: 2. Kapitel) B.) II.) 3.) b) dd).

674 *Soergel/Henssler,* BGB, Bürgerliches Gesetzbuch, Sachenrecht I, § 948 Rn. 1.

einer anteiligen Bemakelung des mischfinanzierten Gegenstandes nach den Grundsätzen der „Lehre von der Teilkontamination" auszugehen. In Bsp. 1) wäre somit der Sportwagen des Drogendealers zu 5 % bemakelt.

(2) Erfordernis des Überschreitens einer bestimmten „Bemakelungsgrenze" zur Kontamination?

Unabhängig von dem Grundsatz, dass eine Mischfinanzierung zu einer Bemakelung des Surrogates in anteiliger Höhe führt[675], stellt sich die Frage, ob zudem für eine Kontamination das Überschreiten einer bestimmten „Bemakelungsgrenze" erforderlich ist[676].

Ausgangspunkt der Überlegung sollen die gesetzgeberischen Vorgaben sein. Der Gesetzgeber[677] hat sich zwar nicht für eine erforderliche konkrete Makelquote ausgesprochen. Eine Kontamination wird seinerseits aber in einem Beispiel bejaht, in welchem 10 % der finanziellen Mittel aus illegalen Quellen stammten[678]. Die Frage aber, ob auch bei einer geringeren „Bemakelungsquote" eine Kontamination angenommen werden kann, bleibt unbeantwortet. Fraglich ist somit, ob Literatur und Rechtsprechung sich diesbezüglich auf eine bestimmte „Wertgrenze" festgelegt haben.

(a) Erfordernis des Überschreitens einer bestimmten „Bemakelungsquote" bzw. eines konkreten „Bemakelungswertes"

(aa) Bereits bei der Darstellung *Bartons* Ansatzes wurde Bezug auf die Mischfinanzierung eines Surrogates teils mit legalen, teils mit illegalen Vermögenswerten genommen[679]. So soll sich die „Bemakelungsquote" nach *Barton* an dem „rechtlichen Signifikanzniveau" messen. Gegenstände, die nur zu einem Anteil von 1 Promille bis 5 % aus einem Katalogerlös stammen, sollen daher nicht mehr signifikant als aus diesem „herrührend" anzusehen sein[680]. Welches Signifikanzniveau hierbei im Einzelfall gilt, soll wiederum davon abhängig sein, um welche Art von Gegenstand es sich handelt und in welcher Höhe der absolute Wert der Bemakelung besteht. So führt *Barton* folgende Beispiele an: Für einen Familienwagen im Wert von 30.000 DM, der in Höhe von 500 DM mit Geldern aus vorangegangenen Drogengeschäften vom Vortäter finanziert werde („Bemakelungsquote": 1,66 %), sei ein „Herrühren" aus der Katalogtat abzulehnen. Anders hingegen sei der Fall zu beurteilen, wenn der finanzierte Gegenstand als Luxusobjekt eingestuft werden könne und der Anteil der eingebrachten „schmutzigen" Vermögenswerte nicht unerheblich sei. Daher könne für einen Sportwagen im Wert von 300.000 DM, der zu 5.000 DM aus

[675] Vgl. hierzu die Ausführungen unter: 3. Kapitel) B.) II.) 2.) c) aa) (1) (d).

[676] Diese Frage stellt sich ebenso, wenn man der „Lehre der Gesamtkontamination" folgt.

[677] BR-Drucksache 507/92, S. 23 (28).

[678] Ebenso erkennen *Carl/Klos,* S. 158f., eine Makelquote von 10 % des Gesamtwertes an, legen sich jedoch hinsichtlich eines diese Grenze unterschreitenden Wertes nicht näher fest.

[679] Vgl. die Ausführungen: 2. Kapitel) B.) III.) 3.) a) Ziff.1).

[680] *Barton,* NStZ 1993, S. 159 (163).

bemakeltem Geld stamme (also ebenfalls eine „Bemakelungsquote“ von 1,66 % aufweist) ein „Herrühren“ aus der Vortat angenommen werden[681].

Die auf das „rechtliche Signifikanzniveau“ zurückgehende geforderte „Bemakelungsquote“ beim mischfinanzierten Gegenstand ist jedoch in mehrfacher Hinsicht fragwürdig. Unabhängig von den bereits geäußerten Bedenken hinsichtlich eines Rückgriff *Bartons* auf Kriterien der objektiven Zurechnung[682] sowie auf das „rechtliche Signifikanzniveau“[683] kann m. E. auch die Differenzierung zwischen mischfinanziertem Alltagsgegenstand und Luxusobjekt nicht überzeugen. Durch das Erfordernis eines bestimmten „Bemakelungsanteils“ soll gerade eine klare Grenzlinie zwischen anzunehmender und abzulehnender „Inkriminierung“ eines mischfinanzierten Gegenstandes geschaffen werden. Wenn man nun aber im Gegenzug zwischen verschiedenen Arten von mischfinanzierten Gegenständen differenziert, wird die durch eine „Bemakelungsquote“ gewonnene Rechtsklarheit wieder zunichte gemacht. Eine Antwort darauf, ab welcher Grenze ein Luxusobjekt vorliegen soll und wann noch ein Alltagsgegenstand anzunehmen ist, gibt *Barton* nämlich nicht. Folglich ist die Ansicht *Bartons* m. E. auch in der hier vorliegenden Konstellation nicht überzeugend.

(bb) Ausgehend von dem Ansatz *Bartons* wird eine „Mischbetrachtung“ in Erwägung gezogen[684]. Das „rechtliche Signifikanzniveau“ stelle demnach grundsätzlich einen tauglichen Lösungsansatz dar, der allerdings fortzuführen sei[685]. So sei eine „Bagatellgrenze“ im Rahmen der „rechtlichen Signifikanz“ zu bestimmen, die unabhängig vom Wert des unbemakelten Anteils für eine anzunehmende Kontamination erfüllt sein müsse[686]. Als „Bagatellgrenze“ biete sich hier ein Betrag von 1.000 € an. Eine Bemakelung liege daher selbst bei einem prozentualen Anteil von über 5 % nicht vor, wenn ein „Deckelungsbetrag“ von 1.000 € nicht überschritten werde. Andererseits führe aber bereits das Erreichen bzw. Überschreiten von 1.000 € zur Bemakelung des mischfinanzierten Gegenstandes, selbst wenn die prozentuale Grenze von 1 Promille bis 5% nicht überschritten werde[687]. Durch eine solche „Mischbetrachtung“ werde eine Überlastung des Wirtschaftsverkehrs vermieden und die Möglichkeiten, legal Geld zu waschen, wären immerhin begrenzt[688].

Für die von *Mehlhorn* vorgeschlagene „Bagatellgrenze“ spricht grundsätzlich, dass sie ihren Ursprung im GWG hat. Auch § 4 GWG geht von einem Betrag von 1.000 € aus und verlangt eine Identifizierungspflicht des Einzahlers bei Depotverwaltungs- bzw. Lebensversicherungsverträgen erst bei einer Einmaleinzahlung von über 1.000 €. Insofern ist seinem Ansatz zugute zu halten, dass das Abstellen auf eine Wertgrenze aus dem GWG doch in jedem Fall vorzugswürdiger ist als ein Rückgriff

---

681 ebd.

682 Vgl. hierzu die Ausführungen unter: 2. Kapitel) B.) III.) 3.) b) dd).

683 Vgl. hierzu die Ausführungen unter: 2. Kapitel) B.) III.) 3.) b) cc).

684 *Mehlhorn,* S. 82.

685 *Mehlhorn,* S. 80.

686 *Mehlhorn,* S. 82.

687 *Mehlhorn,* S. 83.

688 ebd.

auf außerrechtliche Wertungen. Des Weiteren kann durch die Schaffung einer zusätzlichen „Bagatellgrenze“ auch dem gezielten „Reinwaschen“ besonders großer Kapitalvermögen entgegengetreten werden. Ohne Berücksichtigung der 1.000-€-Schwelle wäre der „wohlhabende“ Täter privilegiert, der große Mengen legalen Geldes in die Mischfinanzierung mit einbringen könnte. Selbst wenn der Vortäter nämlich 5.000 € illegal erlangtes Geld in die Mischfinanzierung eines Gebäudes miteinbringen würde, das einen Gesamtwert von 5 Mio. € hat, müsste ohne Berücksichtigung der „Bagatellgrenze“ ein „Herrühren“ aus der Vortat abgelehnt werden[689]. Nicht vernachlässigt werden kann aber, dass letztlich keine „Mischbetrachtung“ zwischen prozentualer und betragsmäßiger Grenzziehung vorgenommen wird. Vielmehr hat das von *Barton* herangezogene „rechtliche Signifikanzniveau“ in Höhe von 1 Promille bis 5 % keine Bedeutung mehr. Ein mischfinanzierter Gegenstand „rührt“ nach dieser Auffassung dann aus der Vortat her, wenn er mit einem Betrag von mindestens 1.000 € aus illegalen Quellen finanziert wurde. Bei einem Unterschreiten dieser Wertgrenze hingegen soll er nicht mehr bemakelt sein. Entscheidungserheblich für die Annahme bzw. die Ablehnung einer Bemakelung ist demnach ausschließlich die 1.000-€-Wertgrenze[690]. Jedoch eröffnet auch diese 1.000-€-Wertgrenze dem Täter ähnliche Missbrauchsmöglichkeiten wie das Erfordernis eines bestimmten prozentualen Anteils bemakelter Vermögensbestandteile[691]. So kann die 1.000-€-Grenze vom Finanzierer gezielt unterschritten werden, um einer Strafbarkeit wegen Geldwäsche zu umgehen. Aus diesem Grund ist auch dieser „Mischbetrachtung“ nicht zu folgen.

(cc) Eine weitere „Bemakelungsquote“ wird von *Leip* vorgeschlagen[692]. Ein mischfinanzierter Gegenstand soll demnach aus der Vortat „herrühren“, wenn der bemakelte Anteil mehr als 25 % des Gesamtwertes betrage[693]. Ebenso wie bereits im Rahmen der Problematik der Verarbeitung eines unmittelbar aus der Vortat stammenden Gegenstandes[694] wird die 25-%-Schwelle seinerseits durch einen Rückgriff auf § 74 Abs. 2 AO gewonnen[695]. Zusätzlich verweist er noch auf die Vorschrift des § 17 Abs. 1 EStG, in der ebenfalls eine 25-%-Schwelle Relevanz besitze[696]. Die in der AO und dem EStG geregelten Interessenkonflikte sind seines Erachtens mit der Teilkontaminationsproblematik des § 261 StGB vergleichbar. In beiden Fällen sei

689 Auf diese Problematik der Privilegierung vermögender Täter weist auch *NK/Altenhain,* § 261 Rn. 77 hin.

690 Bei einem Unterschreiten der 1.000-€-Wertgrenze soll selbst dann ein „Herrühren“ abzulehnen sein, wenn die 5%-Schwelle überschritten ist. Daher ist ein „Herrühren“ erst Recht abzulehnen, wenn zusätzlich die Schwelle des „rechtlichen Signifikanzniveaus“ unterschritten ist. Umgekehrt soll ein „Herrühren“ selbst dann angenommen werden, wenn der „Bagatellbetrag“ überschritten wurde, die Schwelle des „rechtlichen Signifikanzniveaus“ aber unterschritten wird. Somit kann ein „Herrühren“ erst recht dann bejaht werden, wenn zusätzlich zum Bagatellbetrag auch noch die Schwelle des „rechtlichen Signifikanzniveaus“ überschritten ist. Letztlich kommt dem Kriterium des „rechtlichen Signifikanzniveaus“ nach dieser Auffassung also keine Bedeutung zu.

691 Zu den Missbrauchsmöglichkeiten des Täters durch Unterschreiten einer bestimmten „Bemakelungsquote“ vgl. Fn. 762.

692 Dieser Ansicht folgen auch: *Hardtke* in *Leip/Hardtke,* S. 281 (283); *Dionyssopoulou,* S. 108; *Großwieser,* S. 75, 77.

693 *Leip,* S. 109f.

694 Vgl. die Ausführungen unter: 3. Kapitel) A.) II.) 4.) b) aa).

695 *Leip,* S. 109.

696 ebd.

über die Frage zu entscheiden, ab welcher Anteilsquote eine bestimmte – für den Betroffenen nachteilige – Rechtsfolge ausgelöst werde[697]. Für den in Bsp. 1) genannten Fall wäre ein „Herrühren" des mischfinanzierten Sportwagens somit abzulehnen, da dieser nur zu 5% aus bemakelten Vermögensbestandteilen finanziert wurde.

Wie bereits im Rahmen der Diskussion um die Verarbeitung eines Gegenstandes durch einen Dritten festgestellt wurde[698], hat die Vorschrift des § 74 AO aber einen steuerstrafrechtlichen Bezug. Derjenige, der Einflussmöglichkeiten auf das Unternehmen aufgrund einer 25%igen Beteiligung an diesem hat, soll ausnahmsweise für die Steuerschulden des Unternehmers haften[699]. Somit ist zwar richtig, dass es sowohl bei der Teilkontamination als auch bei § 74 AO um den Eintritt negativer Rechtsfolgen für die Beteiligten geht. Die 25-%-Schwelle in § 74 AO steht aber mit der „Sperrminorität"[700] des Kapitalgesellschaftsrechts in Zusammenhang. Nur derjenige, der auch Einfluss auf das Unternehmen nehmen kann, soll haften müssen. An einer solchen gedanklichen Verbindung zur „Sperrminorität" fehlt es aber bei der Problematik der Teilkontamination. Auch ist es fraglich, ob § 17 Abs. 1 EStG tatsächlich einen vergleichbaren Interessenkonflikt regelt wie die Teilkontamination. § 17 Abs. 1 EStG normiert die Steuerpflichtigkeit von Einkünften des Gewerbebetriebes. Zu den zu versteuernden Einkünften des Gewerbebetriebes soll auch der Gewinn aus der Veräußerung von Anteilen einer Kapitalgesellschaft gehören, wenn der Veräußerer innerhalb der letzten fünf Jahre am Kapital der Gesellschaft unmittelbar oder mittelbar in bestimmter Höhe beteiligt war. Unabhängig davon, dass auch im Rahmen des § 17 Abs.1 EStG die Beteiligungsquote von 25 % sicherlich auf den Gedanken der „Sperrminorität" zurückzuführen ist und aus diesem Grund der Steuerpflichtige auch für diese Einkünfte steuerpflichtig sein soll, ist aber noch Folgendes zu beachten: Die Beteiligungsgrenze am Kapital der veräußerten Gesellschaft betrug zwar zum Zeitpunkt der Ausführungen *Leips* 25 %. Die Wesentlichkeitsgrenze des § 17 EStG wurde aber mit Wirkung zum 01.01.1999 zunächst von 25 % auf 10 % gesenkt[701] und zum 01.01.2003 auf 1 % festgesetzt. Die 25-%-Schwelle ist somit in § 17 EStG nicht mehr verankert. Folglich kann ein Rückgriff auf die 25-%-Schwelle als zu fordernde „Bemakelungsquote" nicht überzeugen.

(dd) Ausgehend vom Wortlaut der Gesetzesmaterialien[702] fordern *Spiske*[703] und *Salditt*[704] für eine Bemakelung des mischfinanzierten Gegenstandes, dass dieser „weit überwiegend" mit schmutzigem Geld finanziert worden sein muss. Unter „weit überwiegend" ist nach der Auffassung *Spiskes* zumindest das Überschreiten der Hälfte gemeint[705]. Somit würde ein mischfinanzierter Gegenstand erst dann aus der Vor-

697 *Leip,* S. 109f.
698 Vgl. die Ausführungen unter: 3. Kapitel) A.) II.) 4.) b) bb).
699 Vgl. hierzu ausführlich unter: 3. Kapitel) A.) II.) 4.) b) aa) und bb).
700 Vgl. zur „Sperrminorität" Fn. 556.
701 Durch das StEntlG 1999/2000/2002.
702 BR-Drucksache 507/92, S. 23 (28).
703 *Spiske,* S. 121.
704 *Salditt*, S. 121 (124).
705 *Spiske,* S. 121.

tat „herrühren", wenn für dessen Finanzierung zu mindestens 50 % auf illegale Gelder zurückgegriffen wurde.

Entgegen der Auffassung *Spiskes*[706] wird der 50-%-Schwellenbetrag aber gerade nicht den Vorstellungen des Gesetzgebers gerecht. Auch wenn die Grenze in den Gesetzesmaterialien unter Verwendung des Begriffs „im Wesentlichen" gezogen wird, hat der Gesetzgeber in dem seinerseits aufgeführten Beispiel doch bereits eine Bemakelung eines Gegenstandes angenommen, der nur zu 10 % aus illegalen Vermögenswerten finanziert wurde[707]. Ein 50-%-Schwellenbetrag *widerspricht* somit sogar den gesetzgeberischen Vorgaben. Darüber hinaus steht das Erfordernis einer solch hohen „Bemakelungsquote" aber auch nicht in Einklang mit dem Ziel der Geldwäsche, eine effektive Strafrechtsverfolgung der Vortat zu garantieren. Schließlich wird der Geldwäscher nur in den seltensten Fällen einen Gegenstand überwiegend mit schmutzigen Geldern finanzieren. Viel Erfolg versprechender ist der Geldwaschvorgang doch dann, wenn die illegalen Vermögenswerte möglichst weit in den Wirtschaftsverkehr „gestreut" werden. Bei einem Abstellen auf eine 50-%-Bemakelungsquote müsste somit einer Vielzahl der mischfinanzierten Gegenstände die Geldwäschetauglichkeit abgesprochen werden, was einer effektiven Strafverfolgung zuwider liefe.

(ee) Die Festlegung auf eine konkrete Wertgrenze wird hingegen von *Wessels/Hillenkamp*[708] sowie *Löwe-Krahl*[709] vermieden. So spricht sich *Löwe-Krahl* nur dafür aus, dass – entgegen der gesetzgeberischen Vorgaben[710] – ein Wertanteil von 10 % an schmutzigen Vermögenswerten für eine Kontamination des mischfinanzierten Gegenstandes nicht ausreichend sein solle. *Wessels/Hillenkamp* hingegen halten nach einer maßgeblichen wirtschaftlichen Betrachtungsweise fest, dass zumindest bei einer „Bemakelungsquote" von 1 % eine Inkriminierung des mischfinanzierten Gegenstandes nicht in Betracht kommen solle.

Zwar kann insbesondere der Ansicht *Wessels/Hillenkamp* zugestimmt werden, dass bei einer solch geringen „Bemakelungsquote" die Geldwäschetauglichkeit des mischfinanzierten Surrogates aus wirtschaftlichen Aspekten abzulehnen ist. Ein allgemeingültiger Ansatz, ab wann eine Bemakelung des mischfinanzierten Gegenstandes anzunehmen ist, ist hierdurch aber noch nicht gewonnen.

706 ebd.
707 Vgl. BR-Drucksache 507/92, S. 23 (28).
708 *Wessels/Hillenkamp,* § 20 VIII 3 Rn. 901.
709 *Löwe-Krahl,* S. 123 (125) Fn. 24.
710 BR-Drucksache 507/92, S. 23 (28).

(b) Abgrenzung ohne bestimmte „Bemakelungsquote“ bzw. „Bemakelungswert“

Nicht zu vernachlässigen ist, dass durch eine Grenzziehung anhand prozentualer Quoten bzw. Wertanteile die Möglichkeit einer systematischen Umgehung der Strafbarkeit durch bewusstes Unterschreiten der Quote/des Wertes geschaffen wird[711]. Aus diesem Grund bedienen sich Literatur und Rechtsprechung zum Teil auch allgemeinerer Formeln zur Bestimmung einer Bemakelungsgrenze und lehnen eine prozentuale Mindestquote sowie einen bestimmten erforderlichen Wertanteil einer Bemakelung ab.

(aa) Nach der Rechtsprechung des *OLG Karlsruhe*[712] gehören Teilsurrogate grundsätzlich zum Kreis tauglicher Geldwäscheobjekte nach § 261 StGB, sofern der in den Ersatzgegenstand eingegangene inkriminierte Anteil „aus wirtschaftlicher Sicht nicht völlig unerheblich ist“. Ähnliche Ansätze werden auch in der Literatur vertreten[713].

Auch *Hoyer*[714] stellt nicht auf ein bestimmtes prozentuales Wertverhältnis zwischen bemakeltem und unbemakeltem Sachanteil ab. Vielmehr hält er Wertungen der zivilrechtlichen Norm des § 947 BGB für entscheidungserheblich. Dementsprechend müsse eine Kontamination des Gegenstandes angenommen werden, solange der unbemakelte Anteil jedenfalls nicht als Hauptsache i.S.d. § 947 Abs. 2 BGB anzusehen sei und das Vortatopfer insofern mitberechtigt bleibe. Eine Geldwäsche liege demzufolge vor, wenn der Vortäter oder ein Dritter über die im Miteigentum des Vortatopfers stehende Sachgesamtheit oder zumindest über einen Sachanteil verfüge, der über den Miteigentümeranteil des Vortäters hinausgehe[715].

(bb) Für den Ansatz *Hoyers* spricht zwar, dass hierdurch ein systematisches Unterlaufen einer bestimmten „Bemakelungsquote“ bzw. „Bemakelungswertanteils“ unterbunden wird. Nicht unberücksichtigt bleiben kann jedoch die Schutzgutbestimmung, die *Hoyer* seinem Lösungsansatz zugrunde legt[716]. Stellt man primär auf den Schutz materiellrechtlicher Ansprüche des Vortatopfers ab, ist der Ansatz konsequent. Vor dem Hintergrund aber, dass der Geldwäschetatbestand – nach der hier

---

711 *MüKo/Neuheuser*, § 261 Rn. 54; *Fahl*, S. 160 (164); *Hombrecher*, JA 2005, S. 67 (68); *Fischer*, § 261 Rn. 8 a.E.; *Egger Tanner*, S.111; *Burr*, S. 78; *Winkler*, S. 207; so auch *Leip*, S. 108 und *Leip/Hardtke*, S. 281 (283) gegen die Hinzuziehung einer 50%-Grenze.

712 *OLG Karlsruhe* NJW 2005, S. 767 (769).

713 *Rengier*, Strafrecht BT I, § 23 Rn. 8, hält den mischfinanzierten Gegenstand dann für bemakelt, wenn er mit einem „nicht unerheblichen Anteil“ schmutzigen Geldes finanziert wurde; *Stree* in *Schönke/Schröder*, § 261 Rn. 8, hält an einer wirtschaftlichen Betrachtungsweise fest und möchte eine Kontamination nur dann ablehnen, wenn die inkriminierten Anteile gegenüber den legalen Mitteln „nicht ins Gewicht fallen“; *Höreth*, S. 127, und *Burr*, S. 78, orientieren sich an strafprozessualen Aspekten, wonach ein mischfinanzierter Gegenstand erst dann nicht mehr aus der Vortat „herrühren“ soll, wenn sein bemakelter Anteil so gering ist, dass mit seiner Ermittlung vernünftigerweise nicht mehr zu rechnen ist.

714 *SK/Hoyer*, § 261 Rn. 14.

715 Nicht überzeugend legt *Hoyer* aber dar, dass auch *Stree* in *Schönke/Schröder*, § 261 Rn. 9, sowie *Salditt*, StV-Forum 1992, S. 121 (124), dieser Ansicht sind. M. E. verwechselt *Hoyer* an dieser Stelle aber die Frage nach einer erforderlichen Makelquote mit der systematisch erst nachfolgenden Problematik, wie sich eine spätere Aufteilung auf die eingetretene Kontamination auswirkt. *Stree* und *Salditt* verfolgen im vorliegenden Zusammenhang aber gerade nicht die Ansicht *Hoyers*.

716 Vgl. die Ausführungen unter: 1. Kapitel) B.) IV.) 1.) c) ee).

verfolgten Auffassung[717] – nicht dem Schutz materiellrechtlicher Ansprüche, sondern der effektiven Strafverfolgung und dem allgemeinen Ermittlungsinteresse dient[718], ist die zivilrechtlich orientierte Auffassung *Hoyers* abzulehnen.

Auch durch die sprachlich konkretisierten Schwellenbeträge wird zwar ein gezieltes Unterschreiten einer bestimmten „Quote“ bzw. eines Wertbetrages vermieden. Bedenklich ist hinsichtlich der Verwendung solcher Formeln aber, dass durch sie keine ausreichende Rechtsklarheit gewonnen werden kann. Ab wann eine Bemakelung nämlich zum Beispiel „ins Gewicht fallen soll“ und ab wann sie „bei wirtschaftlicher Betrachtung nicht völlig unerheblich ist“ wird nicht näher erläutert und ist daher zur konkreten Bestimmung nicht geeignet.

(c) Verzicht auf eine bestimmte „Bemakelungsgrenze“

Will man auf das Erfordernis einer bestimmten „Bemakelungsgrenze[719]“ verzichten, muss für einen teils aus legalen, teils aus illegalen Vermögenswerten mischfinanzierten Gegenstand grundsätzlich ein „Herrühren“ aus der Vortat angenommen werden[720]. Der in Bsp. 1) erworbene Sportwagen würde dann in jedem Fall aus der Vortat „herrühren“, selbst wenn er nur aus einem sehr kleinen Anteil illegaler Mittel finanziert worden wäre.

Gegen den Verzicht auf eine Mindest-Bemakelungsgrenze des mischfinanzierten Gegenstandes könnte das Schuldprinzip sprechen. Schließlich käme dann bereits bei kleinsten Anteilen schmutziger Vermögenswerte im mischfinanzierten Gegenstand eine Strafbarkeit wegen Geldwäsche in Betracht. Zu berücksichtigen ist jedoch, dass Fällen geringster Strafwürdigkeit – wie im Bagatellbereich – durch Mittel des Straf- und Strafverfahrensrechts Rechnung getragen werden kann[721]. Grundsätzlich findet nämlich die geringe Wertigkeit des bemakelten Vermögens im Bereich der Strafzumessung eine ausreichende Berücksichtigung. Zudem stehen auch den Ermittlungsbehörden in ausreichendem Maße prozessuale Lösungen zur Verfügung (§§ 153, 153 a StPO), um von der Strafverfolgung in Bagatellfällen abzusehen[722].

---

[717] Vgl. ebd.

[718] Vgl. die Ausführungen unter: 1. Kapitel) B.) IV.) 1.) c) ii) und 1. Kapitel) B.) IV.) 2.).

[719] Unabhängig davon, ob es sich um eine prozentuale, eine wertmäßige oder aber um eine sprachlich näher konkretisierte Bemakelungsgrenze handelt.

[720] *Körner/Dach,* S. 20 Rn. 27; *MüKo/Neuheuser,* § 261 Rn. 54; *Hombrecher,* JA 2005, S. 67 (68); *Balzer,* S. 243; *NK/Altenhain,* § 261 Rn. 77; *Spiske,* S. 119, hingegen meint, durch diesen Ansatz würde die Problematik der Teilkontamination in unzulässiger Weise von der Tatbestandsebene auf die Schuldebene verlagert. Dies ist aber systematisch nicht korrekt, da eine Auslegung des Tatbestandsmerkmals „Herrühren“ insofern auf der Tatbestandsebene stattfindet, als dass eine Kontamination des mischfinanzierten Gegenstandes grundsätzlich bestehen soll. Nur im Einzelfall soll auf Strafzumessungsebene bzw. strafprozessualer Einstellungsmöglichkeit eine eingeschränkte Strafbarkeit in Betracht zu ziehen sein.

[721] So ausdrücklich für den Tatbestand der Geldwäsche: *BGH* NJW 1997, S. 3323 (3325).

[722] *MüKo/Neuheuser,* § 261 Rn. 54; *Hombrecher,* JA 2005, S. 67 (68).

(3) Ergebnis

Abschließend ist festzuhalten, dass ein mischfinanzierter Gegenstand immer in Höhe des einfließenden inkriminierten Anteils kontaminiert ist. Eine erforderliche „Mindest-Bemakelungsquote“ oder ein „Mindest-Bemakelungswert“ ist abzulehnen. Durch diese würde die Möglichkeit einer systematischen Umgehung der Strafbarkeit durch bewusstes Unterschreiten der Quote/des Wertes hervorgerufen. Zudem würde hierdurch die Papierspur „abgeschnitten“ und die Gewinnabschöpfung vereitelt[723]. Dem kann auch nicht entgegengesetzt werden, dass hierdurch die Strafbarkeit der Geldwäsche zu weit ausgedehnt wird. Zum einen begrenzen die weiteren Tatbestandsmerkmale des § 261 StGB den Straftatbestand ausreichend[724]. Insbesondere sind es jedoch die Strafzumessungsregeln sowie strafprozessuale Möglichkeiten der Verfahrenseinstellung, die einer ausufernden Strafbarkeit im Bagatellbereich entgegenwirken können.

bb) Der Erwerb von Unternehmensanteilen mit illegalen Vermögenswerten

Als weiterer „Grenzfall“ sachlicher Surrogation muss der Erwerb von Unternehmensanteilen mit illegalen Vermögenswerten näher untersucht werden.

(1) Die Kontamination des Unternehmens

Dass die Unternehmensanteile, die der Vortäter in Bsp. 2) in Höhe von 100.000 € erwirbt, aus dem Raub „herrühren“, liegt auf der Hand. Unabhängig von der ausdrücklichen Regelung der Kontamination in den Gesetzesmaterialien[725], ergibt sich dies auch aus dem Grundsatz[726], dass wertmäßig dem Ursprungsgegenstand entsprechende Surrogate in den Händen des Katalogtäters aus der Vortat „herrühren“[727]. In gleicher Weise wie bei der Mischfinanzierung eines sachlichen Surrogates[728] stellt sich aber im Anschluss die Frage, ob durch die bemakelten Unternehmensanteile auch das Gesamtunternehmen an sich kontaminiert wird.

Im Gegensatz zu der Konstellation der Mischfinanzierung eines sachlichen Surrogates[729] wird diese Problematik in der Literatur kaum erörtert[730]. Ein Grund hierfür mag darin liegen, dass zumeist direkt auf die mögliche Kontamination der Unternehmensprodukte abgestellt wird. Der Frage nach der Kontamination der Produkte eines Unternehmens muss aber m. E. zwingend die Frage der Bemakelung des Gesamtunternehmens vorangehen.

---

[723] *NK/Altenhain,* § 261 Rn. 77.

[724] So auch: *MüKo/Neuheuser,* § 261 Rn. 54.

[725] BR-Drucksache 507/92, S. 23 (28); BT-Drucksache 12/3533, S. 12 r.Sp.

[726] Vgl. hierzu die Ausführungen unter: 3. Kapitel) B.) II.) 1.).

[727] So auch ausdrücklich: *Vest*, S. 417 (433); *Egger Tanner*, S. 118; *Gentzik*, S. 112; *Spiske*, S. 124; *Otto,* Jura 1993, S. 329 (330); *MüKo/Neuheuser,* § 261 Rn. 49.

[728] Vgl. hierzu die Ausführungen unter: 3. Kapitel) B.) II.) 2.) c) aa).

[729] Vgl. ebd.

[730] Angesprochen wird diese Problematik aber ausdrücklich von: *Leip,* S. 113; *Dionyssopoulou,* S. 108 und *Großwieser,* S. 76f.

(a) Ob und in welcher Höhe das Gesamtunternehmen kontaminiert ist, dessen Unternehmensanteile teilweise mit illegalen Mitteln finanziert wurden, ist anhand der für teilkontaminierte Surrogate geltenden Wertungen zu bestimmen. Ebenso wie bei der Mischfinanzierung eines Surrogates[731] bestehen auch hier unterschiedliche Bewertungsmöglichkeiten hinsichtlich einer eintretenden Bemakelung des Gesamtunternehmens. Im Hinblick auf die bereits ausgeführten Vorteile der „Lehre von Teilkontamination“[732] ist bei einem Erwerb von Unternehmensanteilen mit illegalen Vermögenswerten von einer anteiligen Kontamination des Gesamtunternehmens auszugehen.

(b) In gleicher Weise wie im Rahmen der Mischfinanzierung eines Surrogates[733] stellt sich auch hier die Frage, ob eine Teilkontamination des Gesamtunternehmens erst dann in Betracht zu ziehen ist, wenn eine bestimmte „Bemakelungsquote“ bzw. ein bestimmter „Bemakelungswert“ überschritten ist. Aufgrund der oben ausgeführten Kritikpunkte bezüglich des Erfordernisses einer solchen „Bemakelungsgrenze“[734] ist eine solche aber auch für die Frage der Kontamination des Unternehmens abzulehnen.

(c) Es ist somit festzuhalten, dass das Gesamtunternehmen in Höhe der bemakelten Unternehmensanteile nach den Grundsätzen der „Lehre von der Teilkontamination“ anteilig bemakelt ist.

(2) Die Kontamination der Unternehmensprodukte

Fraglich ist im Anschluss, ob die Produkte eines solchen teilkontaminierten Unternehmens ebenfalls bemakelt sind. Der Gesetzgeber hat sich ausdrücklich gegen eine solche Bemakelung der Unternehmensprodukte ausgesprochen[735]. So sollen zwar die erworbenen Unternehmensanteile, nicht jedoch die Produkte des Unternehmens aus der Vortat „herrühren“[736]. Ob dies überzeugend ist, muss Gegenstand weiterer Untersuchung sein. Insbesondere ist zu überlegen, ob mit der Teilkontamination des Gesamtunternehmens[737] nicht auch zwingend eine Teilkontamination der Unternehmensprodukte verbunden sein muss[738].

(a) Zunächst sind sich die Ausführungen zu einer möglichen Begriffsbestimmung des Tatbestandsmerkmals „herrühren“ anhand Kausalitätserwägungen in Erinnerung zu

---

731 Vgl. hierzu die Ausführungen unter: 3. Kapitel) B.) II.) 2.) c) aa) (1).

732 Vgl. hierzu die Ausführungen unter: 3. Kapitel) B.) II.) 2.) c) aa) (1) (d).

733 Vgl. hierzu die Ausführungen unter: 3. Kapitel) B.) II.) 2.) c) aa) (2).

734 Vgl. hierzu die Ausführungen unter: 3. Kapitel) B.) II.) 2.) c) aa) (2) (c) und 3. Kapitel) B.) II.) 2.) c) aa) (3).

735 BT-Drucksache 12/3533, S. 12 r.Sp.; BR-Drucksache 507/92, S. 23 (28).

736 Den gesetzgeberischen Vorgaben haben sich eine Mehrzahl der Vertreter in der Literatur angeschlossen, vgl.: *Barton*, NStZ 1993, S. 159 (162); *MüKo/Neuheuser*, § 261 Rn. 49; *NK/Altenhain*, § 261 Rn. 73; *Otto*, Jura 1993, S. 329 (330); *Spiske*, S. 124; *Vest*, S. 417 (433); *Hombrecher*, JA 2005, S. 67 (69); *Egger Tanner*, S. 118f.; *Stree* in *Schönke/Schröder*, § 261 Rn. 9; *Burr*, S. 72f.; *Möhrenschläger*, S. 281 (287).

737 Vgl. hierzu die Ausführungen unter: 3. Kapitel) B.) II.) 2.) c) bb) (1).

738 So: *Leip*, S. 114.

rufen. Bereits dort wurde auf die Frage einer Kontamination von Unternehmensprodukten eingegangen[739]. Eine Kontamination dieser sollte dort nach der Auffassung *Bartons* bereits aufgrund des Grundgedankens der Äquivalenztheorie auszuschließen sein[740]. Dies müsse zumindest für die Unternehmensprodukte gelten, die auch unabhängig von den erworbenen Unternehmensanteilen hergestellt worden wären[741]. Der Unternehmensankauf könne in diesem Fall nämlich hinweggedacht werden, ohne dass die Existenz der produzierten Gegenstände entfiele[742].

Im Hinblick auf die bereits aufgezeigten Kritikpunkte[743] kann diese Auffassung aber nicht überzeugen. Insbesondere ist zu bedenken, dass sich bei einem Nichterwerb der Unternehmensanteile mit illegalen Vermögenswerten die „wirtschaftliche Zuordnung“ der einzelnen Unternehmensprodukte ändern würde[744].

(b) Bedenkenswert ist jedoch, ob eine Kontamination der Unternehmensprodukte nicht zumindest dann abgelehnt werden muss, wenn diese im Wesentlichen auf die Arbeitsleistung der Mitarbeiter zurückgehen[745]. Dies erscheint insbesondere deswegen einleuchtend, da bereits oben[746] festgestellt wurde, dass eine Kontamination eines verarbeiteten Gegenstandes dann entfallen soll, wenn dieser auf eine „wesentliche Arbeitsleistung eines *Dritten*“ zurückgeht. Gegenüber der oben dargestellten Konstellation des durch einen Dritten verarbeiteten Gegenstandes bestehen aber auch einige Unterschiede, die berücksichtigt werden müssen. Einerseits ist durch den Erwerb von Unternehmensanteilen mit illegalen Geldern doch bereits das Gesamtunternehmen an sich anteilig bemakelt[747]. Aus diesem Grund ist es denkbar, dass die Arbeitsleistungen der einzelnen Mitarbeiter als so genannte „Produktionsfaktoren“ des Unternehmens ebenfalls anteilig in Höhe des kontaminierten Unternehmensanteils als „infiziert“ anzusehen sind[748]. Die Produkte des Unternehmens als Resultat des Zusammenwirkens diverser bemakelter „Produktionsfaktoren“ könnten dann in gleicher Weise wie das Gesamtunternehmen anteilig aus der Vortat „herrühren“[749]. Zudem ist fraglich, inwieweit die Mitarbeiter eines Unternehmens überhaupt als *„Dritte“* in diesem Zusammenhang qualifiziert werden können. Wie oben dargestellt[750], ist eine solche Qualifikation als *„Dritter“* nämlich dann nicht überzeugend,

---

[739] Vgl. die Ausführungen unter: 2. Kapitel) B.) I.) 2.).

[740] Vgl. die Ausführungen unter: 2. Kapitel) B.) I.) 2.).

[741] *Barton*, NStZ 1993, S. 159 (162).

[742] Zu einem anderen Ergebnis möchte *Barton*, NStZ 1993, S. 159 (162), nur dann gelangen, wenn das Unternehmen mit schmutzigem Geld finanziert und betrieben wird und dessen ausschließlicher Zweck nur in der Wäsche dieser Gelder besteht. Für den Fall, dass dort die Produktionsmittel im Gegensatz zu den Produkten nur einen geringen Wert repräsentieren, sollen die Produkte als geldwäschetaugliche Gegenstände anzusehen sein.

[743] Vgl. die Ausführungen unter: 2. Kapitel) B.) I.) 2.).

[744] Vgl. hierzu die Kritik unter: 2. Kapitel) B.) I.) 2.).

[745] So: *Rengier*, Strafrecht BT I, § 23 II Rn. 7; *Fahl*, S. 160 (165); *Kindhäuser/LPK*, § 261 Rn. 8.

[746] Vgl. hierzu die Ausführungen unter: 3. Kapitel) A.) II.) 4.).

[747] Vgl. hierzu die Ausführungen unter: 3. Kapitel) B.) II.) 2.) c) bb) (1).

[748] So: *Leip*, S. 113f., der davon ausgeht, dass das Produkt eines Unternehmens aus so genannten „Produktionsfaktoren“ resultiere. Neben den Sachmitteln eines Unternehmens wie Fabrikations- und Lagerhallen zählten hierzu auch die Arbeitsleistungen der einzelnen Mitarbeiter.

[749] So: *Leip*, S. 113f.

[750] Vgl. hierzu: 3. Kapitel) A.) II.) 4.) c) bb) (2).

wenn der Verarbeitende auf Weisung des Vortäters die Verarbeitung vornimmt, da er dann sozusagen nur als dessen „Werkzeug" tätig wird. Der Mitarbeiter eines Unternehmens nimmt aber niemals völlig selbständig den Verarbeitungsprozess vor, sondern wird im Rahmen seiner vertraglichen Verpflichtung für den Inhaber des Unternehmens tätig.

Genau an dieser Stelle wird aber ein wichtiger Unterschied gegenüber der Konstellation deutlich, in der eine „wesentliche Arbeitsleistung eines *Dritten*" aufgrund bestehender Missbrauchsgefahr des Vortäters abzulehnen war[751]. Anders als in der obigen Konstellation, wird in dem hier vorliegenden Fall des Erwerbes von Unternehmensanteilen der Vortäter keine wesentliche Einflussnahme auf den Gesamtbetrieb und somit auch nicht auf den einzelnen Mitarbeiter nehmen können[752]. So befindet sich ein Unternehmen regelmäßig in den Händen mehrerer Anteilseigner, so dass der Vortäter als Einzelner wenig Einfluss auf das Schicksal des Betriebes hat. Etwas anderes mag nur dann gelten, wenn der Vortäter wesentliche Anteile des Gesamtunternehmens mit inkriminierten Vermögenswerten erworben hat und er aus diesem Grund auch die Arbeitsleistung der Mitarbeiter wesentlich mitbestimmen kann[753]. Insofern ist in der hier vorliegenden Situation des Erwerbes von Unternehmensanteilen also zusätzlich noch zu berücksichtigen, dass üblicherweise eine Vielzahl von Entscheidungsträgern auf die einzelnen „Produktionsfaktoren" (und somit auch auf die Arbeitsleistung der Mitarbeiter) einwirken können. Folglich wird in den seltensten Fällen eine Missbrauchsgefahr durch den Vortäter bestehen, da es ihm an einer erforderlichen Einflussmöglichkeit auf den verarbeitenden Mitarbeiter des Unternehmens fehlt.

Letztlich ist also mit der anteiligen Bemakelung des Gesamtunternehmens[754] nicht zwingend die Bemakelung der hergestellten Produkte verbunden. Geht das hergestellte Produkt im Wesentlichen auf die Arbeitsleistung der Mitarbeiter zurück, dann „rührt" das Produkt trotz der anteiligen Bemakelung des Gesamtunternehmens nicht aus der Vortat „her"[755].

---

[751] Vgl. hierzu: 3. Kapitel) A.) II.) 4.) c).

[752] Dies ergibt sich für die AG aus § 133 AktG, wonach für Beschlüsse der Hauptversammlung (einfache) Stimmenmehrheit der Aktionäre erforderlich ist. Für die GmbH ist für die Beschlussfassung nach § 47 GmbH ebenfalls Stimmenmehrheit erforderlich.

[753] In eine ähnliche Richtung gehen die Ausführungen *Gentziks,* S. 113f., der es für entscheidungserheblich hält, in wessen Interesse die Verarbeitung durch den Mitarbeiter erfolgt. Wenn der Vortäter den Produktionsprozess lenke, dann stelle dieser und gerade nicht der ausführende Arbeiter die Gegenstände her. Mangels selbständiger Arbeitsleistung eines Dritten sei die Kontaminationskette in einem solchen Fall nicht unterbrochen.

[754] Vgl. hierzu die Ausführungen unter: 3. Kapitel) B.) II.) 2.) c) bb) (1).

[755] Zum gleichen Ergebnis gelangt *Burr*, S. 73, unter Rückgriff auf §§ 812ff. BGB, da diese bei Einführung des § 73 StGB als Vorbild dienten. So weist *Burr,* S. 73, darauf hin, dass Gewinne, die mit dem Bereicherungsgegenstand selbst erwirtschaftet wurden, zwar grundsätzlich als Nutzungen unter § 818 Abs. 1 BGB fielen, nicht aber, wenn sie auf der eigenen Kapital- oder Arbeitsleistung beruhten. Unter diesem Aspekt sollten daher die Produkte des Unternehmens nicht mehr aus der Vortat „herrühren".

(3) Ergebnis

Erwirbt der Vortäter mit illegalen Vermögenswerten Unternehmensanteile, dann setzt sich die Bemakelung sowohl an den Unternehmensanteilen als auch anteilig am Gesamtunternehmen fort. Für die hergestellten Produkte des Unternehmens ist eine Bemakelung aber abzulehnen, wenn diese auf einer wesentlichen Arbeitsleistung der Mitarbeiter des Unternehmens zurückgehen. Dies entspricht dem Rechtsgedanken des § 950 BGB. Eine Bemakelung der hergestellten Produkte kann nur dann in Betracht zu ziehen sein, wenn der die Unternehmensanteile mit illegalen Vermögenswerten erwerbende Vortäter wesentlichen Einfluss auf das Gesamtunternehmen, also auch auf die einzelnen „Produktionsfaktoren“ hat. Da der Vortäter in diesem Fall wesentlich auf den Verarbeitungsprozess Einfluss nehmen und die illegalen Vermögenswerte gezielt „rein waschen“ lassen kann, können in einem solchen Fall die Produkte aus der Vortat „herrühren“. Eine wesentliche Arbeitsleistung der Mitarbeiter liegt dann nicht mehr vor.

cc) Die Vermengung von legalem und illegalem Giralgeld

Der am häufigsten diskutierte Fall eines teilkontaminierten sachlichen Surrogates ist der der Vermischung von legalem mit illegal erworbenem Giralgeld. Ebenso wie in den Konstellation der Mischfinanzierung[756] sowie des Erwerbes eines Unternehmensanteils[757] lässt sich auch hier eine Aufsplittung in einen legalen und einen illegalen Anteil feststellen. Zudem handelt es sich bei dem sich auf dem Girokonto befindenden Geldbetrag auch um ein sachliches Surrogat. Durch die Einzahlung des Bargeldes auf das Konto verliert der einzahlende Vortäter nämlich das Eigentum an dem Bargeld und erwirbt hierfür – als sachliches Surrogat – gegen die Bank eine Forderung[758].

(1) Kontamination des Bankguthabens?

Ausgehend von Bsp. 3) stellt sich hier die Frage, ob die Vermischung der im vorliegenden Fall 2.000 € aus Drogengeschäften mit den 1.000 € aus legalen Arbeitseinkünften dazu führt, dass der Habensaldo des Girokontos in Höhe von 3.000 € als kontaminiert angesehen werden muss.

In Einklang mit den obigen Ausführungen zur Mischfinanzierung[759] und des Erwerbes von Unternehmensanteilen[760] führt die Vermischung des Giralgeldes nach der „Lehre der Teilkontamination“[761] zu einer anteiligen Kontamination des Habensaldos des Girokontos. Das Überschreiten einer bestimmten „Bemakelungsgrenze“ – sei sie

[756] Vgl. hierzu die Ausführungen unter: 3. Kapitel) B.) II.) 2.) c) aa).
[757] Vgl. hierzu die Ausführungen unter: 3. Kapitel) B.) II.) 2.) c) bb).
[758] Bei einem bestehenden Girovertrag erwirbt der einzahlende Kunde gem. § 676 f Satz 1 BGB einen Anspruch auf Gutschrift, der sich aus §§ 675 Abs. 1, 667 BGB ergibt, vgl. *Palandt/Sprau*, § 676 f Rn. 11.
[759] Vgl. hierzu die Ausführungen unter: 3. Kapitel) B.) II.) 2.) c) aa).
[760] Vgl. hierzu die Ausführungen unter: 3. Kapitel) B.) II.) 2.) c) bb).
[761] Vgl. hierzu die Ausführungen unter: 3. Kapitel) B.) II.) 2.) c) aa) (1) (c) und (d).

nun prozentualer Art oder einen bestimmten Wert erfordernd – ist für eine anzunehmende Teilkontamination des Bankguthabens nicht notwendig[762]. Folglich ist in Bsp. 3) das Bankguthaben in Höhe von 3.000 € zu zwei Drittel anteilig inkriminiert.

(2) Folgeproblematik: „Verdünnung“ bzw. Aufteilung des inkriminierten Bankguthabens

Weitaus schwieriger ist die sich stellende Folgeproblematik. Wenn das in Bsp. 3) aufgeführte Bankguthaben anteilig inkriminiert ist, so stellt sich die Frage, wie es sich auf die Kontamination auswirkt, wenn dieses im Anschluss wieder aufgeteilt wird[763].

Zu Bsp. 3): Nachdem die 2.000 € illegalen Geldes aus der Vortat und die 1.000 € aus legalen Quellen auf dem Girokonto miteinander vermischt sind, hebt der Drogendealer von diesem Girokonto bei seiner Bank
1. Var.) 1.500 €
2. Var.) 1.000 € ab und bringt dieses Geld in Umlauf.
Ist das jeweils abgehobene Geld noch kontaminiert?

Was die Kontamination des abgehobenen Geldes anbelangt, sind mehrere Lösungswege denkbar, die im Anschluss näher beleuchtet werden sollen.

(a) Keine Kontamination bei Auszahlungen bis zur Höhe des legalen Anteils am Gesamtsaldo

Möglich ist es zunächst, Auszahlungen bis zur Höhe des legalen Anteils am Gesamtsaldo des Bankguthabens in Einklang mit dem Grundsatz „in dubio pro reo“ als „sauber“ anzusehen[764]. Für die Var. 2) des Bsp. 3) müsste demnach eine Kontamination der ausgezahlten 1.000 € verneint werden.

(aa) Neben dem strafrechtlichen Grundsatz „in dubio pro reo“ spricht hierfür auch der eindeutige Wille des Gesetzgebers. Dieser hat sich ausdrücklich dafür ausgesprochen, für die Vermischung von legalem und illegalem Geld bei der Geldwäsche auf die vom Bundesgerichtshof für die Hehlerei aufgestellten Grundsätze zurückzugrei-

---

762 Vgl. hierzu die Ausführungen unter: 3. Kapitel) B.) II.) 2.) c) aa) (2).

763 Diese Problematik der Teilsurrogation eines teilinfizierten Surrogates wird in der Literatur und der Rechtsprechung zumeist ausschließlich im Rahmen des kontaminierten Bankguthabens diskutiert. Anders aber *Leip*, S. 113, der auch die Produkte eines anteilig kontaminierten Unternehmens als Teilsurrogate eines teilinfizierten Surrogates, des Unternehmens, ansieht und dementsprechend eine Kontamination der Produkte bejaht, vgl. hierzu die Ausführungen unter: 3. Kapitel) B.) II.) 2.) c) bb) (2).

764 So ausdrücklich: *Salditt*, S. 121 (124); *Burr*, S. 76f.; *Stree* in *Schönke/Schröder*, § 261 Rn. 9; *Hombrecher*, JA 2005, S.67 (68); *ders.*, S. 23; *Spiske*, S. 116, 120; *Maurach/Schroeder/Maiwald*, Strafrecht BT/II, § 101 III Rn. 29; *Gentzik*, S. 120; *SK/Hoyer*, § 261 Rn. 14; *Hufnagel*, S. 122; *Ambos*, S. 70 (71); so wohl auch *OLG Frankfurt* NJW 2005, S. 1727 (1732) und *Müller*, DStR 2002, S. 1641 (1648); so auch für das wesensgleiche Problem im österreichischen Recht: *Klippl*, S. 158, nach welcher aufgrund des Grundsatzes „in dubio pro reo“ grundsätzlich von einem sauberen Anteil auszugehen ist, es sei denn, dass das entsprechende Vermögen schon rein rechnerisch kontaminiertes Vermögen enthalten muss.

fen[765]. Die Rechtsprechung hat für den Fall der Sachhehlerei an Bargeld betont, dass bei der Vermischung von legalen mit illegalen Geldbeträgen der ausgezahlte Betrag erst dann als illegal zu werten sei, wenn die empfangene Summe den Anteil an sauberem Geld am Gesamtguthaben übersteige[766].

(bb) Im Einzelnen bestehen aber auch innerhalb dieser Auffassung Unklarheiten. Dies wird zunächst an der 1. Var. von Bsp. 3) deutlich. Da hier der Anteil legalen Geldes durch das Abheben von 1.500 € überschritten wurde, muss – dieser Ansicht folgend – eine Kontamination des abgehobenen Betrages angenommen werden. Offen bleibt nach dieser Auffassung jedoch, ob die gesamten 1.500 € kontaminiert sein sollen[767] oder nur die den legalen Anteil überschreitenden 500 €[768].

Darüber hinaus würde dieser Ansatz durch die strikte Anwendung des „in dubio pro reo" Grundsatzes in letzter Konsequenz aber auch zu dem merkwürdigen Ergebnis führen, dass das gesamte Habensaldo aufgezehrt werden könnte, ohne dass nur einmal bemakeltes Geld ausgezahlt wird[769].

Dies zeigt folgende Abwandlung des Bsp. 3) Var. 2):
Der Drogendealer lässt im Anschluss nochmals 1.000 € an seinen Sohn A und einen Tag später nochmals 1.000 € an seine Tochter B auszahlen.

In Anwendung des Satzes in „dubio pro reo" müsste für alle drei Auszahlungen angenommen werden, dass jeweils die andere Person denjenigen Betrag erhalten hat, der die 2.000 € illegaler Vermögenswerte beinhaltet. Für keinen der Empfänger der Geldbeträge könnte eine Geldwäschestrafbarkeit in Betracht gezogen werden. Die Folge wäre, dass einer weit reichenden strafbarkeitsvermeidenden Manipulation nichts mehr im Wege stünde. Zwar wird versucht, dieser offensichtlich bestehenden Missbrauchsmöglichkeit entgegenzuwirken, indem nach einmaliger Verfügung des Vortäters in Höhe des legalen Anteils nur noch der bemakelte Anteil auf dem Konto verbleiben soll[770]. Bezogen auf die Abwandlung zu Bsp. 3) Var. 2) hieße dies, dass bei der zweiten und dritten Auszahlung des Drogendealers zwangsläufig auf illegale Vermögenswerte zurückgegriffen werden müsste, weil der legale Geldwert bereits ausgezahlt worden wäre. Dieser Ansatzpunkt kann aber nicht überzeugen. Er übersieht den grundlegenden Unterschied zwischen Bargeld und Buchgeld. Aufgrund der fehlenden stoffgleichen Identität von Forderungen und Teilforderungen beim Giralgeld ist nämlich nur die Betrachtung des Geldes als Summe möglich[771]. Die Feststel-

---

765 Vgl. BR-Drucksache 507/92, S. 23 (28).

766 *BGH* NJW 1958, S. 1244 (1245).

767 So: *Gentzik,* S. 120.

768 *So* wohl *Hombrecher*, JA 2005, S. 67 (68), der für den Fall der Vermischung legalen mit illegalen Geldes ausführt, dass der abgehobene Geldbetrag *erst dann* taugliches Geldwäscheobjekt sei, wenn der legal erlangte Anteil des Guthabens verbraucht sei.

769 So: *Leip,* S. 112; *Fischer,* § 261 Rn. 8; *Bauer*, S. 127 (135); *Höreth,* S. 127; *Leip/Hardtke* S. 281 (284); *Lampe*, S. 123 (127) Fn. 37; *Egger Tanner*, S. 109; *Mehlhorn*, S. 7; *NK/Altenhain,* § 261 Rn. 75; *OLG Karlsruhe* NJW 2005, S. 767 (770).

770 So aber: *Burr,* S. 77.

771 So auch: *Maiwald,* S. 631 (642).

lung, dass gerade die letzten Abbuchungen als bemakelt anzusehen seien, ist aus diesem Grund geradezu willkürlich[772].

Unabhängig hiervon überzeugt aber bei näherer Betrachtung auch der Hinweis des Gesetzgebers[773] auf die Rechtsprechung[774] zur Hehlerei bei Vermischung von Geld nicht. In dem vom BGH entschiedenen Fall ging es darum, dass die Täterin dem Angeklagten ein Darlehen aus unterschlagenem Barkapital gewährt hatte, das ununterscheidbar mit redlich erworbenem Bargeld vermischt war. Nach Ansicht des Gerichts konnte der Angeklagte Hehlerei am Gesamtkapital begehen, soweit die empfangene Summe den Miteigentumsanteil der Vortäterin überschritt. Auf die konkret aus der Unterschlagung hervorgegangenen Geldscheine sollte es also zwar nicht ankommen, hingegen aber auf eine anteilige „Abschöpfung" illegaler Vermögenswerte. Dieser Grundsatz kann aber m. E. auf die Problematik der Vermengung von Giralgeld bei der Geldwäsche nicht überzeugend übertragen werden. Abgesehen davon, dass § 261 StGB von einem anderen Vermögensgegenstandsbegriff als § 259 StGB ausgeht[775], kann das Giralgeld auch nicht in gleicher Weise wie Bargeld in illegale und legale Wertanteile „aufgestückelt" werden. Die Geldforderungen im modernen Zahlungsverkehr sind vielmehr als einheitliche Größe zu verstehen. Im Unterschied zum Bargeld wechseln hier nicht einzelne konkretisierbare Geldscheine den Besitzer, sondern nur ein abstrakter Geldbetrag, der keine eigene Identität besitzt. Mit anderen Worten heißt das, dass Giralgeld keine „Gegenständlichkeit" besitzt. Aufgrund dieser Abstraktheit des Giralgeldes erscheint dann aber auch die für die Hehlerei bei vermischtem Bargeld herangezogene Rechtsprechung[776] zum legalen und illegalen Wertanteil nur schwer übertragbar. Das Giralgeld besteht gerade nur als abstrakte Gesamtsumme und kann nicht aufgeteilt werden.

(cc) Es ist somit nicht überzeugend, Auszahlungen bis zur Höhe des legalen Anteils am Gesamtsaldo als „sauber" anzusehen. Anderenfalls wären die sich dem Vortäter anbietenden Missbrauchsmöglichkeiten zu hoch. Durch sukzessive Geldabbuchungen in Höhe des legalen Geldanteils könnte eine Geldwäschestrafbarkeit umgangen werden.

(b) Kontamination bei Auszahlungen bis zur Höhe des bemakelten Anteils

Denkbar ist weiterhin, alle Verfügungen von dem Girokonto bis zur Höhe des aus illegalen Quellen stammenden Anteils als Geldwäschehandlung zu qualifizieren. Über den Rest des Bankguthabens soll dann wieder frei verfügt werden können[777]. Für das Bsp. 3) würde dies bedeuten, dass sowohl im Fall der Var. 1) als auch in der Konstellation der Var. 2) das abgehobene Geld als bemakelt angesehen werden

[772] *NK/Altenhain*, § 261 Rn. 75.
[773] BR-Drucksache 507/92, S. 23 (28).
[774] *BGH* NJW 1958, S. 1244.
[775] Tatobjekt der Geldwäsche kann Bar- und Buchgeld sein, vgl. *Stree* in *Schönke/Schröder*, § 261 Rn. 3, während bei der Hehlerei das Bankguthaben als taugliches Tatobjekt ausscheidet, *Stree* in *Schönke/Schröder*, § 259 Rn. 5.
[776] *BGH* NJW 1958, S. 1244.
[777] *Egger Tanner*, S. 110.

müsste, da beide Verfügungen noch im Rahmen des bemakelten Anteils in Höhe von 2.000 € liegen. Über den Rest des Geldes könnte in beiden Fällen dann wieder frei verfügt werden.

Auch wenn für diese Ansicht vorgebracht wird, dass hierdurch die Isolation des Vortäters ebenso gewährleistet würde wie auch die Sicherstellung der Papierspur und die Abschöpfung des unrechtmäßigen Vermögensvorteils[778], ist auch diese Auffassung Kritik ausgesetzt. Die Strafbarkeit wird in diesem Fall ausschließlich von der Zufälligkeit der Reihenfolge der Auszahlungen abhängig gemacht und erscheint daher willkürlich[779]. Zwar kann gleicher Vorwurf auch der vorangegangenen Auffassung gemacht werden, die bei Auszahlungen bis in Höhe des legalen Anteils eine Kontamination ablehnt[780]. Im Unterschied zu dieser bleibt durch die Annahme einer Kontamination bei Auszahlungen bis zur Höhe des bemakelten Anteils, hier aber sogar der Grundsatz „in dubio pro reo“ unberücksichtigt. Dieser Lösungsweg überzeugt daher nicht.

778 ebd.

779 *NK/Altenhain,* § 261 Rn. 75.

780 Vgl. die Ausführungen hierzu unter: 3. Kapitel) B.) II.) 2.) c) cc) (2) (a).

(c) Kontamination nach dem Grundsatz „last in, first out"

Als weiterer Lösungsansatz bietet sich ein aus dem Steuerrecht stammender Grundsatz an[781]. Nach dem „last in, first out" Prinzip wird vermutet, dass die zuletzt angeschafften oder hergestellten Wirtschaftsgüter zuerst verbraucht oder veräußert werden. Überträgt man diesen Gedanken auf die hier vorliegende Problematik der Auszahlungen von einem teilkontaminierten Girokonto, dann ist entscheidend, in welcher Reihenfolge die legalen und illegalen Gelder auf das Konto des Vortäters geflossen sind. Für das Bsp. 3) bedeutet dies Folgendes: Sind die 2.000 € illegaler Vermögenswerte in zeitlicher Hinsicht zuletzt auf das Konto eingezahlt worden, dann „rührt" sowohl die Auszahlung in Höhe 1.500 € (Bsp. 3 Var. 1) als auch in Höhe der 1.000 € (Bsp. 3 Var. 2) aus der Vortat „her". Anders hingegen verhielte es sich, wenn die 1.000 € aus legalen Quellen zuletzt auf das Konto eingezahlt worden wären. Für die ausgezahlten 1.000 € (Bsp. 3 Var. 2) wäre ein „Herrühren" aus der Vortat dann zwar abzulehnen, nicht aber für die zweite Auszahlung in Höhe von 1.500 € (Bsp. 3 Var. 1).

Unabhängig davon, dass es in der Realität oftmals nicht mehr nachvollziehbar sein wird, ob zuerst die legalen oder die illegalen Vermögensbestandteile auf das Konto geflossen sind, ist ein Rückgriff auf eine Rechtsfigur des Steuerrechts an dieser Stelle bedenklich. Die Interessenlagen im Strafrecht und im Steuerrecht sind nämlich nicht vergleichbar. Der Grundsatz „last in, first out" soll im Steuerrecht der Vermeidung einer Besteuerung von Scheingewinnen dienen[782]. Durch die Fiktion, dass die zuletzt angeschafften Güter zuerst verbraucht werden, kann der Verbrauch mit zeitnahen Preisen bewertet werden, während Bestände an weiter zurückliegenden Preisen bemessen werden. Hierdurch kann erreicht werden, dass in Zeiten steigender Preise Scheingewinne im Vorratsvermögen nicht entstehen und somit die betriebswirtschaftlich problematische Scheingewinnbesteuerung vermieden wird[783]. Hingegen dient das „last in, first out" Prinzip im Strafrecht einem solchen übergeordneten Zweck nicht. Vielmehr führt es zu einer unzumutbaren Rechtsunsicherheit, da im Ergebnis die Strafbarkeit von Zufälligkeiten wie der Reihenfolge von Einzahlungen legaler und illegaler Gelder abhinge[784]. Ein Rückgriff auf den Grundsatz „last in, first out" ist mangels vergleichbarer Interessenlage zum Steuerrecht folglich abzulehnen[785].

---

781 Dieses sog. LIFO-Verfahren ist im Steuerrecht gem. § 6 Abs. 1 Nr. 2 a EStG erlaubt; im Handelsrecht ist dies zulässig, wenn es im Einzelfall nicht gegen das Niedrigstwertprinzip oder Vorsichtsprinzip verstößt, da es von § 256 HGB erfasst wird, vgl. *Schmidt/Glanegger*, EStG, § 6 Rn. 351.

782 *Schmidt/Glanegger*, § 6 Rn. 351.

783 ebd.

784 So auch: *Leip*, S. 112; *Leip/Hardtke*, S. 281 (284).

785 Ähnliche Bedenken bestehen auch hinsichtlich des Grundsatzes „last in, last out", auf den *Winkler*, S. 201, zurückgreifen möchte. Demnach bleibt das zuletzt erlangte Geld im Vermögen des Täters und wird hypothetisch zuletzt ausgegeben. Es bestehen hier aber ebenfalls wie bei dem Prinzip „last in, first out" Zweifel, da die Strafbarkeit letztlich von Zufälligkeiten wie der Reihenfolge der Einzahlung der Gelder abhängt.

(d) Kontamination nach der „lowest intermediate balance"-Methode

Eine Lösung nach der dem US-amerikanischen Einziehungsrecht entstammenden „lowest intermediate balance"-Methode schlägt *Ackermann* vor[786]. Er betont, dass von vermischten Mitteln grundsätzlich derjenige Betrag eingezogen werden könne, welcher deliktischer Herkunft sei. Diese Regel werde lediglich damit limitiert, dass nur derjenige Betrag eingezogen werden dürfe, der dem tiefsten Kontostand seit der letzten Einzahlung mit deliktischen Mitteln entspreche. Übertragen auf das Tatobjekt der Geldwäsche könne eine Begrenzung im Falle der Vermischung somit in folgender Art und Weise vorgenommen werden: Ausgehend vom tiefsten Stand eines vermischten Vermögenswertes seit letzter Einzahlung mit deliktischen Mitteln seien allein diejenigen Beträge als Tatobjekte anzusehen, welche zuerst mit Wissen um den illegalen Ursprung ausgezahlt werden. Das restliche Guthaben solle anschließend wieder als sauber gelten.

Exemplifizierend heißt dies Folgendes:

Ausgehend von Bsp. 3) befinden sich auf dem Girokonto 2.000 € illegale und 1.000 € legale Vermögenswerte. Nach zuletzt erfolgter Einzahlung deliktisch erlangter Gelder fällt der Kontostand aufgrund von Auszahlungen auf 1.500 €; anschließend werden wieder legale Vermögenswerte in Höhe von 3.000 € auf das Konto eingezahlt. Auch wenn der neue Kontostand nunmehr 4.500 € beträgt, kann Tatobjekt nach der „lowest intermediate balance" Methode nur der Betrag in Höhe von 1.500 € sein. Dieser Geldbetrag entspricht nämlich dem Kontostand nach der zuletzt vorgenommenen Einzahlung inkriminierten Geldes. Wird einem Dritten, der von der illegalen Herkunft des Geldes Kenntnis hat, nunmehr der Gesamtbetrag vom Konto ausgezahlt, „rühren" dennoch nur 1.500 € aus der Vortat „her". Der restliche Betrag hingegen ist wieder sauber.

Im Unterscheid zu den vorangegangenen Ansätzen liegen hier weder Missbrauchsmöglichkeiten auf der Hand[787], noch hängt eine mögliche Strafbarkeit davon ab, in welcher Reihenfolge legale und illegale Vermögenswerte auf das Konto fließen[788]. Problematisch erscheint an dieser Ansicht aber die Abhängigkeit der Tatobjektseigenschaft von der Kenntnis Dritter[789]. Wenn folglich im vorangegangenen Beispiel der Dritte keine Kenntnis von der Herkunft des ausgezahlten Betrages gehabt hätte, dann entfiele nicht nur für diesen eine Geldwäschestrafbarkeit. Zusätzlich käme auch für den kontoinhabenden Vortäter von vornherein eine Strafbarkeit wegen Geldwäsche nicht in Betracht, weil der ausgezahlte Betrag nicht geldwäschetauglich wäre. Ein solcher Lösungsansatz ist aber insbesondere unter dem Gesichtspunkt wenig

---

[786] *Ackermann,* S. 232.

[787] Vgl. hierzu aber die Ausführungen zu dem Lösungsansatz unter: 3. Kapitel) B.) II.) 2.) c) cc) (2) (a).

[788] Vgl. hierzu aber die Ausführungen zu dem Lösungsansatz unter: 3. Kapitel) B.) II.) 2.) c) cc) (2) (c).

[789] So auch: *Gentzik,* S. 121 Fn. 262.

überzeugend, als dass auch der das Konto führende Vortäter selbst Geldwäscher sein kann[790].

(e) Gesamtkontamination des ausgezahlten Teilbetrages

Folgt man der „Lehre von der Gesamtkontamination"[791] im Rahmen der Teilinfizierung eines sachlichen Surrogates, so muss konsequenterweise jeder ausgezahlte Teilbetrag – unabhängig von seiner Höhe – als insgesamt kontaminiert angesehen werden[792]. Schließlich führt nach dieser Ansicht eine Vermischung legaler und illegaler Vermögenswerte grundsätzlich zu einer Gesamtkontamination des Guthabens[793]. Für Bsp. 3) wäre somit also sowohl eine Kontamination der ausgezahlten 1.500 € (Bsp. 3 Var. 1) als auch der 1.000 € (Bsp. 3 Var. 2) anzunehmen. Im Hinblick darauf, dass die „Lehre von der Gesamtkontamination" im Rahmen dieser Darstellung bereits abgelehnt wurde[794], kann eine vollständige Bemakelung eines jeden ausgezahlten Teilbetrages aber nicht überzeugen.

(f) Kontamination des ausgezahlten Teilbetrages im Verhältnis des Makels des Gesamtguthabens

Hält man konsequent an der „Lehre von der Teilkontamination[795]" fest, liegt es nahe, dass sich die anteilige Bemakelung des Kontoguthabens an jeder Auszahlung verhältnismäßig fortsetzt[796]. Für das Bsp. 3) würde dies bedeuten, dass jeweils zwei Drittel des ausgezahlten Betrages bemakelt wären. In der Var. 1) wären also 1.000 € kontaminiert und in der Var. 2) ebenfalls zwei Drittel der Auszahlung.

Soweit von den Kritikern beanstandet wird, dass eine solche anteilige Kontamination der ausgezahlten Teilbeträge zu einer Ungleichbehandlung von Geld und sonstigen Sachen führe[797], kann dieser Einwand nicht überzeugen. So führt *Gentzik* aus, dass im Falle des Kaufs eines PKWs mit sowohl sauberen als auch schmutzigen Geldern der finanzierte Wagen vollständig aus der Vortat „herrühre". Aus diesem Grund müssten auch die ausgezahlten Teilbeträge des Bankguthabens konsequenterweise vollständig kontaminiert sein[798]. Ein solcher Widerspruch zwischen Geld und Gegenständen ist aber nur dann gegeben, wenn man im Rahmen der Mischfinanzierung eines Gegenstandes – wie die Kritiker hier – der „Lehre von der Gesamtkontamina-

790 *Fischer,* § 261 Rn. 18.

791 Vgl. hierzu die Ausführungen unter: 3. Kapitel) B.) II.) 2.) c) aa) (1) (b).

792 So ausdrücklich z.B. *NK/Altenhain,* § 261 Rn. 76; *Gentzik,* S. 119.

793 Unabhängig davon, dass zum Teil das Überschreiten einer prozentualen bzw. wertmäßigen Bemakelungsgrenze gefordert wird, vgl. 3. Kapitel) B.) II.) 2.) c) aa) (2) (a) (b).

794 Vgl. hierzu: 3. Kapitel) B.) II.) 2.) c.) aa) (1) (d).

795 Vgl. hierzu: 3. Kapitel) B.) II.) 2.) c) aa) (1) (c) sowie 3. Kapitel) B.) II.) 2.) c) cc) (1).

796 So: *Leip,* S. 113; *Dionyssopoulou,* S. 108; *Großwieser,* S. 75; *MüKo/Neuheuser,* § 261 Rn. 55; *Leip/Hardtke,* S. 281 (284); *OLG Karlsruhe* NJW 2005, S. 767 (769).

797 *NK/Neuheuser,* § 261 Rn. 5; *Gentzik,* S. 119.

798 *Gentzik,* S. 119.

tion“[799] folgt. Geht man jedoch grundsätzlich von der „Lehre der Teilkontamination“[800] aus und verfolgt man diesen Ansatz auch bei der Mischfinanzierung eines Gegenstandes[801], dann findet eine Ungleichbehandlung zwischen Geld und sonstigen Sachen nicht statt.

Unabhängig davon, dass dieser Ansatz bei konsequenter Verfolgung der hier präferierten „Lehre von der Teilkontamination“ im Rahmen der teilkontaminierten Surrogate geradezu zwingend ist, sprechen auch die Erwägungen zur „Doppelkausalität“ für eine solche anteilige Kontamination der ausgezahlten Teilbeträge[802]. Ebenso wie in den Giftfällen das dem Opfer von verschiedenen Tätern beigebrachte artgleiche Gift gleichmäßig resorbiert wird[803], „resorbiert“ der Vortäter das vermischte Geld in eben dem Verhältnis, das durch die Vermischung entstanden ist, wenn er „stückchenweise“ Teilbeträge abhebt[804]. Zudem wird eine anteilige Bemakelung dem Zweck des § 261 StGB am besten gerecht, weil sie die Gewinnabschöpfung sicherstellt und die „Papierspur“ aufrechterhält[805].

(3) Ergebnis

Festzuhalten bleibt, dass bei einer Vermischung von legalem mit illegalem Giralgeld das Bankguthaben anteilig kontaminiert ist. Bei konsequenter Fortsetzung der „Lehre von der Teilkontamination“ setzt sich bei Auszahlung eines bestimmten Betrages von dem teilkontaminierten Girokonto die Bemakelung anteilig an dem Teilbetrag fort. Dieses Ergebnis steht auch in Einklang mit den oben angestellten Überlegungen zur systematischen Auslegung in Zusammenhang mit der Rechtsprechung zur Begünstigung. Wenn das Merkmal der „Unmittelbarkeit“ durch Einzahlung/Abbuchung bzw. Umbuchung von Geld bei der Begünstigung nicht entfallen soll, dann spricht dies erst recht für ein Fortbestehen der Bemakelung bei dem keine „Unmittelbarkeit“ forderndem Geldwäschedelikt[806]. Der Gefahr einer zu weit reichenden Inkriminierung des Wirtschaftsverkehrs kann zudem – wie bereits für die Konstellation der Mischfinanzierung eines Gegenstandes angenommen[807] – durch Möglichkeiten der Strafzumessung sowie des Strafverfahrensrechts entgegengewirkt werden.

---

799 Vgl. hierzu die Ausführungen unter: 3. Kapitel) B.) II.) 2.) c) aa) (1) (b).

800 Vgl. hierzu die Ausführungen unter: 3. Kapitel) B.) II.) 2.) c) aa) (1)(c) und (d).

801 Wie im Rahmen der Ausführungen hier, vgl.: 3. Kapitel) B.) II.) 2.) c) aa) (1) (d).

802 *Leip,* S. 112.

803 Beispiel nach *Samson*, S. 22f.: A wird durch Zyankali vergiftet. Sowohl X als auch Y hatten unabhängig voneinander in das Getränk des A jeweils die tödliche Dosis von 1 g Zyankali geschüttet. Während die h.L. die „conditio-sine-qua-non-Formel“ hier umformulieren muss, um nicht die Strafbarkeit sowohl von X als auch Y entfallen lassen zu müssen, meint *Samson,* dass es für diesen Fall der Doppelkausalität am wahrscheinlichsten sei, dass A sowohl den Bruchteil 1 g des Giftes von X als auch des von Y resorbiert hat und somit die Ursächlichkeit für beide Handlungen zu bejahen sei.

804 *Leip*, S. 112f.; *Leip/Hardtke*, S. 281 (284).

805 *OLG Karlsruhe* NJW 2005, S. 767 (769).

806 Vgl. hierzu die Ausführungen unter: 1. Kapitel) B.) III.) 1.) b) aa).

807 Vgl. hierzu die Ausführungen unter: 3. Kapitel) B.) II.) 2.) c) aa) (2) (c).

(4) Exkurs: Ausschluss der Strafbarkeit bei Giralgeld durch Zwischenerwerb des Kreditinstituts gem. § 261 Abs. 6 StGB?

In Zusammenhang mit der eintretenden Vermischung von Giralgeld wird ein weiterer Aspekt diskutiert, der hier näher beleuchtet werden soll. Denkbar ist nämlich, dass das kontoführende Kreditinstitut das aus der Vortat stammende, eingezahlte Geld gutgläubig erwirbt, so dass ein die Strafbarkeit ausschließender Zwischenerwerb gem. § 261 Abs. 6 StGB in Betracht zu ziehen ist. Zwar ist die Problematik eines möglichen Zwischenerwerbes der Bank systematisch nicht dem Tatbestandsmerkmal „Herrühren" zuzuordnen[808]. Bei einem eintretenden Strafbarkeitsausschluss nach § 261 Abs. 6 StGB wäre aber die Frage einer Kontamination des vermischten Giralgeldes von weitaus geringerer Relevanz, da die Strafbarkeit des das Geld empfangenden Dritten oftmals bereits an § 261 Abs. 6 StGB scheitern würde. Folglich soll hier der Frage eines möglicherweise eintretenden Strafbarkeitsausschlusses weiter nachgegangen werden[809].

Bsp.): Räuber R zahlt Bargeld (5.000 €) aus der Vortat bar auf sein Konto ein, wobei der entgegennehmende Bankangestellte gutgläubig ist. Wenig später überweist R zur Bezahlung einer Rechnung einen Teil des Geldes (2.000 €) auf das Konto des leichtfertigen E, der das Geld abhebt. Entfällt eine mögliche Strafbarkeit des E aufgrund des gutgläubigen Zwischenerwerbes der Bank gem. § 261 Abs. 6 StGB?

Nach Wortlaut des § 261 Abs. 6 StGB entfällt die Strafbarkeit gemäß § 261 Abs. 2 StGB, „wenn zuvor ein Dritter den Gegenstand *erlangt* hat, ohne hierdurch eine Straftat zu begehen." Fraglich ist in dem vorliegenden Beispiel somit, ob für das Kreditinstitut ein „Erlangen" der 5.000 € aus der Vortat anzunehmen ist. Einerseits hat die Bank an den konkret eingezahlten Geldscheinen zwar Eigentum erworben; andererseits kann aber der Vortäter frei über das Guthaben auf seinem Konto verfügen. Wann der gutgläubig Handelnde den geldwäschetauglichen Gegenstand im Sinne des § 261 Abs. 6 „erlangt", ist umstritten.

(a) Die Auffassung *Maiwalds*: Die sachbezogene Auslegung des Begriffs des „Erlangens"

*Maiwald* hält grundsätzlich zwei Lösungsansätze für denkbar[810]: Einerseits komme bei einer wörtlichen Auslegung des Gesetzes ein „Erlangen" des schmutzigen Geldes durch das Kreditinstitut in Betracht, da die Verfügungsmacht über die konkret eingezahlten Geldscheine auf die Bank übergehe. Andererseits ließe sich die Einzahlung des Geldes aber auch so deuten, dass der Geldbetrag nur bei dem Kreditinstitut „geparkt" werde. Die Bank „bewahre" das Geld dann sozusagen nur für den Vortäter

808 Hierzu: 1. Kapitel) B.) III.) 2.).

809 Der Aspekt des gutgläubigen Zwischenerwerbes des Kreditinstitutes hat in der Literatur insbesondere seit der grundlegenden Rechtsprechung (vgl. hierzu insbesondere: *BGH* NJW 2001, S. 2891; *OLG Hamburg* NJW 2000, S. 673ff.) zur Strafbarkeit des Strafverteidigers durch Honorarannahme vom Vortäter Beachtung gefunden. Vor dem Hintergrund, dass der Vortäter dem Strafverteidiger das Honorar im modernen Zahlungsverkehr zumeist überweisen wird, könnte nämlich bereits die Regelung des § 261 Abs. 6 StGB zur Straflosigkeit des Strafverteidigers führen.

810 *Maiwald*, S. 631 (637f.).

„auf". Da dieser jederzeit auf dieses Guthaben zurückgreifen könne, müsse ein „Erlangen" des Geldes nach dieser Betrachtungsweise abgelehnt werden[811].

Die Ursache für diese genannten unterschiedlichen Auslegungsmöglichkeiten sieht *Maiwald* in Folgendem: Bei isolierter Betrachtung des Begriffs des „Erlangens" in § 261 Abs. 6 StGB liege eine sachbezogene Auslegung nahe. Der Terminus des „Erlangens" erfordere zwingend den Bezug zu einem bestimmten, identischen Sachkörper. Zudem liege dem Begriff der sachbezogene Hehlereitatbestand zugrunde[812]. Bei dieser an § 259 StGB angelehnten Auslegung müsse daher aufgrund der erforderlichen Sachidentität auf die konkret eingezahlten Geldscheine abgestellt werden. Da die Verfügungsgewalt an den konkret eingezahlten Geldscheinen zweifelsohne auf das Kreditinstitut übergehe[813], sei ein „Erlangen" durch die Bank nach dieser Auslegung anzunehmen und der Strafbarkeitsausschluss nach § 261 Abs. 6 StGB einschlägig. Eine andere Deutung sei aber unter Berücksichtigung des „Herrührens" in § 261 Abs. 1 StGB denkbar. Auf eine Sachidentität könnte für den Begriff des „Erlangens" dann zugunsten eines „Wertsummengedankens" verzichtet werden. Über den Geldwert an sich habe das Kreditinstitut keine Verfügungsmacht erlangt, da der Vortäter auf diesen weiterhin zugreifen könne. Nach dieser extensiveren – an dem Begriff des „Herrührens" orientierten – Auslegung müsste folglich ein „Erlangen" der Bank abgelehnt werden.

Letztlich gibt *Maiwald* der sachbezogenen Auslegung jedoch den Vorzug und bejaht die Anwendbarkeit des § 261 Abs. 6 StGB auf Bankeinzahlungen[814]. Zur Begründung verweist er auf teleologische Erwägungen. Aufgrund der Zielsetzung des Gesetzgebers, Kreditinstitute im Wesentlichen in den Vordergrund des Geldwäschetatbestandes zu stellen, sei kein anderes Ergebnis denkbar. Würde man nämlich gerade das Verhalten der Banken nicht in Betracht ziehen, wenn es um die Frage geht, ob die Kette von Straftaten durch einen gutgläubigen Zwischenerwerb unterbrochen ist, so würde man den Sinn des Gesetzes nahezu umkehren[815]. Gerade die wichtigsten Kettenglieder würden als „quantité négligeable" angesehen werden[816]. Auf Basis dieser Auffassung hätte E sich in dem genannten Beispiel durch Abheben der 2.000 € nicht gem. § 261 Abs. 2 StGB strafbar gemacht.

811 *Maiwald*, S. 631 (638).

812 *Maiwald*, S. 631 (639).

813 Neben der Verfügungsmacht erlangt das Kreditinstitut auch das Eigentum an diesen Geldscheinen. Soweit der Kunde nicht Eigentümer des Geldes ist, erwirbt die Bank das Geld aufgrund der Vorschriften über den gutgläubigen Eigentumserwerb (§§ 932, 935 Abs. 2 BGB).

814 *Maiwald*, S. 631 (639f.). Der Ansicht *Maiwalds* folgend: *Hamm,* NJW 2000, S. 636 (638); *Lüderssen, StV 2000,* S. 205 (208); *Maurach/Schroeder/Maiwald,* Strafrecht BT/II § 101 III Rn. 28; *Bernsmann, StV 2000,* S. 40 (43); *Müther,* Jura 2001, S. 318 (323); *Schmitt* S. 448 (452); *Ambos,* S. 70 (72).

815 Die gleichen teleologischen Erwägungen führt auch *Bauer* S. 127 (134) an. Im Unterschied zu *Maiwald* lehnt er jedoch die Anwendbarkeit von § 261 Abs. 6 StGB auf Bankeinzahlungen ab.

816 *Maiwald*, S. 631 (639).

(b) Die Auffassung *Katholniggs* und *Hombrechers*: Auslegung anhand des „Wertsummengedankens“

Andere Vertreter der Literatur stellen hinsichtlich des „Erlangens“ in § 261 Abs. 6 StGB auf den „Wertsummengedanken[817]“ ab[818]. Obgleich das Kreditinstitut zum Eigentümer der eingezahlten Geldscheine werde, sei ein „Erlangen“ im Sinne des § 261 Abs. 6 StGB abzulehnen. Der Kunde habe einen Anspruch auf „jederzeitige Rückgabe“ und die Bank habe somit keine eigentliche Verfügungsgewalt erlangt[819]. Der Kunde könne sich vielmehr der Bank wie eines technischen Apparates bedienen, der seine Weisungen bedingungslos auszuführen habe[820]. Bei Einzahlung von Geld auf das eigene Konto ergebe sich daher ein doppeldeutiges Bild. Über die eingezahlten Scheine als Sache erwerbe die Bank zweifelsfrei Eigentum und damit auch die Verfügungsmacht. Dem Kontoinhaber verbleibe aber die uneingeschränkte Verfügungsmacht über das Buchgeld und damit den Wert der eingezahlten Geldscheine.

Auch wenn diese Ansicht die Möglichkeit einer „sachbezogenen“ Auslegung des Begriffs des „Erlangens“ in Erwägung zieht, soll letztlich also der „Wertsummengedanke“ zur Konkretisierung des Begriffs vorrangig sein. Im Unterschied zu *Maiwald* soll dies aber weniger auf den Begriff des „Herrührens“ in § 261 Abs. 1 StGB zurückzuführen sein als auf Wertungen des Zivilrechts. Durch die Einzahlung von Geld auf ein Konto begründeten der Einzahlende und die Bank einen unregelmäßigen Verwahrungsvertrag gem. § 700 BGB[821]. Das Eigentum an den Geldscheinen gehe nach Wesen dieses Vertrages zwar auf den Verwahrer über, zugleich erhalte aber der Hinterleger einen Anspruch gem. §§ 700, 695 BGB auf jederzeitige Herausgabe einer vergleichbaren Sache. Nehme man also die abstrakte Summe zum Maßstab, so habe die Bank keine eigentliche Verfügungsgewalt erlangt, sondern sei insoweit abhängig vom Vorgehen des Kontoinhabers[822]. Für ein Abstellen auf die abstrakte Summe spreche insbesondere die rechtliche Einordnung des Vertrages als unregelmäßiger Verwahrungsvertrag. Bei unregelmäßigen Verwahrungen sei das Verwahrungsinteresse des Hinterlegers nämlich als das eindeutig überwiegende Element anzusehen[823]. Der Aspekt des Eigentumserwerbes an den konkreten Geldscheinen hingegen müsse für das „Erlangen“ gem. § 261 Abs. 6 StGB unbeachtlich sein. Die Einzahlung von illegalen Geldern auf das Girokonto durch den Vortäter führe somit also mangels bestehender Verfügungsmacht des Kreditinstituts grundsätzlich nicht zu einem Strafbarkeitsausschluss gem. § 261 Abs. 6 StGB. Ein anderes Ergebnis sei nur dann ausnahmsweise denkbar, wenn der Vortäter aus irgendeinem Grund die Verfügungsbefugnis verloren habe. Dies könne beispielsweise dann angenommen

---

[817] Den auch bereits schon *Maiwald* in diesem Zusammenhang diskutiert – im Ergebnis aber verneint – hat, vgl. 3. Kapitel) B.) II.) 2.) c) cc) (4) (a).

[818] *Katholnigg,* JR 2002, S. 27 (31); *ders.,* NJW 2001, S. 2041 (2045); *Hombrecher,* Geldwäsche 2001, S. 30; *ders.,* JA 2005, S. 67 (69f.); so auch: *Balzer,* S. 252; *Schmidt,* StV-Forum 2003, S. 2 (5).

[819] *Hombrecher,* S. 29f.

[820] *Balzer*, S. 252.

[821] *Palandt/Sprau*, § 700 Rn. 1; *Jauernig/Mansel*, § 700 Rn. 3.

[822] *Hombrecher,* S. 30.

[823] ebd.

werden, wenn das Kreditinstitut aufgrund seiner Allgemeinen Geschäftsbedingungen Zugriff auf das Konto des Kunden habe, etwa wenn der Kontoinhaber seine Schulden gegenüber der Bank nicht begleiche[824]. Mangels „gutgläubigen Zwischenerwerbes" der Bank kommt in vorliegendem Beispiel eine Strafbarkeit des E nach dieser Auffassung gem. § 261 Abs. 2 StGB in Betracht.

(c) Die Auffassung *Strees*: Die forderungsbezogene Argumentation

Gedanklich einen Schritt weiter geht eine auf *Stree*[825] zurückgehende Auffassung, der sich in jüngster Zeit viele Vertreter der Literatur angeschlossen haben[826]. Im Unterschied zu den vorangehend dargestellten Ansichten[827] soll es hier für die Frage eines „gutgläubigen Zwischenerwerbes" der Bank gem. § 261 Abs. 6 StGB weniger auf das ausgezahlte Geld als auf die gegen die Bank eingeräumte Forderung ankommen. So könne die Bank zwar möglicherweise das eingezahlte Geld gem. § 261 Abs. 6 StGB „erlangt" haben. Letztlich sei dieser Punkt aber nicht entscheidungserheblich. Der Empfänger, der Dritte, habe sich durch die Überweisung eine Forderung gegenüber der Bank verschafft, die aus der Vortat „herrühre".

Dies resultiert aus folgender Überlegung: Durch die Einzahlung des Bargeldes bei der Bank erwirbt der Vortäter – im Beispiel der R – eine Forderung gegen die Bank, die als sachliches Surrogat ihrerseits aus der Vortat „herrührt". Neben das eingezahlte kontaminierte Bargeld (5.000 €) tritt somit also ein zweiter kontaminierter Gegenstand, die Forderung des R gegenüber dem Kreditinstitut. Wenn nun der Vortäter R dem E 2.000 € überweist, dann erwirbt dieser gegenüber der Bank einen Auszahlungsanspruch in Höhe dieses Betrages. Grundlage dieses Auszahlungsanspruches ist der Überweisungsauftrag im Rahmen eines Girovertrages gem. §§ 676 a ff. BGB. Durch einen im Rahmen des bestehenden Girovertrages zusätzlich abzuschließenden Überweisungsvertrag verpflichtet sich das Kreditinstitut zur Gutschrift des entsprechenden Betrages auf das Konto des Überweisungsempfängers. Die von der Bank vorgenommene Gutschrift ist als abstraktes Schuldanerkenntnis gem. §§ 780, 781 BGB zu qualifizieren; diese vermittelt dem Überweisungsempfänger dann den Auszahlungsanspruch[828]. Der Auszahlungsanspruch des Überweisungsempfängers – hier des E – „rührt" aber selbst auch wieder aus der Vortat „her", da dieser sachliches (Teil-)surrogat der Forderung des Vortäters gegenüber seinem Kreditinstitut ist[829]. Da dieser Auszahlungsanspruch des E gegenüber der Bank aber zuvor von niemandem „erlangt" wurde, ist die Anwendung des § 261 Abs. 6 StGB ausgeschlossen.

---

824 *Katholnigg*, JR 2002, S. 27 (31); *Balzer*, S. 252.

825 *Stree* in *Schönke/Schröder*, § 261 Rn. 14.

826 *Ranft*, Jura 2004, S. 759 (759 Fn. 3); *MüKo/Neuheuser*, § 261 Rn. 69; *SK/Hoyer*, § 261 Rn. 24; *Hufnagel*, S. 126f. *Fischer*, § 261 Rn. 29; *Wessels/Hillenkamp*, Strafrecht BT/2, § 20 VIII 2 a Rn. 895; *Otto*, JZ 2001, 436 (439); im Ergebnis so auch: *Gotzens/Schneider*, wistra 2002, S. 121 (123), die wohl ebenfalls auf die vom Vortäter auf den Dritten übertragene Forderung abstellen wollen.

827 Vgl. hierzu die Ausführungen unter: 3. Kapitel) B.) II.) 2.) c) cc) (4) (a) und (b).

828 Vgl. hierzu: *Staudinger/Martinek*, BGB, 2006, § 676 f Rn. 7.

829 Anders aber *Bussenius*, S. 28, die meint, dass die Forderung des Überweisungsempfängers nur dann aus der Vortat „herrühre" und somit bemakelt sei, wenn das Konto des Vortäters ohne die vorangegangene Einzahlung inkriminierter Gelder ungedeckt gewesen wäre.

(d) Diskussion und eigene Auffassung

Festzustellen ist, dass der auf *Stree* zurückgehenden forderungsbezogenen Auffassung[830] ein völlig anderer Ansatz zugrunde liegt als den anderen Ansichten[831]. Während die auf *Hombrecher*, *Katholnigg* sowie *Maiwald* zurückgehenden Ansätze allein auf den Einzahlungsvorgang abstellen und die Frage aufwerfen, ob die eingezahlten Geldmittel durch die Bank „erlangt" werden, differenziert die forderungsbezogene Auffassung zwischen mehreren geldwäschetauglichen Objekten. Einerseits ist das vom Vortäter eingezahlte Geld Gegenstand der Untersuchung, andererseits wird aber auch die Forderung gegen die Bank als sachliches Surrogat näher begutachtet.

(aa) Die rechtliche Bewertung des Einzahlungsvorgangs

Ausgangspunkt soll die rechtliche Bewertung des Einzahlungsvorganges sein. Fraglich ist somit zunächst, ob die eingezahlten Finanzmittel durch die Bank „erlangt" wurden. Hier stehen sich – wie oben dargelegt[832] – „sachbezogene" Auslegung und „Wertsummengedanke" gegenüber.

Für das Abstellen auf den „Wertsummengedanken" spricht – zumindest auf den ersten Blick – die diesem zugrunde liegende „wirtschaftliche Betrachtungsweise"[833]. So wird von den Vertretern dieser Auffassung darauf abgestellt, dass der Tatbestand des
§ 261 StGB generell vom wirtschaftlichen „Wertsummengedanken" beherrscht werde, was auch Einfluss auf die Regelung des § 261 Abs. 6 StGB haben müsse[834]. Zwar ist dieser Ansicht insoweit zuzustimmen, als dass für den Tatbestand der Geldwäsche oftmals eine „wirtschaftliche Betrachtungsweise" von Bedeutung ist[835]. Jedoch kann aus einer solchen gebotenen „wirtschaftlichen Betrachtungsweise" für den Tatbestand des § 261 Abs. 1 StGB m. E. nicht zwingend eine solche für das Merkmal des „Erlangens" in § 261 Abs. 6 StGB gezogen werden. § 261 Abs. 1 StGB und § 261 Abs. 6 StGB stehen nämlich in folgendem systematischen Zusammenhang zueinander: § 261 Abs. 6 StGB hat keine tatbestandskonkretisierende, sondern lediglich eine strafbarkeitsausschließende Rechtsnatur[836]. In systematischer Hinsicht muss daher zunächst das Tatobjekt gem. § 261 Abs. 1 StGB bestimmt werden und im Anschluss anhand der Norm des § 261 Abs. 6 StGB überlegt werden, ob genau dieses Tatobjekt von einem Dritten „zwischenerlangt" wurde. Aufgrund der unterschiedlichen Rechtsnatur der Regelungen ist aus der gebotenen „wirtschaftlichen Betrachtungsweise" für die Auslegung des Tatbestandes der Geldwäsche nicht zwingend eine solche auch für den § 261 Abs. 6 StGB zu entnehmen.

---

830 Vgl. hierzu: 3. Kapitel) B.) II.) 2.) c) cc) (4) (c).

831 Vgl. hierzu: 3. Kapitel) B.) II.) 2.) c) cc) (4) (a) und (b).

832 Vgl. ebd.

833 *Hombrecher,* S. 29.

834 ebd.

835 Vgl. nur exemplarisch die Ausführungen zur sachlichen Transformation unter: 3. Kapitel) B.) II.) 1.).

836 Die Frage, ob ein gutgläubiger Zwischenerwerb Auswirkungen auf das Tatbestandsmerkmal „Herrühren" hat, wurde bereits unter: 1. Kapitel) B.) III.) 2.) b) abgelehnt.

Mit dem gleichen Argument kann auch *Maiwalds* Überlegung zum „Wertsummengedanken“[837] abgelehnt werden. Indem er zur Konkretisierung des Begriffs des „Erlangens“ auf das Tatbestandsmerkmal „Herrühren“ zurückgreifen möchte, setzt er m. E. systematisch ebenfalls am falschen Punkt an. Unberücksichtigt bliebe hierdurch nämlich in gleicher Weise, dass § 261 Abs. 6 StGB allein strafbarkeitsausschließende Rechtsnatur besitzt[838]. Ein Rückgriff auf das *Tatbestandsmerkmal* „Herrühren“ zur näheren Begriffskonkretisierung des „Erlangens“ ist in systematischer Hinsicht daher bedenklich[839].

Eine „sachbezogene“ Auslegung des „Erlangens“ erscheint somit vorzugswürdig. Einerseits spricht der natürliche Wortlaut des Begriffs für ein Abstellen auf die konkret eingezahlten Geldscheine. Wenn der Bankangestellte – wie in dem vorliegenden Beispiel – gutgläubig ist, dann erlangt die Bank nicht nur die Verfügungsmacht über die Geldscheine, sondern auch das Eigentum. Das Kreditinstitut ist insofern in Besitz der stärksten Rechtsposition, die das Zivilrecht bietet. Bezieht man den Begriff des „Erlangens“ aber auf die Verfügungsmacht des Kontoinhabers an der Geldsumme und nicht auf das Eigentum der Bank an den konkreten Geldmitteln, wird der schwächeren Rechtsposition der Vorrang bei der Begriffsbestimmung eingeräumt. Auch die Orientierung an der erforderlichen Sachidentität des Hehlereitatbestandes ist überzeugend. Durch diese „sachbezogene“ Begriffsbestimmung wird – entgegen der Auffassung der Kritiker[840] – auch insbesondere nicht der unterschiedliche Inhalt der jeweiligen Tatobjekte bei § 259 StGB und § 261 StGB verkannt. Zwar ist es grundsätzlich richtig, dass beide Normen unterschiedliche Tatobjekte zum Gegenstand haben[841]. Nicht unberücksichtigt bleiben darf aber, dass § 261 Abs. 6 StGB keine inhaltliche Regelung zum Tatobjekt der Geldwäsche trifft[842]. Insofern kann durch eine „sachbezogene“ Interpretation des „Erlangens“ auch kein Widerspruch zum Inhalt des Tatobjektes der Geldwäsche entstehen. Es bietet sich zur Auslegung des Tatbestandsmerkmals „Herrühren“ daher an, auf die identische Begrifflichkeit im Rahmen des Hehlereitatbestandes zurückzugreifen.

Es ist somit festzuhalten, dass im vorliegenden Beispiel das Kreditinstitut die eingezahlten 5.000 € „erlangt“ hat. Die überzeugenderen Argumente sprechen dafür, den Begriff des „Erlangens“ „sachbezogen“ auszulegen und mithin auf die konkret eingezahlten Geldmittel abzustellen. Fraglich ist aber, ob hiermit zwangsläufig gesagt ist, dass für den die 2.000 € in Empfang nehmenden E eine Strafbarkeit aus § 261 Abs. 2 Satz 1 StGB entfällt. Auch wenn für die eingezahlten Geldmittel der

[837] Vgl. hierzu die Ausführungen unter: 3. Kapitel) B.) II.) 2.) c) cc) (4) (a).

[838] Vgl. die Ausführungen unter: 1. Kapitel) B.) III.) 2.) b).

[839] Die Überlegung *Maiwalds* zum „Wertsummengedanken“ ist insbesondere deswegen wenig überzeugend, da er der Regelung des § 261 Abs. 6 StGB ebenfalls ausschließlich eine strafbarkeitsausschließende Rechtsnatur zuweist, vgl. 1. Kapitel) B.) III.) 2.) c).

[840] So *Hombrecher,* S. 28f.

[841] Das Tatobjekt muss bei § 259 StGB vielmehr „unmittelbar“ aus der Vortat hervorgegangen sein, vgl. hierzu die Ausführungen zur systematischen Auslegung des Begriffs des „Herrührens“ unter: 1. Kapitel) C.) I.) 2.) b).

[842] Wie bereits mehrfach betont, hat die Regelung des § 261 Abs. 6 StGB keine tatbestandskonkretisierende Rechtsnatur, sondern kann lediglich zum Strafbarkeitsausschluss führen.

Anwendungsbereich des § 261 Abs. 6 StGB eröffnet ist, könnte dennoch der von E erworbene Auszahlungsanspruch gegen die Bank eine Strafbarkeit auslösen.

(bb) Der Auszahlungsanspruch gegen die Bank als sachliches Surrogat

Fraglich ist daher, ob der Auszahlungsanspruch gegen die Bank einen zusätzlichen geldwäschetauglichen Gegenstand darstellt, der neben den eingezahlten Geldmitteln berücksichtigt werden muss.

Aufgrund der Einzahlung der 5.000 € bekommt R in genanntem Beispiel vom Kreditinstitut als (synallagmatische) Gegenleistung des bestehenden Girovertrages gem. §§ 676 a BGB ff. einen Auszahlungsanspruch in dieser Höhe eingeräumt[843]. An der rechtlichen Qualifizierung dieses Auszahlungsanspruches als sachliches Surrogat können keine Zweifel bestehen[844]. Im Rahmen des Überweisungsauftrages verpflichtet sich dann die Bank zur Gutschrift der überwiesenen 2.000 € auf das Konto des E[845]. Die erfolgte Gutschrift zugunsten des E stellt wiederum eine Hauptleistungspflicht des Kreditinstitutes dar, die in unmittelbarem Zusammenhang zur synallagmatischen Verpflichtung der Bank zur Führung des Kontos des R steht[846]. Dieser Auszahlungsanspruch des E ist ebenfalls als sachliches Surrogat für die ursprünglich kontaminierten 5.000 € zu qualifizieren[847]. Stellt man auf dieses sachliche Surrogat ab, könnte sich der E gem. § 261 Abs. 2 Satz 1 StGB strafbar gemacht haben. Ein gutgläubiger Zwischenerwerb der Bank gem. § 261 Abs. 6 StGB kommt hinsichtlich dieses *Auszahlungsanspruches* des E nämlich offensichtlich nicht in Betracht[848].

---

843 Die Einräumung eines Auszahlungsanspruches ist Hauptleistungspflicht des Kreditinstituts und steht in unmittelbarem Zusammenhang zur synallagmatischen Pflicht zur Kontoführung, vgl. *MüKo/Casper,* BGB, § 676 f Rn. 6 und 8.

844 Zum einen besteht der Auszahlungsanspruch in gleicher Höhe wie die getätigte Einzahlung, vgl. zur Wertidentität zwischen ursprünglichem Gegenstand und sachlichem Surrogat unter: 3. Kapitel) B.) II.) 1.), zudem stellt der Auszahlungsanspruch auch die synallagmatische Gegenleistung dar, vgl. hierzu: 3. Kapitel) B.) II.) 2.) b) aa).

845 Vgl. zur zivilrechtlichen Ausgestaltung des Überweisungsauftrages unter: 3. Kapitel) B.) II.) 2.) c) cc) (4) (c). Anders aber: *Sauer,* S. 89 (90), der der Auffassung ist, dass das Kreditinstitut an den Dritten nicht auf die Forderung des Kunden zahlt, sondern mit eigenen Mitteln einen Auftrag ausführe und anschließend Aufwendungsersatz beanspruche.

846 *MüKo/Casper,* BGB, § 676 f Rn. 6 und 8.

847 Das sachliche Surrogat bleibt auch in den Händen eines Dritten geldwäschetauglich. Vgl. hierzu die nachfolgenden Ausführungen unter: 3. Kapitel) B.) III.) 1.).

848 *Bussenius,* S. 29f., überlegt, ob nach Wortlaut und Sinn und Zweck der Geldwäsche eine Strafbarkeit des Überweisungsempfängers in dieser Konstellation auch dann entfallen könne, wenn der Gegenstand, der gutgläubig zwischenerworben wurde (hier die 5.000 €€ durch die Bank) und derjenige Gegenstand, den sich der potentielle Geldwäscher später verschaffe (hier der Auszahlungsanspruch in Höhe von 2.000 €€) zwar nicht identisch, aber auf ein und dieselbe Vortat zurückzuführen seien. Diese – als „surrogationsbezogen" bezeichnete Auslegung – könne dann in Betracht kommen, wenn man für die Formulierung „*den* Gegenstand" in § 261 Abs. 6 StGB keine Identität erfordere. Nach dieser „surrogationsbedingten Auslegung" würde es für einen Strafbarkeitsausschluss gem. § 261 Abs. 6 StGB des E trotz Erwerbes des Auszahlungsanspruches ausreichen, dass ein anderes Surrogat, die eingezahlten 5.000 €€, gutgläubig zwischenerworben wurde. Im Hinblick auf den Wortlaut und den Sinn und Zweck der Geldwäsche ist aber diese Überlegung – die *Bussenius* letztlich weitgehend selbst ablehnt – nicht überzeugend. Diese „surrogationsbedingte Auslegung" würde weitgehend dem Geldwäscher zugute kommen, während § 261 Abs. 6 StGB eigentlich dem gutgläubigen Zwischenerwerber dienen soll.

In der Literatur werden hinsichtlich einer – auf *Stree* zurückgehenden – Anwendbarkeit des § 261 Abs. 2 Satz 1 StGB auf die Forderungserlangung Bedenken geäußert. Gegen die Anwendbarkeit des § 261 Abs. 2 Nr. 1 StGB auf die Forderungserlangung des Zahlungsempfängers wird vorgebracht, dass die Gutschrift auf dessen Konto ohne jedes Zutun des Begünstigten und unabhängig von dessen Willen erfolge[849]. Wenn der Empfänger die Forderung aber nicht durch ein eigenes willensgesteuertes Verhalten erhalte, sondern allein aufgrund der Handlung der Bank, so könne die Gutschrift allenfalls eine Strafbarkeit des Bankangestellten oder des Überweisenden auslösen; für eine Strafbarkeit des Überweisungsempfängers fehle es zu diesem Zeitpunkt jedoch an einem willensgesteuerten Verhalten als einer elementaren Strafbarkeitsvoraussetzung[850]. Diese Kritik kann aber nicht überzeugen. Eine Strafbarkeit des Überweisungsempfängers kommt auch nach der Auffassung *Strees* nur dann in Betracht, wenn er den Willen zum Forderungserwerb hat. Ein solcher Wille zur Annahme der Überweisung wird aber zumeist gegeben sein. Oftmals äußert der Überweisungsempfänger *zuvor* (vor der Gutschrift) einen entsprechenden Willen, einen bestimmten Betrag vom Überweisenden zu erhalten, indem er diesem beispielsweise eine Rechnung mit Kontoverbindung zukommen lässt. Spätestens aber mit der Verfügung über den erlangten Betrag (also *nach* der Gutschrift) muss der Wille des Empfängers zum Forderungserwerb angenommen werden[851]. Entscheidend für die Strafbarkeit des Überweisungsempfängers ist somit in jedem Fall, ob ein Annahmewille hinsichtlich der Überweisung vorliegt. Die Äußerung dieses Willens muss aber nicht exakt mit dem Moment der Gutschrift des Geldbetrages durch die Bank zusammenfallen, sondern kann sich auch in zeitlich voran- oder nachgehendem Verhalten manifestieren. Falls der Überweisungsempfänger weder vor noch nach der Gutschrift einen entsprechenden Willen zur Annahme der Überweisung (konkludent) äußert, entfällt eine Strafbarkeit auch nach der forderungsbezogenen Auffassung *Strees*.

Hinsichtlich einer Differenzierung zwischen den konkret eingezahlten Geldmitteln und dem Auszahlungsanspruch als in Betracht kommende tauglichen Geldwäscheobjekte wird weiterhin bemängelt, dass dies zu einer „Dopplung“ der Tathandlungen führen würde[852]. Auch wenn letztlich zugestanden wird, dass eine solche „Dopplung“ aufgrund der Weite des § 261 StGB hinzunehmen sei[853], ist die geäußerte Kritik nicht stichhaltig. Es handelt sich bei den einzelnen Handlungen vielmehr um mehrere hintereinander geschaltete Handlungen. Einzahlungsvorgang und Forderungserwerb des Überweisungsempfängers kraft Gutschrift der Bank stellen voneinander unabhängige Handlungen dar. Dies ergibt sich bereits daraus, dass die Überweisung erst aufgrund eines gesonderten Auftrages im Rahmen des bestehenden Girovertrages durchgeführt wird[854]. Eine „Dopplung“ der Tathandlung ist daher abzu-

---

849 *Bussenius,* S. 28.

850 *Bussenius*, S. 28f.

851 Ähnliche Überlegungen stellt *Bussenius,* S. 29, auch selbst an, indem sie überlegt, ob das Einlösen der Forderung nicht als Verwendung des kontaminierten Gegenstandes im Sinne des § 261 Abs. 2 Satz 2 StGB zu begreifen sei.

852 *Bussenius*, S. 28.

853 ebd.

854 Vgl. hierzu: *Staudinger/Martinek,* BGB, 2006, § 676 f Rn. 7.

lehnen. Die gegenüber der forderungsbezogenen Auslegung geäußerten Kritikpunkte sind daher nicht überzeugend.

(cc) Ergebnis

Zusammenfassend ist daher festzuhalten, dass sich bei der Vermischung von legalem und illegalem Giralgeld durch den Katalogtäter und anschließender Überweisung an einen Dritten, der Empfänger grundsätzlich wegen Geldwäsche strafbar machen kann. Entgegen vertretener Auffassungen in der Literatur[855] kann die Frage offen bleiben, ob das Kreditinstitut die eingezahlten Geldmittel gutgläubig gem. § 261 Abs. 6 StGB zwischenerworben hat[856]. Der Auszahlungsanspruch des Überweisungsempfängers jedenfalls stellt ein geldwäschetaugliches sachliches Surrogat dar, für welches der Strafbarkeitsausschluss des § 261 Abs. 6 StGB nicht eingreift. Im dem oben genannten Beispiel kommt folglich eine Strafbarkeit des E gem. § 261 Abs. 2 Satz 1 StGB aufgrund des Forderungserwerbes gegen die Bank in Höhe von 2.000 € in Betracht.

---

855 Vgl. hierzu die Ausführungen unter: 3. Kapitel) B.) II.) 2.) c) cc) (4) (a) und (b).

856 Auch wenn im Rahmen der hier erfolgten Ausführungen ein solcher Zwischenerwerb der Bank an den konkret eingezahlten Geldmittel gem. § 261 Abs. 6 StGB bejaht wurde, vgl. hierzu: 3. Kapitel) B.) II.) 2.) c) cc) (4) (d) (aa).

## III. Problemfelder zwischen sachlicher und personaler Transformation

### 1. Geldwäschetauglichkeit des sachlichen Surrogates in den Händen eines Dritten?

Ausgehend von der Geldwäschetauglichkeit des unmittelbar aus der Vortat erlangten Gegenstandes auch in den Händen Dritter[857] sowie des sachlichen Surrogates in den Händen des Vortäters[858] stellt sich im Anschluss die Frage, ob das sachliche Surrogat auch noch dann aus der Vortat „herrührt“, wenn es sich in den Händen eines Dritten befindet.

Bsp.: Der Vortäter R hat aus einem Raubüberfall 5.000 € erbeutet. Von diesem Geld erwirbt er Schmuck vom Juwelier J. Den Schmuck schenkt er seiner Ehefrau E. Das Geld behält als Ursprungsobjekt auch in den Händen des J seine Kontamination[859]; der Schmuck in den Händen des Vortäters R ist ebenfalls inkriminiert[860]. Tritt Dekontamination des Schmucks in den Händen der Ehefrau E ein?

a) Dekontamination des sachlichen Surrogates in den Händen eines Dritten

In Anlehnung an die Rechtsprechung des BGH zur Begünstigung[861] wird von Teilen der Literatur eine Geldwäschetauglichkeit des sachlichen Surrogates in den Händen Dritter abgelehnt[862]. Ein sachliches Surrogat „rührt“ dementsprechend nur dann aus der Vortat „her“, wenn es wirtschaftlich noch dem Tätervermögen zugeordnet werden kann[863]. In genanntem Beispiel müsste folglich eine Kontamination des Schmucks abgelehnt werden.

Zur Begründung führen die Vertreter dieser Auffassung an, dass weder der Wortlaut des § 261 StGB noch teleologische Gesichtspunkte eine weitreichendere Geldwäschetauglichkeit des sachlichen Surrogates erforderten[864]. Eine wirtschaftliche Isolierung des Vortäters könne auch durch diese restriktive Auslegung des Tatbestandsmerkmals „Herrühren“ erreicht werden. Anders als dauerkontaminierte Ursprungsobjekte würden Surrogate grundsätzlich erst durch eine teleologische Betrachtungsweise kontaminiert[865]. Um eine wirtschaftliche Isolierung des Vortäters zu erreichen,

---

857 Vgl. hierzu die Ausführungen unter: 3. Kapitel) B.) I.)

858 Vgl. zur grundsätzlichen Geldwäschetauglichkeit des sachlichen Surrogates in den Händen des Vortäters unter. 3. Kapitel) B.) II.) 1.).

859 Vgl. hierzu: 3. Kapitel) B.) II.) 1.)

860 Vgl. hierzu: 3. Kapitel) B.) I.).

861 Vgl. hierzu: *BGH* JR 1990, S. 478.

862 So *Leip*, S. 116, 124; *Leip/Hardtke*, S. 281 (284); *Vest*, S. 417 (429); *Großwieser*, S.78; *Gentzik*, S. 116, für das österreichische Recht mit der gleichen Problematik ebenfalls: *Klippl*, S. 140 Fn. 100.

863 So: *Leip*, S. 115; *Leip/Hardtke*, S. 281 (284); *Vest*, S. 417 (429); *Großwieser*, S. 76, 78; ähnlich auch *Gentzik*, S. 116, der darauf abstellt, dass das sachliche Surrogat für den Vortäter keinen wirtschaftlichen Nutzen mehr haben dürfe.

864 *Leip*, S. 115.

865 ebd.

müsse daher ein sachliches Surrogat in den Händen des Vortäters prinzipiell kontaminiert sein[866]. Die Annahme einer Dekontamination des sachlichen Surrogates außerhalb des Tätervermögens widerspreche einer solchen Zielsetzung aber nicht. Bei erneuter Surrogation bleibe der Vortäter nämlich wirtschaftlich isoliert, da das Surrogat für das weggegebene sachliche Surrogat infiziert werde[867]. Für eine anzunehmende Kontamination des weggegebenen Surrogates bestehe folglich kein Bedürfnis mehr, so dass in den Händen des „Geschäftspartners" lediglich eine leere Hülse verbleibe. Der katalogspezifische Vermögenswert habe ein neues „Wirtsobjekt" gefunden[868].

Auf ein Aufrechterhalten der „Papierspur" als weiteres schützenswertes Interesse im Rahmen der Geldwäsche könne hingegen in diesem Zusammenhang nicht zurückgegriffen werden. Eine Rückverfolgung personaler Transformationen erscheine nur dann sinnvoll, wenn die Ermittlungen am regelmäßig identifizierbaren Ausgangsobjekt ansetzten. Da dieses jedoch schon längst weitergewandert sei, liefe eine Verfolgung der Papierspur schon von Anfang an ins Leere[869].

b) Geldwäschetauglichkeit des sachlichen Surrogates in den Händen eines Dritten

In Einklang mit der fortbestehenden Kontamination des Ursprungsgegenstandes[870] halten es hingegen andere Vertreter in der Literatur[871] und Teile der Rechtsprechung[872] für unerheblich, in wessen Händen sich das sachliche Surrogat befindet. Das sachliche Surrogat verliere seine Bemakelung jedenfalls durch einen Inhaberwechsel nicht. Folglich würde der Schmuck in dem genannten Beispiel durch die Schenkung an die Ehefrau E nicht dekontaminiert.

Eine solche fortbestehende Kontamination des sachlichen Surrogates lasse sich einerseits aus der Vorschrift des § 261 Abs. 6 StGB entnehmen[873]. Der Wortlaut der Regelung setze nur einen „Gegenstand" voraus und könne daher auch Anwendung auf sachliche Surrogate finden. Bei einer solchen Interpretation sei eine anzunehmende Geldwäschetauglichkeit des sachlichen Surrogates aber zwingend, da die Vorschrift ansonsten obsolet sei[874]. Zudem erfordere auch die Zielsetzung einer effektiven Strafverfolgung eine solche Auslegung[875]. Entgegen der Auffassung der

---

866 Eine Kontamination des sachlichen Surrogates in den Händen des Vortäters ist aus Gründen einer gebotenen wirtschaftlichen Isolation des Vortäters anzunehmen, vgl. die Ausführungen unter: 3. Kapitel) B) II.) 1.).

867 *Leip*, S. 115.

868 *Leip*, S. 115; *Gentzik*, S. 116.

869 *Leip*, S. 115; *Leip/Hardtke*, S. 281 (284);

870 Vgl. hierzu die Ausführungen unter: 3. Kapitel) B.) I.)

871 So ausdrücklich: *MüKo/Neuheuser*, § 261 Rn. 44, 57; *NK/Altenhain*, § 261 Rn. 67; *Spiske*, S. 123; *Burr*, S. 70f.; *Egger Tanner*, S. 116f.; *Kaufmann*, S. 29; *Schroeter*, S. 327 (329); *Fahl*, S. 160 (164); *Dionyssopoulou*, S. 108f.; *Salditt*, S. 121 (123 r. Sp.); *Mehlhorn*, S. 84.

872 *OLG Karlsruhe* NJW 2005, S. 767 (769).

873 *Egger Tanner*, S. 117; *Höreth*, S. 125f.; *OLG Karlsruhe* NJW 2005, S. 767 (769).

874 Vgl. zur Problematik der Geldwäschetauglichkeit des Ursprungsgegenstandes in den Händen Dritter unter: 3. Kapitel) B.) I.).

875 *Egger Tanner*, S. 117; *Burr*, S. 71; *Höreth*, S. 126; *Dionyssopoulou*, S. 109.

Kritiker sei für eine solche nämlich nicht zwingend erforderlich, dass die Ermittlungen an dem Ursprungsgegenstand ansetzten. Eine Rekonstruktion der Vortat könne den Strafverfolgungsbehörden auch durch die Verfolgung der einzeln durchgeführten Transaktionen gelingen[876]. Das Interesse an einem Aufrechterhalten der Papierspur spreche daher für eine fortdauernde Kontamination des sachlichen Surrogates.

c) Diskussion und eigene Ansicht

Bereits auf den ersten Blick wird deutlich, dass letztgenannter Lösungsansatz den Grundstock für eine weit reichende Inkriminierung des Wirtschaftsverkehrs bilden würde. Im Hinblick auf die obigen Ausführungen zur „positiven“ Begriffsbestimmung des Tatbestandsmerkmals „Herrühren“[877] ist daher eine Abwägung zwischen den hier widerstreitenden Aspekten geboten. Im Vordergrund muss folglich einerseits die Frage stehen, ob der Schutzzweck des Geldwäschetatbestandes eine fortbestehende Kontamination des sachlichen Surrogates – zu Lasten des Wirtschaftsverkehrs – erforderlich macht. Andererseits müssen auch kriminalpolitische Erwägungen ebenso wie anerkannte Wertungen der Geldwäsche sowie anderer Anschlusstaten Mitberücksichtigung finden.

---

[876] ebd.

[877] Vgl. zur „positiven“ Begriffsbestimmung des Tatbestandsmerkmals „Herrühren“ unter: 2. Kapitel) B.) III.) 3.) b) dd).

aa) Aspekt der effektiven Strafverfolgung

Ausgangspunkt der Überlegung soll daher zunächst der Schutzzweck der Geldwäsche sein. Eine effektive Verfolgung der Vortat durch die Strafverfolgungsbehörde gebietet einerseits, dass der Vortäter wirtschaftlich isoliert wird sowie andererseits, dass die Papierspur zur Katalogtat aufrechterhalten bleibt.

Fraglich ist somit, ob bei Annahme einer Dekontamination des sachlichen Surrogates diesem Schutzzweck ausreichend Rechnung getragen wird. Im Hinblick auf die erforderliche wirtschaftliche Isolierung des Vortäters erscheint dem Sicherungsbedürfnis der Vorschrift auch dann Genüge getan zu sein, wenn man eine Bemakelung des sachlichen Surrogates vom Verbleib im Vermögen des Katalogtäters abhängig macht. Wie die restriktivere Ansicht[878] richtig ausführt, erwirbt der Vortäter bei Weggabe des sachlichen Surrogates an einen Dritten in der Regel einen anderen Gegenstand, in dem sich der der Vortat immanente Vermögenswert niederschlagen kann[879]. Da der Vortäter folglich weiterhin in Besitz kontaminierter Vermögenswerte ist, bleibt seine wirtschaftliche Isolation fortbestehen. Dem steht auch nicht das hier vorliegende Beispiel entgegen, in welchem der R von E keine Gegenleistung für den Schmuck erhalten hat. Der katalogspezifische Vermögenswert kann sich in diesem Fall zwar nicht in einem neuen „Wirtsobjekt" festsetzen, dies ist im Hinblick auf eine wirtschaftliche Isolation des Vortäters aber auch nicht notwendig. Da der R in dem genannten Beispiel gar nicht mehr im Besitz eines Vermögenswertes ist, muss er auch nicht mehr wirtschaftlich isoliert werden.

Zu erwägen ist aber, ob der Aspekt der aufrechtzuerhaltenden Papierspur zur Vortat gegen eine eintretende Dekontamination des sachlichen Surrogates spricht. Der erstgenannten Ansicht[880] ist sicherlich zuzugestehen, dass eine Strafverfolgung der Vortat dann Erfolg versprechender sein wird, wenn die Ermittlungen am infizierten Ursprungsobjekt ansetzen. Andererseits ist jedoch auch nicht von der Hand zu weisen, dass die Strafverfolgungsbehörden grundsätzlich auch durch Objekte außerhalb des Tätervermögens „den Weg zur Vortat finden (können)"[881]. Insbesondere im Hinblick auf den primär verfolgten Schutzzweck der Geldwäsche eines zu schützenden Ermittlungsinteresses der Strafverfolgungsbehörden[882] erscheint hier zunächst die Annahme einer Kontamination des sachlichen Surrogates auch außerhalb des Vermögensbereichs des Vortäters vorzugswürdig. Letztlich wird die Strafverfolgung aber immer umso effektiver sein, je „dichter" die Papierspur aufrechterhalten wird. Daher kann der Aspekt des gebotenen Aufrechterhaltens der Papierspur nicht allein entscheidungserheblich sein.

878 Vgl. die Ausführungen unter: 3. Kapitel) B.) III.) 1.) a).

879 Dass des sachliche Surrogat in den Händen des Vortäters grundsätzlich kontaminiert ist, wurde bereits festgestellt unter: 3. Kapitel) B.) II.) 1.)

880 Vgl. hierzu die Ausführungen unter: 3. Kapitel) B.) III.) 1.) a).

881 *Dionyssopoulou,* S. 109.

882 Vgl. hierzu die Ausführungen unter: 1. Kapitel) B.) IV.) 1.) c) ii) und 1. Kapitel) B.) IV.) 2.).

bb) Rückgriff auf die Rechtsprechung zur Begünstigung?

Zur Begründung einer eintretenden Dekontamination des sachlichen Surrogates in den Händen Dritter wird von den Vertretern dieser Ansicht zudem auf die gängige Rechtsprechung des BGH zur Begünstigung verwiesen[883]: Für die sachliche Begünstigung sei anerkannt, dass der Makel des Gegenstandes von dessen Verbleib im Vermögen des Vortäters abhängig sei[884]. Diese Wertung könne auch auf die Problematik der Geldwäschetauglichkeit des sachlichen Surrogates übertragen werden. Das sachliche Surrogat sei daher in den Händen eines Dritten nicht mehr bemakelt.

Fraglich ist somit, ob dieser Grundsatz auch für die Geldwäsche Gültigkeit besitzen kann. Da die sachliche Begünstigung für das taugliche Tatobjekt einen engeren Bezug zur Vortat erfordert als die Geldwäsche[885], erscheint eine Wertungsübertragung zunächst wenig überzeugend. Bei näherer Betrachtung der einschlägigen Judikatur wird nämlich deutlich, dass das Erfordernis des Verbleibes des Gegenstandes im Vermögen des Vortäters auf die erforderliche „Unmittelbarkeit" des Vortatbezuges bei der Begünstigung zurückzuführen ist. In der viel zitierten Entscheidung des BGH vom 24.10.1989[886] hatte der Vortäter betrügerisch Verrechnungsschecks erlangt, die er zunächst in Bankguthaben und später in Wertpapiere umsetzte. Nach Verkauf der Wertpapiere hob der Angeklagte das Geld bei der Bank ab und überbrachte es dem Täter persönlich. Der BGH bejahte eine Strafbarkeit wegen Begünstigung des Angeklagten mit folgender Begründung: Auch wenn die Begünstigung grundsätzlich einen „unmittelbar" aus der Vortat erlangten „Vorteil" verlange, sei hierfür keine Sachidentität erforderlich. Bei einer gebotenen „wirtschaftlichen Betrachtungsweise[887]" sei es unerheblich, in welcher Weise oder Verkörperung der geldwerte Vorteil jeweils vorhanden sei. Auch wenn der Vortäter aus vorangegangenem Betrug Verrechnungsschecks erlangt habe, ginge durch den erfolgten Umtausch in Bargeld die „Unmittelbarkeit" nicht verloren. Das Merkmal der „Unmittelbarkeit" erfordere nur, dass der Vortäter den Vorteil zu dem Zeitpunkt noch selbst innehaben müsse, in dem der Hilfe Leistende tätig werde[888]. Da die Vorschrift auch die Restitutionsaussichten des Opfers verbessern wolle, müsse jedes Verhalten des Täters unter Strafe gestellt werden, durch welches ein Entziehen des durch die Vortat beim Vortäter erlangten Vorteils erreicht würde. Eine solche Erschwerung sei aber bereits dann anzunehmen, wenn der Vorteil dem „Machtbereich" des Vortäters entzogen werde.

Im Hinblick darauf, dass die zitierte Rechtsprechung zum erforderlichen Verbleib des Gegenstandes im Vermögen des Vortäters allein auf die Voraussetzung der „Unmittelbarkeit" bei § 257 StGB zurückzuführen ist, ist eine Wertungsübertragung

---

[883] So insbesondere: *Leip*, S. 115; *Leip/Hardtke*, S. 281 (284).

[884] *BGHSt* 24, 166 = NJW 1971, S. 1572 = JR 1972, S. 69; *BGH* NJW 1985, S. 814; *BGH* JR 1990, S. 478ff. = *BGHSt* 36, S. 277.

[885] Die Begünstigung erfordert „Unmittelbarkeit", vgl. 1. Kapitel) B.) IV.) III.) 1.) b).

[886] *BGH* JR 1990, S. 478ff. Vgl. zu diesem Urteil bereits bei den Ausführungen zum sachlichen Surrogat unter: 3. Kapitel) B.) II.) 1.).

[887] Wobei das Erfordernis einer solchen „wirtschaftlichen Betrachtungsweise" im Rahmen des § 257 StGB wiederum von der im konkreten Fall vorliegenden Vortat abhängig sein soll, vgl. hierzu die Ausführungen unter: 3. Kapitel) B.) II.) 1.).

[888] *BGH* JR 1990, S. 478 (478).

auf den Tatbestand der Geldwäsche nicht überzeugend. Dieses Ergebnis wird schließlich auch bestärkt durch das Schutzgut der Begünstigung. Vor dem Hintergrund, dass § 257 StGB das Vereiteln der Herstellung des gesetzmäßigen Zustandes verhindern soll[889], ist die Beschränkung auf solche Gegenstände, die sich im Machtbereich des Vortäters befinden, plausibel. Befindet sich der erlangte Vorteil nämlich sowieso schon außerhalb des Vermögens des Vortäters, dann kann der gesetzmäßige Zustand – unabhängig von einem Eingriff eines Dritten – nur noch schwer hergestellt werden. Es besteht daher kein hohes Strafbarkeitsbedürfnis für einen potentiellen Begünstiger mehr. Anderes gilt jedoch für die Geldwäsche. Das Schutzgut des allgemeinen Ermittlungsinteresses der Strafverfolgungsbehörden erfordert – im Gegenteil – eine möglichst weit reichende Kontamination von Surrogaten.

cc) Kriminalpolitische Wertungen

In Erwägung zu ziehen sind zudem kriminalpolitische Erwägungen. Die Vertreter der restriktiven Auffassung betonen, dass es auch bei Annahme eintretender Dekontamination zu keinen unerwünschten Strafbarkeitslücken komme[890]. Solche Strafbarkeitslücken entstünden selbst in den Fällen Organisierter Kriminalität nicht. Zwar sei es im Rahmen der Organisierten Kriminalität nicht selten, dass der konkrete Katalogtäter seine Taterlöse einem übergeordneten Entscheidungsträger gebe und selbst eine Art „Festgehalt“ beziehe. Aber selbst, wenn sich somit die Surrogate oftmals außerhalb des Tätervermögens befinden, bestünden keine kriminalpolitischen Bedenken. Ausgehend von einer aktiv handelnden „kriminellen Vereinigung“ erscheint dies zunächst plausibel. In den Fällen, in denen der Geldwäscher selbst Mitglied einer kriminellen Vereinigung ist, stellt der Umgang mit bemakelten Gegenständen eine weitere Katalogtat dar. Diese Vortat kann dann Anknüpfungspunkt einer neuen Bemakelungskette sein[891]. Solange der Gegenstand im Bereich der „kriminellen Vereinigung“ verbleibt, ist eine restriktive Betrachtung des Tatbestandsmerkmal „Herrühren“ somit unschädlich[892].

Dem ist jedoch entgegenzusetzen, dass auch im Rahmen der Organisierten Kriminalität das Vorliegen einer „kriminellen Vereinigung“ die Ausnahme sein wird. Die rechtlichen Anforderungen an eine solche sind nämlich sehr hoch. Erforderlich ist ein auf eine gewisse Dauer ausgerichteter organisatorischer Zusammenschluss einer Anzahl von Personen, die bei der Unterordnung des Willens des Einzelnen gemeinsame Zwecke verfolgen und sich untereinander als einheitlicher Verband fühlen[893]. Insbesondere ist von Bedeutung, dass sich die Mitglieder einem gemeinsam gebildeten Gesamtwillen – gerade nicht nur einem autoritären Führungsstil einer einzelnen Person – unterwerfen[894]. Zudem ist es für die Annahme einer „kriminellen Vereinigung“ unerlässlich, dass eine Teilorganisation im Bundesgebiet unterhalten wird[895]

889 *Fischer,* § 257 Rn. 1.
890 *Leip,* S. 116f.
891 *Leip,* S. 117.
892 ebd.
893 *Lenckner/Sternberg-Lieben* in *Schönke/Schröder,* § 129 Rn. 4.
894 ebd.
895 *Lenckner/Sternberg-Lieben* in *Schönke/Schröder,* § 129 Rn. 4a.

und nicht nur Bagatelldelikte begangen werden[896]. Neben diesen hohen rechtlichen Voraussetzungen darf zudem nicht vernachlässigt werden, dass der prozessuale Nachweis des Bestehens einer „kriminellen Vereinigung“ oftmals sehr schwierig sein wird. Folglich wird häufig im Rahmen Organisierter Kriminalität eine „kriminelle Vereinigung“ entweder in rechtlicher Hinsicht nicht vorliegen oder sich aber eine solche prozessual nicht nachweisen lassen. Das Entstehen weit reichender Strafbarkeitslücken ließe sich folglich bei der Annahme einer eintretenden Dekontamination des sachlichen Surrogates außerhalb des Tätervermögens kaum vermeiden[897].

d) Ergebnis

Das sachliche Surrogat verliert seine Geldwäschetauglichkeit auch außerhalb des Vermögens des Vortäters nicht. Bei einer gebotenen „positiven“ Begriffsbestimmung[898] sind mehrere Aspekte gegeneinander abzuwägen. Zwar erfordert die Zielsetzung einer wirtschaftlichen Isolation des Vortäters eine fortbestehende Kontamination nicht. Neben dem – sicherlich nicht primär ausschlaggebenden – Aspekt eines gebotenen Aufrechterhaltens der Papierspur sprechen kriminalpolitische Erwägungen für die Geldwäschetauglichkeit des sachlichen Surrogates. Letztlich darf auch nicht vernachlässigt werden, dass die von der Gegenansicht herangezogene Rechtsprechung zur Begünstigung m. E. nicht überzeugend auf die Geldwäsche übertragen werden kann. Die Judikatur zu § 257 StGB basiert nämlich auf dem im Rahmen der Begünstigung erforderlichen „unmittelbaren“ Vorteil. In dem hier vorliegenden Beispiel bleibt daher der Schmuck auch in den Händen der E bemakelt.

---

896 *Lenckner/Sternberg-Lieben* in *Schönke/Schröder*, § 129 Rn. 6.

897 Anders aber *Leip*, S. 117, der auch bei einer nicht in Betracht kommenden „kriminellen Vereinigung“ – einer so genannten „Zellenorganisation“ – die Gefahr weitreichender Strafbarkeitslücken für nicht so erheblich hält, da als *„unmittelbar“* durch die Katalogtat kontaminierte Gegenstände nicht nur die Früchte der Tat, sondern auch das Tatentgelt anzusehen seien.

898 Vgl. zur „positiven“ Begriffsbestimmung des Tatbestandsmerkmals „Herrühren“ unter: 2. Kapitel) B.) III.) 3.) b) dd).

## 2. Die Problematik der „Vervielfältigung“ des sachlichen Surrogates

Noch weitaus ungeklärter als die Frage der Geldwäschetauglichkeit des sachlichen Surrogates in den Händen Dritter ist die sich anschließende Problematik der „Vervielfältigung“. Auch wenn – nach der hier vertretenen Auffassung[899] – das sachliche Surrogat in den Händen eines Dritten seine Bemakelung nicht grundsätzlich verliert, ist doch fraglich, ob eine solche auch dann noch fortbesteht, wenn das Surrogat wiederum durch ein neues Surrogat ersetzt wird. Während es im Rahmen des aus der Vortat stammenden Ursprungsobjektes unstreitig ist, dass dieses dauerhaft bemakelt bleibt[900], ist die Problematik für das sachliche Surrogat weit weniger klar. Denkbar ist einerseits, dass es ebenfalls beständig kontaminiert bleibt oder aber, dass jeweils nur dem letzten „Austauschobjekt“ – außerhalb des Vermögens des Vortäters – ein Makel anhaftet. Verdeutlicht werden soll dies zunächst an einem Beispiel:

Bsp.: Der Vortäter R hat wiederum 5.000 € aus einem vorangegangenen Raub erbeutet. Hiervon kauft er beim Autohändler A seiner Ehefrau E einen gebrauchten Kleinwagen. Da dieser der Wagen aber nicht gefällt, tauscht sie diesen bei ihrer Freundin F gegen eine Golduhr ein. Ist nur die Golduhr bemakelt oder ebenfalls der an die F weitergegebene Kleinwagen?

Geht man von einer dauerhaften Bemakelung des sachlichen Surrogates aus, kann jedes einzelne „Ersatzobjekt“ wiederum eine Vielzahl neuer Bemakelungsketten auslösen. Letztlich würde dies in kurzer Zeit zu einer weitläufigen Inkriminierung der Wirtschaft führen. Eine „explosionsartige“ Vervielfachung schmutziger Gegenstände wäre dann die unvermeidbare Folge. Für das genannte Beispiel würde dies bedeuten, dass sowohl Golduhr als auch Kleinwagen als kontaminiert anzusehen wären. Neben E könnte sich auch F wegen Geldwäsche strafbar machen. Bei erneutem Umtauschvorgang würden neben diese geldwäschetauglichen Gegenstände noch zwei weitere hinzutreten. Eine exponentielle Vervielfältigung von bemakelten Wirtschaftsgütern wäre somit unumgänglich.

Fraglich ist daher, ob die Gefahr einer Lahmlegung des Wirtschaftsverkehrs aufgrund einer ausufernden Vervielfältigung bemakelter Gegenstände hinzunehmen ist. Während sich die Rechtsprechung bislang zu dieser Problematik nicht geäußert hat[901], wird die Frage in der Literatur unterschiedlich beantwortet[902].

---

[899] Vgl. die Ausführungen unter: 3. Kapitel) B.) III.) 1.).

[900] Vgl. hierzu die Ausführungen zur personalen Transformation unter: 3. Kapitel) B.) I.).

[901] So hat das *OLG Karlsruhe* NJW 2005, S. 767 (769), die Problematik zwar angesprochen, konnte eine Entscheidung jedoch offen lassen, da es sich bei den für die Entscheidung relevanten Vermögensgegenständen um solche handelte, die am Ende einer Transformationskette standen.

[902] Für eine „Vervielfältigung“ des sachlichen Surrogates: *Dionyssopoulou*, S. 108f.; *Spiske*, S. 123f.; *Burr*, S. 68ff.; *Fahl*, S. 160 (164); gegen eine „Vervielfältigung“: *NK/Altenhain*, § 261 Rn. 81; *Leip*, S. 114ff.; *Leip/Hardtke*, S. 281 (284); *Salditt*, S. 121 (124).

a) Dauerhafte Bemakelung des sachlichen Surrogates?

aa) Der Aspekt der effektiven Strafverfolgung

Ebenso wie bei der Frage nach der grundsätzlichen Geldwäschetauglichkeit des sachlichen Surrogates[903] wird für eine dauerhafte Bemakelung oftmals das zu sichernde Interesse an einer effektiven Strafverfolgung angeführt[904]. Eine Rekonstruktion der Vortat könne auch durch das Einwirken auf solche Gegenstände erschwert werden, die bereits einen mehrmaligen Umtauschvorgang außerhalb des Tätervermögens durchlaufen hätten. In gleicher Weise wie bei der vorangegangenen Problematik ist aber auch hier zu berücksichtigen, dass der Aspekt der effektiven Strafverfolgung letztlich immer für eine Bemakelung des zu untersuchenden Gegenstandes sprechen würde[905]. Insofern muss dieser Punkt näher untersucht werden. Ruft man sich die Überlegungen zur Frage einer möglichen Geldwäschetauglichkeit des sachlichen Surrogates in den Händen des Dritten in Erinnerung, stellen sich insbesondere Bedenken hinsichtlich der Zielsetzung der wirtschaftlichen Isolierung des Vortäters ein. Bereits im Rahmen der obigen Ausführungen[906] wurde festgestellt, dass eine wirtschaftliche Isolation des Vortäters auch dann erreicht wird, wenn das sachliche Surrogat nur im Vermögen des Vortäters inkriminiert ist. Argument für diese restriktive Auslegung war, dass der Katalogtäter für das weggegebene Surrogat einen neuen Gegenstand erhält, der den kontaminierten Vermögenswert der Vortat in sich trägt[907]. Wenn eine wirtschaftliche Isolation des Vortäters aber selbst in diesem Fall erreicht wird, kann für eine solche erst recht nicht eine fortdauernde Bemakelung des sachlichen Surrogates notwendig sein. Selbst wenn in dem genannten Beispiel weder der Kleinwagen *noch* die Golduhr kontaminiert wären, bliebe R als Vortäter wirtschaftlich isoliert.

Anderes ist hinsichtlich der Zielsetzung eines Aufrechterhaltens der Papierspur denkbar. So kann einerseits nicht abgestritten werden, dass auch „vervielfältigte" sachliche Surrogate den Ermittlungsbehörden stichhaltige Anhaltspunkte für die Aufklärung der Vortat liefern können. Andererseits werden diese umso weniger zur Strafverfolgung beitragen können, je mehr Umtauschvorgänge seit der Vortat stattgefunden haben. Daher kann nicht die Kontamination eines noch so weit von der Vortat „entfernten" Gegenstandes mit dem Argument begründet werden, dass dies im Hinblick auf ein Aufrechterhalten der Papierspur geboten sei. Vor diesem Hintergrund sind auch die Forderungen von Vertretern in der Literatur zu verstehen, dass für eine anzunehmende Kontamination eines sachlichen Surrogates ein „direkter" Bezug zur Vortat erforderlich sei[908]. Ein solcher „direkter" Bezug könnte in dem vorliegenden Beispiel für die Golduhr zwar noch bejaht werden, für das „vervielfältigte" Surrogat des Kleinwagens ist er aber sicherlich abzulehnen. Hinsichtlich des Aspektes einer

903 Vgl. hierzu: 3. Kapitel) B.) III.) 1.).

904 *Dionyssopoulou,* S. 108f. *Burr,* S. 71.

905 Vgl. hierzu: 3. Kapitel) B.) III.) 1.) c).

906 ebd.

907 Dass das sachliche Surrogat in den Händen des Vortäters grundsätzlich inkriminiert ist, wurde bereits unter: 3. Kapitel) B.) II.) 1.) festgestellt.

908 So beispielsweise: *Egger Tanner,* S. 118.

effektiven Strafverfolgung kann somit festgehalten werden, dass dieser eine dauerhafte Kontamination des sachlichen Surrogates nicht erfordert. Je weiter sich das sachliche Surrogat von der Vortat entfernt hat, desto weniger kann den Strafverfolgungsbehörden durch ein Verfolgen dessen Spur noch eine Aufdecken der Vortat gelingen. In Anbetracht der geringen Wirkung einer dauerhaften Kontamination sachlicher Surrogate für eine effektive Strafverfolgung kann diese gegenüber den negativen Folgen einer zu befürchtenden Blockade des Wirtschaftsverkehrs zurückstehen.

bb) Kriminalpolitische Erwägungen

Zu überlegen ist aber weiterhin, ob eine dauerhafte Bemakelung des sachlichen Surrogates im Hinblick auf anderenfalls entstehende Strafbarkeitslücken zu fordern ist. Dies erscheint insbesondere deswegen nicht vernachlässigbar, weil eine Beschränkung der Geldwäschetauglichkeit auf sachliche Surrogate im Vermögen des Vortäters gerade im Hinblick auf diese kriminalpolitischen Erwägungen abgelehnt wurde[909]. Dieser Punkt ist daher näher zu untersuchen.
Im Rahmen des alltäglichen Geschäftsverkehrs erscheinen zunächst keine zu vermeidenden weit reichenden Strafbarkeitslücken zu entstehen, wenn man eine dauerhafte Bemakelung des sachlichen Surrogates ablehnt. Dies wird anhand folgenden Beispiels deutlich: Bei einer fortdauernden Kontamination des Surrogates könnte sich neben der E zwar auch die F durch den Erwerb des Kleinwagens wegen Geldwäsche strafbar machen. Für eine solche Strafbarkeit der F besteht aber m. E. kein Bedürfnis. Einerseits hat die F den Kleinwagen als Gegenleistung für die übergebene Golduhr erlangt. Der Erwerb des PKW ist somit eher auf einen „geschäftsüblichen Vorgang" als auf die Katalogtat zurückzuführen. Zudem besteht zwischen F und Vortäter R aber auch kein „direkter Bezug" mehr, der ein Strafbarkeitsbedürfnis begründen könnte. Bei „geschäftsüblichem" Erwerb des sachlichen Surrogates von einem Dritten besteht folglich also kein zwingendes Strafbarkeitsbedürfnis[910].

Anders könnte sich die Lage allerdings im Rahmen der Organisierten Kriminalität darstellen. Würde hier bereits nach einmaligem Erwerbsvorgang des sachlichen Surrogates die Bemakelungskette abreißen, dann wäre – wie bereits oben festgestellt[911] – einer Missbrauchsmöglichkeit „Tür und Tor" geöffnet. Die Mitglieder einer organisierten Gruppe könnten gezielt zum Vorteil des Vortäters zusammenwirken ohne Gefahr laufen zu müssen, sich wegen Geldwäsche strafbar zu machen. Bedenklich ist aber, ob diese Missbrauchsgefahr ausreichend sein kann, um eine generelle Dauerbemakelung des sachlichen Surrogates anzunehmen. Schließlich würde dies die Gefahr einer weitgehenden Blockade des Wirtschaftsverkehrs in sich bergen.

Einen überzeugenden „Kompromiss" stellt daher der Lösungsansatz *Salditts*[912] dar. Während er den Erwerb eines sachlichen Surrogates im Rahmen eines „geschäftsüb-

---

909 Vgl. hierzu: 3. Kapitel) B.) III.) 1.) c).

910 So auch: *Salditt*, S. 121 (124); *Höreth*, S. 121.

911 Vgl. hierzu die Ausführungen unter: 3. Kapitel) B.) III.) 1.) c).

912 *Salditt*, S. 121 (123f.).

lichen“ Vorgangs für nicht strafbedürftig hält, bestehe ein zwingendes Strafbedürfnis dann, wenn Glieder der Organisierten Kriminalität dolos zum Vorteil des Vortäters zusammenwirken[913]. In einem solchen Fall liege der „Rechtsgrund“ der Weitergabe des Surrogates in einem gezielten Zusammenwirken und nicht in einem „geschäftsüblichen“ Vorgang. Aus diesem Grund müsse für den Fall bestehender „verschleiernder Manipulationen[914]“ zwischen den Gliedern einer solchen Gruppierung der Makel am sachlichen Surrogat weiterhin fortbestehen.

b) Ergebnis

Weder der Schutzzweck der Geldwäsche noch kriminalpolitische Erwägungen sprechen letztlich also zwingend für eine dauerhafte Kontamination des sachlichen Surrogates. Zwar wäre es in kriminalpolitischer Hinsicht bedenklich, wenn in der Konstellation des kollusiven Zusammenwirkens von Mitgliedern der Organisierten Kriminalität eine Strafbarkeit des Einzelnen entfallen müsste. Trotz gezielt durchgeführter Transaktionen wäre eine Geldwäschetauglichkeit des sachlichen Surrogates abzulehnen. Aus diesem Grund kann in der Konstellation von bewusst durchgeführten Manipulationen – in Einklang mit der Ansicht *Saldítts*[915] – ausnahmsweise eine fortdauernde Bemakelung des sachlichen Surrogates angenommen werden. In einem solchen Fall ist es gerechtfertigt, das sachliche Surrogat „praktisch verkehrsunfähig“ zu halten. Dies ändert jedoch nichts an dem Grundsatz, dass bei einer Abwägung wirtschaftlicher Aspekte mit Gesichtspunkten des Schutzzweckes und solchen der Kriminalpolitik geboten ist, eine Dauerbemakelung des sachlichen Surrogates abzulehnen. Außerhalb des Tätervermögens ist daher grundsätzlich immer nur das letzte „Austauschobjekt“ noch kontaminiert.

### 3. „Die den Vortäter isolierenden Transaktionen“

Eine weitere Problematik zwischen sachlicher und personaler Transformation stellt folgende Konstellation dar:

Bsp.: Der Vortäter R hat das aus dem Raub erlangte Geld in Beteiligungen an Kapital- oder Personengesellschaften angelegt. Die zunächst gutgläubigen Mitgesellschafter erkennen im weiteren Verlauf die wahre Herkunft des investierten Geldes des R. Können sich die Mitgesellschafter wegen Geldwäsche strafbar machen, wenn sie dem R die Gesellschaftsanteile abkaufen?

Unstreitig sind die Gesellschaftsanteile als sachliche Surrogate des aus der Vortat Erlangten geldwäschetaugliche Gegenstände[916]. Unter Berücksichtigung des Aspektes, dass sachliche Surrogate ihre Geldwäschetauglichkeit auch grundsätzlich nicht in

[913] *Salditt,* S. 121 (124); diesem folgend: *Höreth,* S. 121.
[914] *Salditt,* S. 121 (124).
[915] *Salditt,* S. 121 (123f.).
[916] Vgl. die grundsätzlichen Ausführungen zur sachlichen Surrogate unter: 3. Kapitel) B.) II.) 1.).

den Händen Dritter verlieren[917], erscheint eine Strafbarkeit der erwerbenden Mitgesellschafter wegen Geldwäsche zunächst in Betracht zu kommen. Mit der Begründung, dass mit einem Abkauf der Gesellschaftsanteile das genaue Gegenteil einer Förderung des Vortäters erreicht werde, wird in der Literatur jedoch zum Teil eine Dekontamination der Anteile angenommen[918]. So führt insbesondere *Salditt*[919] an, dass bei Annahme einer fortbestehenden Kontamination Wertungswidersprüche entstünden. Durch den Erwerb der Anteile werde der Vortäter nämlich „isoliert". Da folglich durch die Transaktion eine Zielsetzung des Geldwäschetatbestandes – die Isolierung des Vortäters – erfüllt werde, müsse eine Inkriminierung der Anteile gerade entfallen. Der Gesetzeszweck werde hierdurch eher erfüllt als verletzt[920]. Folglich könnten sich die Mitgesellschafter wegen Geldwäsche nicht strafbar machen. Wäre es ihnen nämlich nicht gestattet, den Anteil des Vortäters anzukaufen, dann müssten sie mit dem Vortäter gezwungenermaßen verbunden bleiben.

Fraglich ist jedoch, ob dieser Auffassung zu folgen ist. Einerseits kann der Ansicht zwar insoweit zugestimmt werden, dass eine wirtschaftliche Isolation des Vortäters eintritt. Dies steht aber nur mittelbar in Zusammenhang mit dem Erwerb der Unternehmensanteile durch die Mitgesellschafter. Vielmehr tritt eine solche durch die Gegenleistung ein, die der Vortäter regelmäßig als finanziellen Ausgleich für die Anteile von den Erwerbern erhalten wird. Dieses sachliche Surrogat in den Händen des Vortäters ist nämlich grundsätzlich kontaminiert[921], so dass der Katalogtäter wirtschaftlich isoliert wird. Die von ihm zunächst erworbenen Unternehmensanteile unterliegen an sich einer Inkriminierung[922]. Da er aber durch die inkriminierten Unternehmensanteile auch Einfluss auf das nur teilkontaminierte Gesamtunternehmen[923] nehmen kann, tritt erst durch den Erwerb der Unternehmensanteile durch die Mitgesellschafter (insbesondere durch die an den Vortäter erbrachte Gegenleistung) eine vollständige Isolation dessen ein.

Bedenklich ist die Ansicht jedoch hinsichtlich des Arguments, dass die Mitgesellschafter sich anderenfalls nicht von dem kriminellen Gesellschafter trennen könnten. Vielmehr steht diesen doch selbstverständlich auch der Weg offen, dies den Strafverfolgungsbehörden anzuzeigen. Ist der Anteil nachweisbar inkriminiert, dann kann dieser für verfallen erklärt werden. Der kriminell auffällig gewordene Mitgesellschafter wird somit erfolgreich aus der Gesellschaft ausgeschlossen. Jedenfalls stellt der Erwerb der inkriminierten Anteile keinesfalls die einzige Möglichkeit dar, sich vom Vortäter zu trennen.

Nach den vorangegangenen grundsätzlichen Ausführungen zur Geldwäschetauglichkeit des sachlichen Surrogates außerhalb des Vermögens des Vortäters[924] sind die

---

[917] Vgl. hierzu die Ausführungen unter: 3. Kapitel) B.) III.) 1.).

[918] Vgl. hierzu: *Salditt*, S. 121 (124); *Höreth*, S. 121f.

[919] *Salditt*, S. 121 (124).

[920] ebd.

[921] Vgl. hierzu: 3. Kapitel) B.) II.) 1.).

[922] Vgl. zu den Unternehmensanteilen an sich bereits unter: 3. Kapitel) B.) II.) 2.) c) bb) (1).

[923] Vgl. zu dem teilkontaminierten Gesamtunternehmen unter: 3. Kapitel) B.) II.) 2.) c) bb) (1).

[924] Vgl. hierzu: 3. Kapitel) B.) II.) 1.) und 2.).

von den Mitgesellschaftern erworbenen Unternehmensanteile mögliche Tatobjekte der Geldwäsche. Gründe für eine gebotene Ablehnung der Strafbarkeit der Mitgesellschafter sind nicht ersichtlich. Diese können sich somit durch den Erwerb der kontaminierten Gesellschaftsanteile grundsätzlich der Geldwäsche strafbar machen.

## 4. Kapitel: Schlussbetrachtung

### A. Geldwäsche im Bereich neuer Zahlungstechniken – Ein neues Problem im Gewand bekannter materiellrechtlicher Probleme

In den letzten Jahren häufen sich Beiträge aus der Literatur zur Thematik aktueller Geldwäscherisiken im Bereich neuer Zahlungstechniken[925]. Dass der nationale wie auch der europäische Gesetzgeber die Risiken des elektronischen Zahlungsverkehrs für die Geldwäsche als erheblich eingestuft hat, zeigen die Neuerungen der letzten Jahre. Während auf europäischer Ebene der Erlass der E-Geld-Institut Richtlinie 2000/46/EG und Richtlinie 2000/28/EG vom 18.09.2000 zu nennen sind, sah der nationale Gesetzgeber ebenfalls eine wachsende Geldwäschegefahr in der Nutzung elektronischen Geldes. So wurde durch das Geldwäschebekämpfungsgesetz vom 15.08.2002 das elektronische Geld i. S. d. § 1 Abs. 14 KWG dem Bargeld gleichgestellt (§ 1 Abs. 7 GWG). Zudem regte man auch die Entwicklung adäquater interner Sicherungssysteme an, vor allem den Einsatz von softwarebasierten Research- und Monitoringsystemen sowie eine Schwellenwertidentifizierung auch bei der „Annahme“ elektronischen Geldes.

Selbst wenn die tatsächlichen Risiken dieser neuen Zahlungsmethoden erheblich sein mögen, lässt sich in materiellrechtlicher Hinsicht die Geldwäschestrafbarkeit durch die Nutzung beispielsweise elektronischen Geldes ohne größere Probleme mit den bisherigen Ausführungen begründen. Als Abschluss der Ausführungen zur Auslegung des Tatbestandsmerkmals „Herrühren“ soll daher eine denkbare Konstellation bestehenden Geldwäscherisikos durch elektronisches Geld näher untersucht und aufgezeigt werden, dass sich auch diese Problematik mit den allgemeinen Überlegungen lösen lässt.

Bsp.: Die Drogenorganisation X hat Probleme mit der Einspeisung ihres „schmutzigen“ Geldes in den Finanzkreislauf. Die Einnahmen kommen in erster Linie aus dem Straßenverkauf von Drogen. Um das aus den Drogengeschäften stammende Geld in den Wirtschaftskreislauf einzuführen, wählt die Drogenorganisation X folgende Vorgehensweise: Zunächst wird das E-Commerce-Geschäft Y gegründet, welches CDs und Bücher gegen elektronisches Geld versendet. Dieses E-Commerce-Geschäft existiert auch tatsächlich. Es werden mehrere nicht eingeweihte Personen für die Beschaffung und den Versand der Ware eingestellt. Selbst der Geschäftsführer hat keine Kenntnis davon, dass es sich um einen „Geldwäschebetrieb“ handelt. Wenn ein Kunde CDs oder Bücher bestellt, dann bekommt er diese auch tatsächlich zugeschickt. Die Drogendealer der Organisation X tauschen jeden Morgen die Einkünfte des vergangenen Tages bei einem E-Geld Emittenten gegen anonym verwendbares E-Geld ein. Anschließend analysiert ein Computerprogramm, wie viel Cypermoney momentan in der virtuellen Geldbörse ist und konstituiert daraus die Online-Bestellung von CDs und Büchern bei der Firma Y, so dass das vorhandene E-Geld

[925] Vgl. beispielsweise: *Rederer*, S. 261; *Findeisen*, S. 107; *Hetzer*, ZRP 2002, S. 407.

der Organisation X möglichst komplett aufgebraucht wird. Das Programm gestaltet die Bestellung so, dass statt einer großen Bestellung viele kleine Orders mit geringen E-Geld Einheiten versendet werden. Die Bestellungen werden dann in E-Mails verpackt, mit kryptographischen Methoden verschlüsselt und jeden Morgen automatisch zur Firma Y geschickt. Der Gateway-Rechner der Firma Y kann jedoch zwischen echten und vorgetäuschten Bestellungen differenzieren und unterscheidet daher so, dass nur die wirklichen Bestellungen auf den Bildschirmen der Mitarbeiter der Firma Y erscheinen. Scheinbestellungen hingegen werden an einen Computer extern geschickt. Dieser entschlüsselt die E-Mails und entnimmt ihnen das E-Geld. Dieses E-Geld wird daraufhin wieder als neue Bestellung getarnt und an ein Internetkaufhaus der Organisation X, das Kaufhaus Z, geschickt. Die darin enthaltene E-Geld-Währung wird hier mit den legalen Einkünften aus E-Commerce vermischt und offiziell bei einer Bank gegen Euro getauscht und auf das Konto der Organisation X gutgeschrieben. [926]

Was unter dem Begriff des E-Geld[927] zu verstehen ist, wird nicht einheitlich beantwortet[928], bedarf aber für die Frage der Geldwäschetauglichkeit keiner weiteren Differenzierung. Das E-Geld stellt nämlich zweifelsfrei ein geldwäschetaugliches Objekt dar. Die Organisation X als Vortäter erhält diese wirtschaftliche Wertposition als sachliches Surrogat für die aus der Vortat stammenden Drogengelder. Surrogate in den Händen der Vortäter sind jedoch nach den vorangegangenen Ausführungen zweifelsfrei inkriminiert[929].

Fraglich ist aber im Anschluss, was mit dem sachlichen Surrogat des E-Geldes geschieht, wenn es in die Hände des E-Commerce betreibenden Geschäftes Y gelangt. Da das Unternehmen Y wirtschaftlich von der Organisation X gesteuert wird, ist bereits zweifelhaft, ob das E-Geld überhaupt in den Machtbereich eines „Dritten" gelangt ist. Schließlich haben die dort tätigen Angestellten sowie selbst der Geschäftsführer von den vorangegangenen Betäubungsmittelgeschäften der Organisation X gar keine Kenntnis. Letztlich kommt es aber auf die Frage, ob das Unternehmen Y als

---

[926] Beispiel nach: *Rederer*, S. 261f.

[927] Gebräuchlich sind auch die Begriffe „Cypermoney", „digitales Geld", „elektronisches Geld", „Computergeld", die im Ergebnis identisch sind.

[928] So sind drei unterschiedliche Definitionen geläufig: 1. Die Europäische Zentralbank definiert elektronisches Geld als eine auf einem Medium elektronisch gespeicherte Werteinheit, die allgemein genutzt werden kann, um Zahlungen an Unternehmen zu leisten, die nicht die Emittenten sind. Dabei erfolgt die Transaktion nicht notwendigerweise über Bankkonten, sondern die Werteinheiten auf dem Speichermedium fungieren als vorausbezahltes Inhaberinstrument (EZB, Bericht über elektronisches Geld, August 1998).
2. Gemäß Art. 1 der Richtlinie 2000/46 EG bezeichnet elektronisches Geld einen Geldwert in Form einer Forderung gegen die ausgebende Stelle, der erstens auf einem Datenträger gespeichert ist, zweitens, gegen Entgegennahme eines Geldbetrages ausgegeben wird, dessen Wert nicht geringer ist als der monetäre Wert und drittens von anderen Unternehmen als der ausgebenden Stelle als Zahlungsmittel akzeptiert wird.
3. Die Deutsche Bundesbank hingegen versteht unter elektronischem Geld Speicherkartengeld und Netzgeld (Zahlungseinheiten in Rechnernetzen). Darunter sind Guthaben in elektronischer Form auf einem beweglichen oder unbeweglichen Speicher zu verstehen, die unmittelbar als Zahlungsmittel selbst zur Erfüllung von Zahlungspflichten eingesetzt werden können (Deutsche Bundesbank, Monatsbericht März 1997).

[929] Vgl. hierzu die Ausführungen unter: 3. Kapitel) B.) II.) 1.).

„Dritter“ zu qualifizieren ist, nicht an. Ist Y rechtlich noch der Organisation X zuzuordnen, dann bleibt das E-Geld unproblematisch geldwäschetauglich, da es sich noch im Machtbereich des Vortäters befindet[930]. Aber selbst, wenn man Y eine rechtliche Unabhängigkeit von X zuweisen möchte, würde dies an der Geldwäschetauglichkeit des E-Geldes nichts ändern. Nach der hier vertretenen Auffassung[931] bleibt das sachliche Surrogat nämlich auch in den Händen eines „Dritten“ geldwäschetauglich. Einer fortbestehenden Inkriminierung des E-Geldes im Bereich des E-Commerce-Geschäftes Y steht auch nicht eine Vermischung von legalem und illegalem Geld entgegen. Abgesehen davon, dass dies – nach der hier vertretenen Ansicht zur vergleichbaren Problematik der Vermengung von Giralgeld – zu einer anteiligen Bemakelung der Gesamtsumme führen würde[932], findet eine solche Vermischung in dem hier vorliegenden Fall nicht statt. Der Gateway-Computer des Unternehmens Y trennt sofort die echten Bestellungen von den Scheinbestellungen.

Auch durch die Weiterleitung des inkriminierten E-Geldes an das Kaufhaus Z geht die Kontamination des E-Geldes nicht verloren. Ebenso wie bei dem E-Commerce-Geschäft Y liegt zum einen die wirtschaftliche Zugehörigkeit zur „Vortäter-Organisation“ X nahe. Aber selbst wenn man auch für das Kaufhaus Z die Unabhängigkeit von X bejahen wollte, müsste man die Geldwäschetauglichkeit des E-Geldes weiterhin annehmen. Geht man – entgegen dieser Auffassung – von der „Vervielfältigung“ sachlicher Surrogate[933] aus, ist dies selbstverständlich. Aber auch, wenn man nur für das letzte „Austauschobjekt“ außerhalb des Tätervermögens die Tatobjektseigenschaft für gegeben ansieht, reißt hier die Bemakelungskette ausnahmsweise nicht ab. Folgt man der überzeugenden Ansicht *Salditts*, entfällt auch für ein ersetztes sachliches Surrogat die Geldwäschetauglichkeit dann nicht, wenn die Mitglieder einer organisierten Gruppe dolos zugunsten des Vortäters zusammenwirken[934]. Das ausgetauschte Surrogat ist dann nämlich nicht auf einen „geschäftsüblichen“ Vorgang zurückzuführen, sondern auf ein kollusives Zusammenwirken der Mitglieder der Organisierten Kriminalität. Zudem wird die Kontamination auch nicht durch die Vermengung bemakelter und unbemakelter E-Gelder bei Kaufhaus Z aufgehoben. Durch die Vermischung dieser Vermögenswerte entsteht vielmehr ein einheitlicher Gesamtwert, der nach der „Lehre von der Teilkontamination“ anteilig bemakelt ist[935].

Indem das Kaufhaus Z anschließend das E-Geld bei einem Kreditinstitut in Euro umtauscht und auf dem Konto der Organisation X gutschreiben lässt, entsteht ein neues sachliches Surrogat in Form einer Forderung gegen die Bank. Diese liegt nun wieder allein in den Händen der „Vortäter-Organisation“ X. Selbst wenn man davon ausgeht, dass das konkret eingezahlte Geld von dem Kreditinstitut nach der „sachbe-

---

930 Vgl. ebd.

931 Vgl. hierzu die Ausführungen unter: 3. Kapitel) B.) III.) 1.)

932 Vgl. hierzu die Ausführungen unter: 3. Kapitel) B.) II.) 2.) c) cc) (1).

933 Vgl. hierzu die Ausführungen unter: 3. Kapitel) B.) III.) 2.).

934 Vgl. hierzu die Ausführungen unter: 3. Kapitel) B.) III.) 2.) a).

935 Vgl. hierzu die Ausführungen zur Vermischung von legalem mit illegalem Giralgeld unter: 3. Kapitel) B.) II.) 2.) c) cc) (1).

zogenen" Auslegung[936] gutgläubig zwischenerworben wird, ändert dies nichts daran, dass der Auszahlungsanspruch als neues sachliches Surrogat grundsätzlich kontaminiert ist[937].

Die Organisation X macht sich in vorliegendem Beispiel auch durch den Einsatz des E-Geldes der Geldwäsche gem. § 261 StGB strafbar. Die Konstellation lässt sich anhand allgemeiner Auslegungsgrundsätze des Tatbestandsmerkmals „Herrühren" lösen.

[936] Vgl. hierzu die Ausführungen unter: 3. Kapitel) B.) II.) 2.) c) cc) (4) (a).
[937] Vgl. zum Auszahlungsanspruch als neues sachliches Surrogat unter: 3. Kapitel) B.) II.) 2.) c) cc) (4) (d) (bb).

## B. Zusammenfassung

Ruft man sich die anfänglich geäußerten Bedenken hinsichtlich der Verfassungsmäßigkeit des Tatbestandsmerkmals „Herrühren“ in Erinnerung[938], lässt sich abschließend festhalten, dass dieses zwar unbestimmt, jedoch nicht unbestimmbar ist. Eine ausreichende Eingrenzung des weiten Begriffs wird letztlich durch eine „positive“ Begriffsbestimmung[939] des „Herrührens“ ermöglicht. Dies wird im Anschluss anhand einer Zusammenfassung nochmals verdeutlicht.

### I. Die klassischen Auslegungsansätze

1. Durch eine grammatische Auslegung kann keine nähere Konkretisierung des Tatbestandsmerkmals „Herrühren“ gewonnen werden. Weder durch den allgemeinen noch den juristischen Sprachgebrauch kann einer weit reichenden Inkriminierung von Wirtschaftsobjekten entgegengewirkt werden.

2. Gleiches gilt auch für den historischen Auslegungsansatz. Während in der Vergangenheit das primäre Ziel des Geldwäschetatbestandes in der Bekämpfung der Organisierten Kriminalität gesehen wurde, ist die Schutzrichtung heute weit reichender zu verstehen. Dies lässt sich sowohl aus europäischen als auch nationalen Vorgaben entnehmen. Dementsprechend führt eine Auslegung unter Berücksichtigung historischer Aspekte eher zu einem gebotenen weiten Verständnis des Begriffs als zu einer wünschenswerten Restriktion.

3. Ein erster brauchbarer Ansatz wird durch systematische Erwägungen gewonnen. Vergleicht man den Geldwäschetatbestand mit den Anschlusstaten der Begünstigung (§ 257 StGB) und der Hehlerei (§ 259 StGB) wird deutlich, dass der Zusammenhang zwischen Tatobjekt und Vortat bei der Geldwäsche wesentlich weiter gefasst ist. Während Hehlerei und Begünstigung einen „unmittelbaren“ Bezug zwischen Tatobjekt und Vortat erfordern, reicht im Rahmen der Geldwäsche auch eine „mittelbare“ Beziehung zur Katalogtat aus. Insofern kann aus einem Vergleich mit den anderen Anschlusstaten nur folgender Rückschluss für das „Herrühren“ gewonnen werden: In den Fällen, in denen selbst für Hehlerei und Begünstigung der Zusammenhang zwischen Vortat und Gegenstand anzunehmen ist, ist ein solcher erst recht für den weiter gefassten Geldwäschetatbestand zu bejahen. Keine Rückschlüsse für eine Tatbestandskonkretisierung lassen sich jedoch – nach der hier vertretenen Ansicht – aus der Regelung des § 261 Abs. 6 StGB ziehen. Diese besitzt lediglich eine die Strafbarkeit einschränkende Rechtsnatur.

4. Nach der hier präferierten Auffassung dient die Geldwäsche in erster Linie dem allgemeinen Ermittlungsinteresse der Strafverfolgungsbehörden. Aus dem Schutzzweck allein lässt sich aber keine weitere Einschränkung des Tatbestandsmerkmals

---

[938] Vgl. hierzu die Ausführungen unter: 1. Kapitel) B.) I.).

[939] Vgl. hierzu die Ausführungen unter: 2. Kapitel) B.) III.) 3.) b) dd).

entnehmen. Zwar soll bei Bagatellgeschäften sowie geschäftsüblichen Alltagsgeschäften nach weit verbreiteter Auffassung keine Strafbarkeit wegen Geldwäsche in Betracht kommen. Diese Konstellationen betreffen jedoch die Schwere der Tat und sind daher rechtssystematisch nicht dem Tatbestandsmerkmal „Herrühren" zuzuordnen.

## II. Übertragung der Wertungen der Kausallehren bei der Erfolgszurechnung

Durch die klassischen Auslegungsansätze wird keine hinreichende Einschränkung des „Herrührens" ermöglicht. Es stellt sich daher im Anschluss die Frage, inwieweit Rechtsfiguren des Allgemeinen Teils zur näheren Konkretisierung geeignet sind.

1. Als wenig hilfreich erweist sich die von *Barton* umformulierte „conditio-sine-qua-non-Formel". Eine Restriktion des Zurechnungszusammenhangs zwischen Vortat und Gegenstand kann ohne wertende Kriterien nicht gelingen. Solche Wertungen können dogmatisch aber nicht der Kausalebene zugeordnet werden. Die weite „Äquivalenztheorie" bietet somit keinen geeigneten Ansatzpunkt.

2. Eine erste Konkretisierung des Tatbestandsmerkmals „Herrühren" gelingt jedoch durch die Zurechnungslehre der „Adäquanztheorie". Durch sie kann zumindest für solche Gegenstände der kausale Zusammenhang zur Vortat verneint werden, die in völlig atypischer Art und Weise erworben wurden.

3. Ein zentraler Punkt der Ausführungen stellt die Frage dar, ob sich die „Lehre von der objektiven Zurechnung" zur Tatbestandskonkretisierung eignet. Als alleiniger und abschließender Ansatz zur Restriktion des weit gefassten Begriffs des „Herrührens" kommt diese jedoch nicht in Betracht. Zwar liegt eine strukturelle Vergleichbarkeit zwischen der Erfolgszurechnung und dem Kausalzusammenhang zwischen Vortat und Tatobjekt vor. Auch kann einer solchen Wertungsübertragung nicht entgegengesetzt werden, dass die „Lehre von der objektiven Zurechnung" nur im Rahmen von Fahrlässigkeitsdelikten Anwendung finde. Letztlich scheitert eine Auslegung des Tatbestandsmerkmals „Herrühren", die sich umfassend an der „Lehre der objektiven Zurechnung" orientiert, aber daran, dass deren fragmentarische Kriterien für eine sachgerechte Eingrenzung der Strafbarkeit nicht ausreichen.

## III. Die „positive" Bestimmung des Begriffs „Herrühren"

1. Für eine sachgerechte Auslegung des Merkmals „Herrühren" sind im Wesentlichen wirtschaftliche Gesichtspunkte und solche des Schutzzweckes der Geldwäsche gegeneinander abzuwägen. Daneben müssen aber auch bekannte Wertungen aus dem Strafrecht oder vergleichbare aus anderen Rechtsgebieten sowie kriminalpolitische Erwägungen Mitberücksichtigung finden. Nicht vernachlässigt werden darf insbesondere auch der Aspekt zu vermeidender Strafbarkeitslücken. Normative Wertun-

gen determinieren den Begriff des „Herrührens“ nach dieser Auffassung – anders als beim Lösungsansatz über die „Lehre von der objektiven Zurechnung“ – von Anfang an.

2. Grob können die geldwäschetauglichen Objekte wie folgt eingeteilt werden:

a) Die *unmittelbar* aus der Katalogtat hervorgegangenen Gegenstände sind grundsätzlich kontaminiert und bleiben dies auch. Ohne Bedeutung ist hierfür, ob sie sich noch in den Händen des Vortäters befinden oder aber bereits „weitergewandert“ sind (personale Transformation). Besonderer Begutachtung bedürfen diese Ursprungsobjekte der Vortat aber dann, wenn sie einem Wertverlust, einer Wertsteigerung unterliegen, wenn sie in erheblicher Art und Weise verarbeitet werden oder aber die Vortat der Geldwäsche bereits strafrechtlich verjährt ist.

b) Weitaus schwieriger lässt sich die Frage nach der Geldwäschetauglichkeit der nur *mittelbar* auf die Vortat zurückgehenden Gegenstände beantworten. Es handelt sich hierbei um solche Objekte, die eine sachliche Transformation durchlaufen haben. In den Händen des Katalogtäters bleiben diese grundsätzlich kontaminiert. Anderes ist dann denkbar, wenn das sachliche Surrogat eine bestimmte Beschaffenheit (z.B. Wertveränderung) besitzt oder aber auf besondere Art und Weise erworben wurde.

c) Als besonders problematisch erweisen sich die Fälle einer *Teilkontamination.* Hier setzt sich ein sachliches Surrogat teils aus legalen, teils aus illegalen Vermögenswerten zusammen. Nach der hier vertretenen Auffassung von der *„Lehre von der Teilkontamination“* setzt sich die Bemakelung anteilig am Surrogat fort. Besonders zu berücksichtigen ist die Konstellation der Vermengung legalen mit illegalen Giralgeldes. Die Vermischung führt zu einer Teilkontamination der Gesamtsumme. Auch wenn das Kreditinstitut das konkret eingezahlte Geld gutgläubig zwischenerwirbt, kann sich der Empfänger dennoch strafbar machen. Der Strafbarkeitsausschluss gem. § 261 Abs. 6 StGB erfasst das sachliche Surrogat – den Auszahlungsanspruch – nämlich nicht.

d) Zwischen personaler und sachlicher Transformation stehen zwei Problemfelder, die in der Literatur und Rechtsprechung bislang nur wenig problematisiert worden sind. Zum einen der Aspekt, ob das sachliche Surrogat auch in den Händen eines Dritten grundsätzlich kontaminiert bleibt. Im Hinblick auf Schutzzweck der Geldwäsche und zu vermeidender Strafbarkeitslücken für die Organisierte Kriminalität ist eine Geldwäschetauglichkeit hier zu bejahen. Problematisch andererseits ist die Frage, ob ein solches sachliches Surrogat auch außerhalb des Tätervermögens *dauerkontaminiert* bleibt. Aufgrund einer anderenfalls eintretenden weitläufigen Verschmutzung des Wirtschaftsverkehrs ist dies abzulehnen. Kontaminiert ist immer nur das letzte „Austauschobjekt“ außerhalb des Tätervermögens.

Aufgrund dieser Überlegungen ist es möglich, dem Begriff des „Herrührens“ gewisse Konturen zu verleihen, so dass dieser den Mindestanforderungen des verfassungsrechtlichen Bestimmtheitsgebots genügt.

FSC
www.fsc.org
MIX
Papier | Fördert
gute Waldnutzung
FSC® C083411

Kolibri 360 GmbH
Ferdinand-Jühlke-Straße 7
99095 Erfurt, Deutschland
produktsicherheit@kolibri360.de